C·H·Beck

PAPERBACK

W0041803

Die «Geschichte des öffentlichen Rechts in Deutschland» von Michael Stolleis gehört zu den herausragenden Gesamtdarstellungen unserer Zeit. Auf mehr als 2000 Druckseiten entfaltet ihr Autor darin weit über den wissenschaftsgeschichtlichen Rahmen hinaus ein rechtshistorisches Panorama Deutschlands von der Frühen Neuzeit bis an die Schwelle der Gegenwart. Nun fasst Stolleis kaum weniger eindrucksvoll den gewaltigen Stoff noch einmal auf nur rund 220 Seiten zusammen. Der Leser dieser glänzenden Einführung gewinnt ein grundlegendes Wissen über das deutsche öffentliche Recht im Wandel der Zeiten.

Michael Stolleis, Prof. em. Dr. Dr. h. c. mult., lehrte von 1975 bis 2006 als Professor am Fachbereich Rechtswissenschaft der Goethe-Universität Frankfurt/Main und war von 1992 bis 2009 Direktor am Max-Planck-Institut für Rechtsgeschichte, Frankfurt/Main. Bei C.H.Beck sind von ihm u. a. erschienen:
Geschichte des öffentlichen Rechts in Deutschland (4 Bände); (Hrsg.) Herzkammern der Republik. Die Deutschen und das Bundesverfassungsgericht (2011); Juristen. Ein biographisches Lexikon (bsr 1417).

Michael Stolleis

Öffentliches Recht in Deutschland

Eine Einführung in seine Geschichte
(16.–21. Jahrhundert)

C.H.Beck

Originalausgabe

© Verlag C.H.Beck oHG, München 2014
Satz, Druck und Bindung: Druckerei C.H.Beck, Nördlingen
Umschlaggestaltung: malsyteufel, willich
Umschlagabbildung: Zug des Parlaments zur Paulskirche,
© akg-images, Berlin
Printed in Germany
ISBN 978 3 406 65943 0

www.beck.de

Inhalt

Vorwort 7

I. Einführung, Gegenstand, Methode 9

II. Die Emanzipation vom römischen Recht und die Umstellung der Rechtsquellenlehre des Verfassungsrechts . . 21

III. Elemente des entstehenden öffentlichen Rechts 28

IV. Reichspublizistik, Natur- und Völkerrecht,
   «Gute Policey» 35

V. Das öffentliche Recht zwischen
   Revolution und Restauration 55

VI. Die Paulskirche 65

VII. Reichsstaatsrecht 69

VIII. Verwaltungsrecht im Staat der
   frühen Industriegesellschaft 77

IX. Staats- und Verwaltungsrechtslehre
   unter der Weimarer Verfassung 84

X. Methodenstreit und Allgemeine Staatslehren 90

XI. Verwaltungsrecht in der Weimarer Republik 106

XII. Der NS-Staat und sein öffentliches Recht 112

XIII. Deutschlands Rechtslage, Wiederaufbau, zwei Staaten . . 130

XIV. Die neue «Wertordnung» und die
   Wiederherstellung des Rechtsstaates 138

XV. Sozial- und Interventionsstaat der Bundesrepublik 169

XVI. Staatsrecht, Völkerrecht und
   Verwaltungsrecht der DDR 187

XVII. Europarecht und Völkerrecht 192

XVIII. Wiedervereinigung 199

XIX. Globalisierung und Zukunft des Staates 205

XX. Schlussbemerkung 217

Weiterführende Literatur................................ 219
Personenregister 221
Sachregister 227

Vorwort

Die vorliegende Einführung wurde geschrieben, um den Inhalt meiner größeren Darstellung (Geschichte des öffentlichen Rechts in Deutschland, Bde. I 1988 (2. Aufl. 2012), II 1992, III 1999, IV 2012) in vereinfachter Form zusammenzufassen. Diejenigen, die am Anfang des Studiums stehen, sollten leichteren Zugang zu einer Sphäre des Rechtsdenkens erhalten, die so offenkundig von Politik und Geschichte geprägt ist.

Um künftige Entwicklungen zu verstehen und zu gestalten, muss man verstanden haben, welche Geschichte hinter der Gegenwart liegt. Dabei meint «Geschichte» nicht nur die faktischen und normativen Veränderungen, sondern auch ihre sprachlich-intellektuelle Erfassung. Geschichte, Rechtsgeschichte und Geschichte der Rechtswissenschaft sind zwar separat fassbar, aber nicht wirklich voneinander zu trennen. Immer geht es um die Interaktion zwischen begreifendem Denken und geschichtlichem Wandel, mag der Gedanke den Ereignissen vorauseilen, mag er ihnen kommentierend und deutend folgen.

Für kritische Lektüre danke ich besonders Frau Dr. Anna Katharina Mangold, LL.M. (Cambridge) und den Teilnehmern eines kleinen Seminars, in dem der Text diskutiert wurde. Ebenso hat Frau Rechtsreferendarin Laura Zurek aufmerksam mitgelesen und mich auch sonst zuverlässig unterstützt.

Frankfurt, 1. Oktober 2013   Michael Stolleis

I. Einführung, Gegenstand, Methode

1. Recht als historischer Gegenstand

Der geschichtliche Blick auf das Recht ist der eines Beobachters; er richtet sich von außen auf das Recht. Sein Motiv ist die Neugier des Historikers, der herausfinden will, wie früheres Recht funktionierte, wie es die sozialen Beziehungen ordnete, welche «Spielregeln» galten und wie Regelverletzungen sanktioniert wurden.

Dieser Blick setzt voraus, dass Recht überhaupt als veränderbar erfahren und verstanden wird und dass es möglich ist, Dokumente der Vergangenheit daraufhin zu befragen, welche Vorstellungen ihre Verfasser von Recht hatten und wie sie über Recht kommunizierten. Solche Fragen können erst gestellt werden, wenn Gesellschaften sich selbst als geschichtlich begreifen, wenn sie darüber reflektieren, wie sich ihr Dasein und ihre Rechtsordnung auf dem Zeitpfeil von der Vergangenheit in die Zukunft bewegen. Das ist keineswegs selbstverständlich; denn viele menschliche Kulturen lebten und leben in zyklischen Modellen von Wiederkehr und periodischer Erneuerung. Ihnen war und ist die Vorstellung fremd, sich selbst als Teil einer auf ein «Weltende» oder ein «Jüngstes Gericht» zulaufenden Bewegung zu verstehen. Kulturen, die von der Vorstellung der Wiederkehr geprägt sind, denken tendenziell «ungeschichtlich», entweder in Kreisläufen oder in stufenförmiger Vervollkommnung. Auch die Rolle des Individuums und seiner Rechte ist eine andere. Es kann aus den Familien- und Sippenzusammenhängen nicht gelöst werden. Das Individuum ist in solcher Weltsicht nicht, wie westliches Denken der Neuzeit voraussetzt, eine mit subjektiven Rechten ausgestattete Monade, welcher materielle und immaterielle Güter zugeordnet werden. Erst durch Überschreitung der traditionellen eurozentrischen Perspektive können die tieferen Gründe für interkulturelle Spannungen ermittelt werden.

Gleichwohl muss man sich, um die eigene Rechtsordnung zu verstehen, erst einmal auf die allgemeine Geschichte Europas und die europäische Mentalität einlassen. Sie versteht seit der Christianisierung den geschichtlichen Prozess als ein lineares Voranschreiten auf ein fernes Ziel. Ob es sich dabei um eine Heilsgeschichte mit der Hoffnung auf Erlösung oder um eine säkularisierte, von gelegentlichen «Rückschlägen» betroffene Fortschrittsgeschichte innerweltlicher Befreiung von Zwängen handelt oder einfach um einen Prozess mit offenem Horizont und mit ungewissem Ausgang, ist zu verschiedenen Zeiten je unterschiedlich gesehen worden. Ein schlüssiges Deutungsmuster der in Europa vertretenen Geschichtskonzepte gibt es nicht, aber eines ist ihnen doch allen gemeinsam: Sie sehen sich eingebunden in einen Raum des geographischen «Europa» und in ein Zeitkontinuum, das von der Spätantike bis zur Gegenwart reicht[1].

In diesem Europa kann der Beginn der «Neuzeit» unterschiedlich markiert werden. Viel spricht dafür, relativ früh einzusetzen, um Langzeitprozesse und die Verschiebungen der gesellschaftlichen Grundlagen zu erkennen[2]. «Früh» meint hier das 12. und 13. Jahrhundert. In dieser Zeit beobachtet man die Entstehung einer verrechtlichten Weltkirche, eine zunehmende Verschriftlichung der Kommunikation, der Politik und des Rechts, die Entstehung von Stadtlandschaften, die Verdichtung der Bevölkerung und signifikante technische Neuerungen wie etwa Uhren, Wind- und Wassermühlen, Verbesserungen im Schiffsbau und in der Architektur. Gleichzeitig entwickeln sich Theologie und Philosophie auseinander[3]. Für die Rechtsgeschichte beginnt die Neuzeit traditionell mit der Wiederentdeckung der Digesten in Oberitalien, also der 533 in Ostrom (Byzanz) in Kraft gesetzten «Kodifikation» oder «Kompilation» des römischen Rechts. Auf der Grundlage einer einzigen er-

---

[1] Michael Stolleis, Europa, HRG, 2. Aufl. Bd. 1, Berlin 2004, 1439–1441. – Eine diesen Horizont souverän überschreitende globale Sicht bietet nun Jürgen Osterhammel, Die Verwandlung der Welt. Eine Geschichte des 19. Jahrhunderts, 2. Aufl. München 2009.
[2] Dies im Sinne der «longue durée» des französischen Historikers Fernand Braudel (1902–1985). Siehe dessen erstes Hauptwerk «Das Mittelmeer und die mediterrane Welt in der Epoche Philipps II.», 3 Bde., Frankfurt 1990.
[3] Kurt Flasch, Das philosophische Denken im Mittelalter. Von Augustin zu Machiavelli, 2. Aufl. Stuttgart 2000.

haltenen Handschrift dieser spätantiken geordneten Zitatensammlung begann von der Mitte des 12. Jahrhunderts an zunächst in Bologna, dann in Padua und Pavia, später in ganz Europa die Tätigkeit der «Juristen». Indem sie die römischen Texte lehrten und erklärten, kommentierten sie sie auch, passten sie an die Bedürfnisse der Praxis an und schufen so das römisch-italienische Recht des Mittelalters. Ebenso bedeutsam war die gleichzeitige Zusammenfassung der in rund 1000 Jahren entstandenen verstreuten Regeln des Kirchenrechts in einer Sammlung (1140), die rasch offiziellen Charakter gewann. Ihr Schöpfer war der ebenfalls in Bologna lehrende Mönch Gratian[4]. Von nun an gab es zwei Arten «gelehrten Rechts», das weltliche römisch-italienische Recht und das Recht der römischen Weltkirche.

Das weltliche, wesentlich auf den Digesten beruhende römische Recht entwickelte sich über Italien, Frankreich, die Niederlande und Deutschland zum «gemeinen» (allgemeinen) Recht Süd- und Westeuropas, während England, Nord- und Osteuropa hiervon nur mittelbar oder gar nicht erfasst wurden. Südosteuropa, soweit es im Mittelalter von Byzanz beherrscht wurde, lebte bis ins 15. Jahrhundert in ungebrochener Tradition unter «römischem» Recht in der speziellen Form, die sich dort im Kontext orthodoxen kirchlichen Lebens ausgebildet hatte. Am Ende nannte man die Summe der Texte das *Corpus Iuris Civilis* und entwickelte aus ihm die allgemeinen Regeln des Zivilrechts. Erst im 18. und 19. Jahrhundert wurde es europaweit durch nationale Gesetzbücher ersetzt. In Deutschland, das ab 1870 eine nationale Kodifikation in Angriff nehmen konnte, galt das gemeine Recht sogar bis zur Ablösung durch das BGB am 1. Januar 1900.

Das kirchliche «kanonische» Recht – so benannt nach den canones (Regeln) – wurde in vergleichbarer Weise an den Universitäten des späten Mittelalters gepflegt und weiter angereichert, um in der zweiten Hälfte des 16. Jahrhunderts seine amtliche Form zu erhal-

---

[4] Peter Landau, Gratian (von Bologna), in: Theologische Realenzyklopädie 14 (1985), 124–130; Anders Winroth, The Making of Gratian's Decretum, Cambridge 2000; Christoph Link, Kirchliche Rechtsgeschichte, 2. Aufl. München 2010, § 6.

ten. Es galt als *Corpus Iuris Canonici* in der römisch-katholischen Kirche bis 1917. Seit den Reformationen des 16. Jahrhunderts (Luther, Zwingli, Calvin) bauten sich die reformatorischen Kirchen zwar eigene Rechtsordnungen auf, betrachteten aber das überlieferte Kirchenrecht als subsidiär fortgeltend, soweit es dem evangelischen Bekenntnis nicht widersprach[5].

Seit dem 16. Jahrhundert, dem langsam entstehenden Nationalgefühl folgend, wuchs auch das Interesse am einheimischen Recht. Die Humanisten-Juristen des 16. und 17. Jahrhunderts, meist Calvinisten oder Lutheraner, begannen mit Editionen früher Stammesrechte (leges barbarorum) aus der Zeit der Völkerwanderung, interessierten sich aber auch speziell für die mittelalterlichen Kämpfe zwischen Kaiser und Papst, um Argumente in den konfessionellen Auseinandersetzungen zu gewinnen[6]. Auch Dorf- und Stadtrechte traten nun in den Blick der gelehrten Juristen, teils aus praktischen Gründen, um vor Gericht zu bestehen, teils aus patriotisch-wissenschaftlicher Neugier.

Mit anderen Worten: Die heutige in Deutschland betriebene Rechtsgeschichte hat drei Hauptfelder. Das eine ist besetzt vom antiken römischen Recht und dem aus ihm entwickelten «gemeinen Recht». Behandelt werden dort überwiegend Themen des heutigen Zivilrechts, also Personenrecht, Schuldrecht, Sachen- und Erbrecht. Das zweite Feld enthält die einheimische Rechtsordnung vor und neben dem römischen oder gemeinen Recht, erschließt das quellenmäßig kaum fassbare «germanische» Recht, die frühmittelalterlichen Stammesrechte, das mittelalterliche und frühneuzeitliche Recht mit seinen städtischen und ländlichen Rechts- und Gerichtsbüchern, schließlich die Entwicklung des aus vielen partikularen Sonderrechten bestehenden «deutschen» Rechts. Das dritte Hauptfeld wird vom kirchlichen Recht gebildet, das zunächst für das «lateinische» Europa gemeinsam war, sich aber seit den Refor-

---

[5] Christoph Link, Kirchliche Rechtsgeschichte, 2. Aufl. München 2010, §§ 10 ff.
[6] Michael Stolleis, Gelehrte und politische Editoren mittelalterlicher Texte um 1600, in: Jacques Krynen – Michael Stolleis (ed.), Science politique et droit public dans les facultés de droit européennes (XIIIe – XVIIIe siècle), Frankfurt 2008, 613 ff.

mationen des 16. Jahrhunderts mehr oder weniger getrennt entwickelte.

2. Ius publicum – Öffentliches Recht

Weniger beachtet wurden in der Rechtsgeschichte die Entstehung und die Funktionsweise des öffentlichen Rechts. Das antike römische «Staatsrecht» war mit dem Untergang des Reichs in der Völkerwanderung verschwunden. In Ostrom (Byzanz) lebte es weiter und wurde dort zu einer charakteristischen Symbiose mit dem orthodoxen Kirchenrecht gebracht. 1453 endete diese Traditionslinie mit dem Fall von Byzanz im Kampf gegen das Osmanische Reich[7].

Was sich im westlichen Mittelalter an Staatsrecht neu bildete, wenn man es so nennen mag, bestand aus Gewohnheitsrecht, wenigen politisch zentralen Urkunden und einigen von den mittelalterlichen Juristen gebildeten Leitsätzen[8], aus denen in Frankreich und Deutschland dann *Leges fundamentales* (Grundgesetze) hervorgegangen sind. Von den deutschen «Grundgesetzen» (Goldene Bulle von 1356, Ewiger Landfriede und Reichskammergerichtsordnung 1495, Wahlkapitulationen von 1519 bis 1654, Augsburger Religionsfriede 1555, Westfälischer Friede 1648, Jüngster Reichsabschied 1654 u. a.) wird noch die Rede sein. Insgesamt bildeten sie ein normatives Konglomerat, das schon bald «Reichsverfassung» genannt wurde. Diese Verfassung, nach Ansicht der Zeitgenossen des 18. Jahrhunderts mehr und mehr zur «gothischen Ruine» werdend, hielt sich formell bis in die Zeit der napoleonischen Kriege. 1803 erging als letztes Reichsgesetz der «Reichsdeputationshaupt-

---

[7] Richard Potz – Eva Synek unter Mitarbeit von Spyros Troianos, Orthodoxes Kirchenrecht, Eine Einführung, Freistadt 2007.
[8] Grundlegend Ernst H. Kantorowicz, The King's Two Bodies. A Study in Medieval Political Theology, Princeton 1957 (dt. 2. Aufl. München 1990). Zum gegenwärtigen Diskussionsstand Gerhard Dilcher – Diego Quaglioni (Hg.), Die Anfänge des öffentlichen Rechts, Bd. 1: Gesetzgebung im Zeitalter Friedrich Barbarossas und das Gelehrte Recht, Bologna 2007, Bd. 2: Von Friedrich Barbarossa zu Friedrich II., Bologna 2008, Bd. 3: Auf dem Wege zur Etablierung des öffentlichen Rechts zwischen Mittelalter und Moderne, Bologna 2011.

schluß», der die zahlreichen geistlichen und viele kleine weltliche Territorien zum Verschwinden brachte. 1806 traten unter dem Druck Napoleons die «Rheinbundstaaten» aus dem Reich aus, wenige Tage später, am 6. August 1806, legte Kaiser Franz II. die Kaiserkrone nieder.

Mit diesem Stoff der Reichsverfassung beschäftigte sich zunächst die «Reichshistorie», die im 17. Jahrhundert begann, die Verfassung des Heiligen Römischen Reichs Deutscher Nation als Produkt eines historischen Prozesses zu erklären. Sie entfaltete sich bald zu einem eigenen Fach, das zunächst vor allem in Halle, dann aber intensiv in Göttingen gepflegt wurde[9]. Als das Reich untergegangen war und die politischen Energien sich auf die Verfassungsbewegung der Einzelstaaten konzentrierten, wechselte das Fach seinen Namen und hieß nun «Staatengeschichte». Im Zuge der Verfassungsbewegung des 19. Jahrhunderts nannte man es seit der Mitte des Jahrhunderts «Verfassungsgeschichte»[10]. Diese war zuständig für die «äußere» Rechtsgeschichte und wurde entweder von den «germanistischen» Rechtshistorikern oder den Staatsrechtlern vertreten. Im Studienplan, den der nationalsozialistische Staat 1935 vorschrieb, wurden dann die Parallelfächer «Privatrechtsgeschichte der Neuzeit» und «Verfassungsgeschichte der Neuzeit» geschaffen.

Gegenwärtig scheint die «Verfassungsgeschichte der Neuzeit», obwohl sie über zahlreiche Gesamtdarstellungen, Lehrbücher und Grundrisse verfügt[11], aus den Lehrplänen wieder zu verschwinden. Rechtsgeschichtlicher Stoff wird in allgemeinen Einführungsvorlesungen für die Studienanfänger sowie in Vertiefungsveranstaltungen angeboten, je nach den Kapazitäten der Fakultäten oder Fachbereiche. Fast ganz verschwunden ist die Geschichte des Kirchenrechts. Die «antike Rechtsgeschichte», die ehemals als «römisches Recht» den Fundus für das gesamte Privatrecht bildete, existiert teils als gelehrtes Nischenfach, teils versteht sie sich immer noch

[9] Notker Hammerstein, Jus und Historie, Göttingen 1972.
[10] Georg Waitz, Deutsche Verfassungsgeschichte, 7 Bde., 1844–1878 (Neubearb. Bd. 1–4, 1865–1885).
[11] Überblick bei Dietmar Willoweit, Deutsche Verfassungsgeschichte. Vom Frankenreich bis zur Wiedervereinigung Deutschlands, 7. Aufl. München 2013, § 3.

als ideales Propädeutikum zum bürgerlichen Recht, vor allem wenn sie über die privatrechtliche Wissenschafts- und Dogmengeschichte der Neuzeit bis an die Gegenwart heranführt. Die «deutsche Rechtsgeschichte», die von den schwachen Spuren germanischer Ursprünge über die «leges barbarorum» der spätantiken Volksrechte zu Mittelalter und Neuzeit in die Gegenwart reicht, zerfällt in einzelne Forschungsfelder, von denen sich eines mit der «Reichsverfassung» vom Mittelalter bis 1806 und als «Verfassungsgeschichte» auch darüber hinaus beschäftigt. Insgesamt muss man jedoch feststellen, dass gegenwärtig allen «Grundlagenfächern» ein fester Platz in der Ausbildung fehlt und dass die Curricula zu viel positivrechtlichen Stoff enthalten. Das bringt Rechtsgeschichte, Rechtsphilosophie und Rechtstheorie sowie Rechtssoziologie in Bedrängnis, am Rande auch die Rechtsvergleichung, die allerdings im Zuge der Europäisierung und Globalisierung an innerer Bedeutung und äußerer Wertschätzung zunimmt. Die jüngeren Diagnosen des Ist-Zustands der Rechtsgeschichte sind sich insoweit einig[12]. Die am 9. November 2012 beschlossenen Empfehlungen des Wissenschaftsrats «Perspektiven der Rechtswissenschaft» empfehlen deshalb eine energische Stärkung der Grundlagenfächer, teils mit dem Blick auf die internationale Kommunikation, teils in Sorge um die Erhaltung des wissenschaftlichen Charakters der Universitätsausbildung. Ob die Universitäten und die für die Juristenausbildung verantwortlichen Landesjustizverwaltungen hierauf Taten folgen lassen, ist noch ungewiss. Freilich sind auch die Vertreter der Grundlagenfächer selbst angesprochen, sich besser zu organisieren und ihr Wissen in einer Form zu präsentieren, die erlernbar und prüfbar ist.

[12] Filippo Ranieri, Romanistik/Rechtsgeschichte, in: Der Neue Pauly (hg. v. Manfred Landfester), Bd. 15/2, 2002, Sp. 960–970 (m. Bibliographie); Dieter Simon, Rechtsgeschichte, in: Axel Görlitz (Hg.), Handlexikon zur Rechtswissenschaft, München 1972, Bd. 2, 314–318; Michael Stolleis, Rechtsgeschichte, Verfassungsgeschichte, in: Hans-Jürgen Goertz (Hg.), Geschichte. Ein Grundkurs, Reinbek 1998, 340–361 (m. Bibliographie); Franz Wieacker, Methode der Rechtsgeschichte, in: Adalbert Erler u. a. (Hg.), Handwörterbuch zur Deutschen Rechtsgeschichte (künftig HRG), Bd. III, 1984, Sp. 518–526; Franz Wieacker, Ausgewählte Schriften, Bd. 1: Methodik der Rechtsgeschichte (hg. v. Dieter Simon), Frankfurt 1983; Link (Anm. 4).

3. Wissenschaftsgeschichte

Unsere Einführung nimmt sich auf dem Feld der Rechtsgeschichte einen schmaleren, bisher vernachlässigten Sektor vor, nämlich die Wissenschaftsgeschichte des öffentlichen Rechts von der Frühen Neuzeit bis zur Gegenwart. Die Vernachlässigung erklärt sich daraus, dass das zentrale Interesse der Verfassungsgeschichte sich erwartungsgemäß auf die «Verfassung(en)» selbst richtet. Sie beschreibt «diejenigen Regeln und Strukturen, die das Gemeinwesen und damit die politische Ordnung prägen»[13], verwendet also einen offenen, auch für die Vormoderne brauchbaren Verfassungsbegriff. Die Bemühungen der zeitgenössischen Juristen (seit dem 20. Jahrhundert auch Juristinnen) verschwinden dabei gewissermaßen im Umfeld. Sie werden zwar nicht missachtet, aber sie bilden im Blick auf die Gesamtverfassung nur das begleitende intellektuelle Element. In gleicher Weise werden die Theoretikerinnen und Theoretiker der Verwaltung im Rahmen der viel schwächer entwickelten Geschichte der Verwaltung und des Verwaltungsrechts als Stimmen am Rande wahrgenommen. Nur in Ausnahmefällen, etwa in der großen Darstellung von Hans Maier, werden sie als geschichtsbildende Kraft erkannt[14].

Worauf es hier primär ankommt, ist deshalb die Wahrnehmung und Erschließung des Denkens, Redens und Schreibens über jene Regeln und Strukturen der Verfassungen und Verwaltungen im Lauf der neueren Geschichte. Es geht um eine Literaturgeschichte der wissenschaftlichen Erfassung, der dogmatischen Durchdringung und Systematisierung des öffentlichen Rechts von etwa 1600 bis zur Gegenwart. Diese teils intellektuelle, teils praxisbezogene Geschichte spielt sich in Deutschland bis zum Ende des Alten Reichs 1806 ganz überwiegend an den Universitäten ab. Sie waren die Zentren der Ausbildung und des geistigen Lebens. Die dabei

---

[13] Willoweit (Anm. 11) § 1, II. 1.
[14] Hans Maier, Die Ältere deutsche Staats- und Verwaltungslehre (Neuwied/Berlin 1966, 2. Aufl. München 1980, Taschenbuchausgabe München 1986), München 2009 (H. Maier, Ges. Schriften, Bd. IV).

entstehenden Schriften sind Universitätsliteratur, also Vorlesungsgrundrisse, Lehrbücher, Kommentare, Fallsammlungen sowie massenhaft angefertigte Dissertationen und Disputationen, Letztere eine heute unschätzbare Quelle für die Rekonstruktion des geistigen Profils einer Zeit, einer Universität oder einer Gelehrtenschule, von Modethemen und Innovationen, aber auch von den Migrationsbewegungen der Studierenden in ganz Europa[15]. Die daran ablesbare Dominanz der Universitäten und des Gelehrtenwesens ist ein deutsches Spezifikum, während in Ländern wie Frankreich oder England die hauptstädtischen Salons, Clubs oder Akademien die intellektuelle Führungsrolle innehatten.

Eine solche Geschichte setzt die Entwicklung der Machtverhältnisse, der Kriege und Friedensschlüsse, der faktisch vorhandenen Strukturen, der Institutionen und der handelnden Menschen voraus. Das heißt: Eine breit verstandene Verfassungsgeschichte bildet die Basis und den Hintergrund des politischen und rechtlichen Denkens; denn Tun und Denken sind historisch bis zur Ununterscheidbarkeit miteinander verzahnt, und sie sollen es auch für diese Darstellung bleiben. Dennoch soll die Geschichte der «Wissenschaft» des öffentlichen Rechts im Vordergrund stehen, auch wenn in der Zeit vom 16. bis zum 18. Jahrhundert noch nicht von Wissenschaft im modernen Sinn, sondern meist von Jurisprudenz (iuris prudentia) die Rede war.

Wer über theoretische Schriften hinaus Anschluss an Mitdenkende gewinnt, den öffentlichen Diskurs mitbestimmt und zu einem seiner Elemente wird, ist zugleich auch handelnde Person. Theoretiker denken oft «voraus» und lenken die Debatte zu einem Punkt, an dem sie sich politisch umsetzen lässt. Ebenso oft analysieren sie in erhellender Weise, was geschehen ist, fassen also Unbegriffenes in «Begriffe», um auf diese Weise wieder Ausgangspunkte neuen Denkens zu setzen. Menschliches Denken ist zeitabhängig, zeigt aber stets auch Eigensinn und relative Autonomie. Es bewegt sich weder nur in reinen Höhen noch kann es auf einen Annex

[15] Das Max-Planck-Institut für europäische Rechtsgeschichte (Frankfurt a. M.) verfügt über eine knapp 100.000 Stück umfassende, geordnete und katalogisierte Sammlung von Dissertationen dieser Art. Siehe www.rg. mpg. de.

zu den «Fakten» reduziert werden. In diesem Sinne hat man in neuerer Zeit einen gangbaren Weg gesucht, um eine «histoire sociale
des idées», eine «intellectual history» oder Mentalitätsgeschichten
zu schreiben, die zwischen politischer Geschichte, Sozialgeschichte
und herkömmlicher «Ideengeschichte» oszillieren. Erfasst werden
dabei nicht nur die «Meisterdenker» auf einer Art Gipfelwande-
rung, sondern auch die manchmal viel wirkungsmächtigeren kleinen und mittleren Autoren, ihre Lebenswelten, ihre Abhängigkeiten und ihr politisches Umfeld. Insgesamt gilt: Der «Staat» ist nicht
nur das reale Substrat von öffentlichem Dienst, Gebäuden und Sachen, Haushaltsmitteln und Rechtsvorschriften, sondern auch un-
ser aller Denken und Handeln. Der Staat «ist», wie wir ihn uns vor-
stellen und wie wir innerhalb dieser Vorstellungen agieren. Insofern
ist das Studium des Denkens über den Staat ein Studium seiner
selbst. Was unsere Vorfahren über ihn dachten und wie sie ihn
gestalteten, müssen wir jedenfalls im Umriss kennen, um zu entscheiden, was wir selbst in ihm und mit ihm wollen. Wenn wir uns
entscheiden, vom Staat möglichst wenig wissen zu wollen und ein
Engagement für ihn zu verweigern, müssen wir jedenfalls die Fragen beantworten, wer uns vor Gewalt schützt, wer für die lebensnotwendigen Leistungen und für die selbstverständlichen Bequem-
lichkeiten verantwortlich sein soll, wer Verkehrs- und Kommuni-
kationssysteme unterhält, wer Universitäten, Bibliotheken und
Museen und vieles andere finanziert. Da jede Generation insoweit
andere Akzente setzt, ist ein Hineingehen in die Zukunft, ob wir
es wollen oder nicht, auch eine Auseinandersetzung mit der Vergangenheit.

4. Methodische Empfehlung und Hilfsmittel

An das historische Material in Bibliotheken und Archiven sollte
man möglichst unbefangen herangehen. Ungeachtet der Tatsache,
dass wir alle im Netz der Gegenwart zappeln, denken und handeln,
uns also von Befangenheiten nicht prinzipiell befreien können,
seien doch als methodische Regeln empfohlen: Die eigenen Denk-
gewohnheiten und Begrifflichkeiten sollten nicht ungeprüft vor-

ausgesetzt, sondern kritisch befragt und zum Verständnis des historisch «Anderen» genutzt werden. Das geschichtliche Material ist das «Andere», auch wenn seine Sprache uns heute noch verständlich klingen mag. Gegen die Verwendung moderner Begriffe ist nichts einzuwenden, wenn man sich der Gefahr von Anachronismen bewusst ist und die moderne Terminologie reflektiert einsetzt. Sie kann sogar aufgrund ihres Verfremdungseffekts ausgesprochen hilfreich sein. Primäres Ziel ist jedoch das Studium der Wortverwendungen der Vergangenheit, um zu entschlüsseln, was jene Worte damals «bedeuteten». Hüten sollte man sich, im Geschichtsverlauf allzu schnell eine aufsteigende Fortschrittskurve oder eine absteigende Verfallskurve zu erkennen. Der Feldherrnhügel der eigenen Überzeugungen ist vielleicht nur ein Maulwurfshaufen. Vor allem soll nicht ausgeblendet werden, was vordergründig nicht zum gegenwärtigen Verfassungs- und Verwaltungsrecht in Bezug gesetzt werden kann. Eine solche Trennung des geschichtlichen Materials in «tot» und «lebendig» degradiert die Geschichte nicht nur zur Vorgeschichte der Gegenwart, sondern schneidet gerade wichtige Erkenntnismöglichkeiten ab. Was sich im Mainstream nicht durchgesetzt hat oder gescheitert ist, kann von höchstem Interesse sein.

Die folgende Darstellung bemüht sich um die Grundlinien und ist deshalb auf Knappheit bedacht. Für biographische Angaben zu den Autoren sei auf die gängigen Hilfsmittel verwiesen[16]. Auch Literaturnachweise werden nur sparsam gegeben. Dies kann umso eher geschehen, als die breitere Darstellung des gesamten Komplexes nun abgeschlossen vorliegt und zur Vertiefung genutzt werden kann[17]. Ähnlich angelegt ist eine neuere «Geschichte der deutschen

[16] Sie können erschlossen werden über Michael Stolleis (Hg.), Staatsdenker in der Frühen Neuzeit, 3. Aufl. München 1995; ders., Juristen. Ein biographisches Lexikon, 2. Aufl. München 2001; Gerd Kleinheyer – Jan Schröder (Hg.), Deutsche und Europäische Juristen aus neun Jahrhunderten, 5. Aufl. Heidelberg 2008.
[17] Michael Stolleis, Geschichte des öffentlichen Rechts in Deutschland. Erster Band 1600–1800, München 1988; Zweiter Band 1800–1914, München 1992; Dritter Band 1914–1945, München 1999 (auch als broschierte Studienausgabe); Vierter Band 1945–1990, München 2012. – Diese Bände sind bisher übersetzt worden: Bd. I (frz., ital.), Bd. II (engl., chines., ital., frz.), Bd. III (engl., chines.).

Staatsrechtswissenschaft» von Manfred Friedrich[18]. Seit kurzem gibt es nun auch eine «Geschichte des öffentlichen Rechts der Schweiz» von Andreas Kley[19]. Die neuere Literatur zur Verfassungsgeschichte kann am besten durch das Lehrbuch von Dietmar Willoweit erschlossen werden[20]. Reiches Material zur Verwaltungsgeschichte, einschließlich der frühmodernen «Policey» und des modernen Verwaltungsrechts, findet sich in dem fünfbändigen Werk «Deutsche Verwaltungsgeschichte»[21].

Begleitend erschienen Michael Stolleis, Staat und Staatsräson in der frühen Neuzeit. Studien zur Geschichte des öffentlichen Rechts, Frankfurt 1990 (ital. Stato e ragion di stato nella prima età moderna, Bologna 1998); ders., Konstitution und Intervention. Studien zur Geschichte des öffentlichen Rechts im 19. Jahrhundert, Frankfurt 2001; ders., Recht im Unrecht. Studien zur Rechtsgeschichte des Nationalsozialismus, Frankfurt 1994, 2. Aufl. 2006 (engl. Law under the Swastika, Chicago 1998, frz. 2012).

[18] Manfred Friedrich, Geschichte der deutschen Staatsrechtswissenschaft, Berlin 1997.

[19] Andreas Kley, Geschichte des öffentlichen Rechts der Schweiz, Zürich/ St. Gallen 2011.

[20] Willoweit (Anm. 11); ders., Reich und Staat. Eine kleine deutsche Verfassungsgeschichte, München 2013.

[21] Kurt G. A. Jeserich – Hans Pohl – Georg-Christoph von Unruh (Hg.), Deutsche Verwaltungsgeschichte, Bd. I–V, Stuttgart 1983–1987 und Registerband.

II. Die Emanzipation vom römischen Recht und die Umstellung der Rechtsquellenlehre des Verfassungsrechts

1. Der römischrechtliche Ausgangspunkt

Das seit dem 13. Jahrhundert praktizierte und auf die mittelalterliche Welt Italiens umgesetzte römische Recht hatte sich in Lehre und Anwendung von Bologna aus an den west- und mitteleuropäischen Universitäten verbreitet. Gelehrte Juristen wurden in steigendem Umfang bei allen Rechtsfragen zugezogen, erhielten wichtige Posten als Ratgeber und Gutachter, Verhandlungsführer oder Diplomaten und schrittweise auch als Richter. Ihnen war die berühmte Zweiteilung des Rechtsstudiums geläufig, nämlich in öffentliches und privates Recht. Das öffentliche Recht, so die Worte des spätrömischen Juristen Ulpian (gest. 223 n. Chr.), bezieht sich auf den «römischen Staat» (ad statum rei Romanae spectat), das Privatrecht auf den Nutzen der Einzelnen (ad utilitatem singulorum)[22]. Als Gegenstände des öffentlichen Interesses galten dabei neben dem Staatskult, dem Religions- und Priesterrecht, den öffentlichen Ämtern auch alle zwingenden Normen des Privatrechts (etwa Eherecht, Adoptionen, Testamente sowie die Regelung von Fristen, Prozessrecht u. a. m.). Öffentliches Recht und Privatrecht bildeten aber eine ideelle Einheit «des Rechts». Diese Einheit umschloss nicht nur weltliches und geistliches Recht, sondern auch die Partikularrechte in Stadt und Land sowie die gruppenspezifischen Sonderrechte. Eine kategorische Zweiteilung in «privates» und «öffentliches» Recht war in Lehre und Praxis unbekannt. Die speziellere Regel ging der allgemeineren vor. Wo spezielle Regeln fehlten, zog man das «gemeine Recht» oder «Kaiserrecht» heran, subsidiär zunächst, aber je mehr die studierten Juristen sich der Szene bemächtigten, desto öfter drehte sich das Rangverhältnis zugunsten des ge-

---

[22] Dig. 1.1.2; Inst. 1,1,4.

meinen Rechts um. Waren die Gutachter des 15. und 16. Jahrhunderts zu Fragen der Kaiserwahlen, der Stellvertretung des Kaisers, des Reichstags, zu umstrittenen Herrschaftsrechten oder Abgaben aufgerufen, so suchten sie sich die nötigen Elemente zusammen, wo sie sie fanden, aus dem römisch-italienischen Recht einschließlich des Lehnrechts, aber auch aus dem Sachsenspiegel sowie aus dem Wahlgrundgesetz des Reichs, der «Goldenen Bulle» von 1356, und dem aus Gewohnheitsrecht gebildeten «Reichsherkommen». Auch Argumente aus dem Alten und Neuen Testament fanden hier zwanglos ihren Platz.

Gewiss gab es seit dem Hochmittelalter eine Differenzierung zwischen der öffentlich-politischen, herrscherlichen und in diesem Sinn «öffentlichen» Sphäre, deren Rechtsregeln zum «ius publicum» gezählt wurden[23], und dem privaten Lebensbereich, in dem die für jedermann geltenden Rechtsregeln zu beachten waren, aber die Grenzen waren kaum erkennbar. Land und Herrschaft wurden nach Familien- und Erbrecht übertragen, oft auch nach Kauf- und Pfandrecht. Das Strafrecht gehörte bei schweren Straftaten zur öffentlichen, bei kleineren Delikten zur privaten Sphäre, in der man einen Ausgleich durch «Bußen» suchte. Nur langsam erhoben die frühmodernen Obrigkeiten einen «öffentlichen Strafanspruch» und trennten zwischen Privatklagen und «Offizialverfahren»[24]. Aber die Bewertungen waren gewissermaßen spiegelverkehrt im Vergleich zu heute. Für das damalige Denken, das privat und öffentlich kaum oder jedenfalls anders trennte, waren Fluchen und Schwören, Anrufungen des Teufels, Zauberei und Hexerei, Ehebruch und andere Sünden Probleme der öffentlichen Ordnung, weil sie dem Gemeinwesen Gottes Zorn zuzogen und es damit gefährdeten. Ebenso langsam setzte sich in der zentralen Frage, ob ein Land Familienbesitz einer Dynastie sei, also vererbt, geteilt, verkauft und verpfändet werden konnte, die Linie der «Unteilbarkeit» durch, eine wesent-

---

[23] Siehe Dilcher – Quaglioni (Anm. 8).
[24] Hierzu nunmehr die Ergebnisse eines Forschungsprojekts, herausgegeben von Klaus Lüderssen, Klaus Schreiner, Rolf Sprandel und Dietmar Willoweit «Konflikt, Verbrechen und Sanktion in der Gesellschaft Alteuropas», 10 Bde., Köln – Weimar – Wien 1999–2006 sowie eine daneben entstandene Reihe von Monographien zur Thematik des vorstaatlichen Strafrechts.

liche Voraussetzung für die «Staatsbildung» der frühen Neuzeit. Das Territorium wurde auf diese Weise der privaten Sphäre entrückt und gewann überindividuelle Konturen. Entsprechend wandelte sich das Herrscherbild schrittweise zum «obersten Staatsdiener», der sich zwar an der Spitze seiner Dynastie und mit der Gnade Gottes versehen betrachtete, aber nun dem Abstractum «Staat» verpflichtet sah.

2. Neue Bedingungen

Die mittelalterliche Rechtsordnung, die von weltlichem «Kaiserrecht» und Kirchenrecht überwölbt war, sich aber vorrangig an Dorf-, Land- und Stadtrechten, Lehnrecht, speziellen Berufsrechten und Standesrechten sowie zahllosen Privilegien und Sonderrechten orientierte, musste in ihrer Mischung von Rechtsgewohnheiten und geschriebenen Rechten, gelehrtem und ungelehrtem Recht in Schwierigkeiten geraten, als sich mit dem Ende des 15. und während des 16. Jahrhunderts die Lebensbedingungen und Mentalitäten dramatisch änderten. Die markanten Neuerungen häuften sich. Neue Söldnerheere lösten die alten Ritterheere ab, die Ritterschaft sank materiell und sozial ab, das reicher werdende städtische Bürgertum stieg auf, die großen Fernhandelshäuser mischten sich in die Politik ein und mutierten zu Geldadel, die Reformation verursachte erhebliche Instabilität im Reichsgefüge und warf ganz neue Verfassungsfragen auf, etwa die nach der theoretischen Möglichkeit eines evangelischen Kaisertums. Da die deutschen Städte in der zweiten Hälfte des 16. Jahrhunderts durch eine Finanzkrise geschwächt waren und die großen Handelshäuser das östliche Mittelmeer an die Türken verloren hatten, verschoben sich die politischen Gewichte[25]. Auch der Adel war keine geschlossene Formation mehr. Die Einheit der Kirche war mit dem Konzil von Trient (1545–1563) endgültig zerbrochen. Eine Zusammenführung von römischem Katholizismus, Luthertum und Calvinismus in eine gesamtkirchliche Einheit war von da an nicht mehr möglich. Auch die orthodoxen

[25] Karl S. Bader – Gerhard Dilcher, Deutsche Rechtsgeschichte. Land und Stadt – Bürger und Bauer im Alten Europa, Berlin – Heidelberg 1999, 688 ff. (Dilcher).

Ostkirchen hatten sich längst verselbständigt. Was den kirchlichen Kräften auf diese Weise an weltlichem Einfluss verloren ging, fiel dem fürstlichen Landesherren zu. Er definierte sich nun nicht mehr als Richter, sondern primär als Gesetzgeber. Er suchte als «Souverän» sein Territorium abzurunden und ihm Grenzen zu geben, innerhalb derer sein Gesetz und Gebot gelten sollte.

Das landesherrliche Gesetz und Gebot löste die bisherige Rechtsordnung schrittweise ab. Nun galt die Regel, dass das neuere Gebot das ältere ersetze. Damit drehte sich das ganze Rechtsgebäude um, denn vorher galt das ältere Recht als das würdigere («gutes altes Recht»). Maßgebend war jetzt der zentrale oberste Gesetzgeber. Partikulare Rechte wurden verdrängt, Privilegien kassiert, allerdings auch eine Fülle neuer Privilegien kraft neuen Rechts erteilt. Der neue Gesetzgeber konnte nun, zumindest theoretisch, auch das römische Recht, das seinen Nimbus als «Kaiserrecht» verlor, aufheben und durch neues Gesetzesrecht ersetzen.

Im Zuge dieser an die Spätantike anknüpfenden Bestrebungen, die Gesetzgebung und das Herrscheramt in das Zentrum zu rücken, entstand auch im frühen 16. Jahrhundert die Idee, die wankende Autorität des römischen Rechts dadurch zu stützen, dass man erklärte, es gelte nicht nur kraft Autorität, Qualität oder Gewohnheit, sondern weil es von Kaiser Lothar III. von Supplinburg (1075–1137) als Ganzes gesetzlich verbindlich gemacht worden sei. Diese «Lotharische Legende» wurde schon 1643 endgültig widerlegt[26], aber dass sie überhaupt entstehen konnte, zeigt viel von der Überzeugungskraft, die das Wort «Gesetzgebung» nun entfaltete.

Dieser grundlegende Vorgang der Relativierung des römischen Rechts durch die neue, gesetzgebende «Staatsgewalt» wurde auch dadurch unterstützt, dass das traditionell als in sich konsistent, ja unantastbar empfundene römische Recht durch die humanistische Philologie und eine neue historisierende Sicht Risse bekommen hatte. Die großen Humanisten-Juristen des 16. Jahrhunderts (Andreas Alciatus, Guillaume Budé, Jacques Cujas, Hugo Donellus)

---

[26] Hermann Conring, Der Ursprung des Deutschen Rechts, Frankfurt 1994 (Übersetzung von «De Origine Iuris Germanici Commentarius Historicus», Helmstedt 1643).

zerstörten mit ihrem genaueren Blick auf die Texte die Vorstellung von der inneren Einheit des Rechts, die durch harmonisierende Auslegung zu wahren oder vielmehr herzustellen war. Nun sah man verschiedene «Textstufen», unterschied die einzelnen antiken Autoren, entdeckte Ungereimtheiten und offene Widersprüche. Das römische Recht war nicht mehr das sakralisierte Einheitsrecht des Abendlandes, sondern eine historisch überlieferte Textmasse, die auch Defekte aufwies und zu zahllosen Auslegungsstreitigkeiten führte.

Wenn nun der aufsteigende Absolutismus sich als Gesetzgeber etablierte, um das Rechtswesen neu zu ordnen, dann war er im Prinzip frei, sich des römischen Rechts als Material zu bedienen, und viel sprach dafür, diesen Schatz an subtiler Regelbildung, Differenzierung und Lebenserfahrung nicht zu vergeuden. So tauchte schon im 16. Jahrhundert der Gedanke auf, man könne das römische Recht als Grundlage einer umfassenden Kodifikation des Rechts verwenden, es durch bewährtes Landesrecht ergänzen und dem Ganzen eine rationale, dem neuen Geist der Mathematik und der Naturwissenschaften entsprechende Form geben. An eine direkte Übertragung des römischen Staatsrechts auf die Verhältnisse des 16. Jahrhunderts war freilich nicht zu denken. Was vom römischen Recht insoweit verwendbar war, hielt sich in Grenzen. Es waren die seit dem 12. Jahrhundert von der kaiserlichen Publizistik benutzten spätantiken Titulaturen, Symbole und Rechtsformeln, die den Anspruch einer Zentralmacht stützten, etwa dass der fürstliche Wille Gesetzeskraft habe (quod principi placuit legis habet vigorem), dass der Fürst über dem Gesetz stehe (princeps legibus solutus), aber gebunden sei an das unveränderliche Naturrecht und an göttliches Recht, dass der Herrscher als Herr der Welt (dominus mundi), als Vater/Landesvater (pater omnium) anzusehen sei, dass er Gesetze nicht nur schaffen, sondern auch abändern, interpretieren und wieder aufheben könne. Dies alles wurde nun erneut dankbar aufgegriffen.

Daneben nutzte man den Bestand des römischen Rechts nach allen Kunstregeln der Interpretation. Wenn der Fürst als «Landesvater» über die väterliche Gewalt (patria potestas) verfügte, konnte man die Regeln des Erbrechts auf die Fürstentestamente anwenden und Land und Leute für vererblich erklären, aber auch daraus ableiten, dass das Erbgut möglichst zusammenzuhalten sei. Der Artikel über die väterliche Gewalt machte die Menschen zu «Landeskindern» und Untertanen. Der Umfang des Landes wurde nach der römischen Definition des Wortes «Territorium» bestimmt. Die Einkünfte leitete man aus dem Eigenbesitz des fürstlichen Familienvaters und aus dem zum römischen Recht gezählten Lehnrecht ab (Regalien). Um den wirtschaftlich bedrohten Adel zu schützen, entwickelte man aus dem römischen Fideikommissrecht ein Sonderrecht unveräußerlicher und nicht mit Schulden belastbarer adeliger Stammgüter[27].

Das römische Recht, flexibel interpretiert, bot also noch zahlreiche Anknüpfungspunkte für die veränderte Verfassungslage, aber es fügte sich nicht mehr zu einem System zusammen, das für die Verfassungswirklichkeit des 16. und 17. Jahrhunderts brauchbar gewesen wäre. Selbst in Deutschland, das mit dem Kaisertum den Anspruch erhob, das römische Kaisertum fortzusetzen, wurde evident, dass das antike Kaisertum mit dem gegenwärtigen nicht mehr zu vergleichen war. Die Verfassungslage war gänzlich verändert. Zudem war eines der wichtigsten Elemente des römischen «ius publicum», nämlich das Sakralrecht, nun Kirchenrecht geworden. In der Reformation war es zersplittert, zum Sonderrecht geworden und taugte nicht mehr als starke Klammer der Reichsverfassung. Alle bisherigen Regeln über das Kirchengut, über die Amtsgewalt der Bischöfe, über Eherecht und Ehescheidung, Eigentums- und Erbrecht der Klosterinsassen und viele andere Materien mussten neu fixiert werden.

3. Das neue Verfassungsrecht

Der in der Reformation wirkende «antirömische Affekt» unterstützte zusätzlich die Tendenz, Kaiser und Reich aus eigener Wurzel zu begründen und die päpstliche Version der Übertragung des spätantiken Reichs durch den Papst auf Karl d. Gr. im Jahr 800

---

[27] Philipp Knipschild, Von Stammgütern. Tractatus de fideicommissis familiarum nobilium, Ulm 1654.

durch eine eigene säkularisierte Konstruktion zu ersetzen. Dass dieses Reich dennoch bis zu seinem Ende als «heilig» und als «römisch» bezeichnet wurde, gab ihm noch einen gewissen Glanz. Im Zeichen dynastischer Großmachtpolitik bedeutete dies jedoch fast nichts mehr, vor allem in der Zeit nach dem Ende des Dreißigjährigen Kriegs (1648) und dem Ende des Reichs selbst (1806).

Der Schwerpunkt des römischen Rechts lag also nach wie vor im allgemeinen Schuldrecht, im speziellen Vertragsrecht, im Pfand- und Hypothekenrecht sowie im Erbrecht. Seine Bedeutung bestand vor allem darin, dass es die juristische Argumentationsweise schulte, den nun immer wichtiger werdenden «Juristenstand» intellektuell vereinheitlichte und ihm die Mittel an die Hand gab, gerichtliche Entscheidungen oder Gutachten rational und textgestützt zu begründen[28]. Dies gilt auch für das Strafrecht, das sich aus einheimischen Traditionen gebildet und inzwischen vom römisch-kanonischen Prozessrecht überlagert worden war. Das altrömische Strafrecht war nur noch in Resten vorhanden, und auch diese verschwanden, seit sich das Reich 1532 zu einem eigenen Strafgesetzbuch durchgerungen hatte. Diese Constitutio Criminalis Carolina (CCC) galt nun als Reichsgesetz, bis es im 18. und 19. Jahrhundert von anderen Gesetzbüchern abgelöst wurde, zuletzt durch das Reichsstrafgesetzbuch von 1871.

Insgesamt führten also die seit dem Wormser Reichstag und seinen Reformgesetzen von 1495 veränderte Verfassungslage, die in alle Lebensbereiche hineinwirkende kirchliche Reformation, die aus ihr folgende Konfessionsspaltung und die Religionskriege zu ganz neuen Bedingungen für «diejenigen Regeln und Strukturen, die das Gemeinwesen und damit die politische Ordnung prägen» (Willoweit). Das Heilige Römische Reich Deutscher Nation, wie es seit dem Spätmittelalter genannt wurde, war nicht mehr mit dem römischen und nun «gemeinen» Recht zu regieren. Seine Legitimation war brüchig geworden. Der moderne Staat kündigte sich als Gesetzgebungsstaat an, und zwar mit dem Anspruch, bisher geltendes Recht beiseite zu räumen.

[28] Michael Stolleis, Juristenstand, in: HRG, 2. Aufl. Berlin 2011, 1440–1443.

III. Elemente des entstehenden öffentlichen Rechts

1. Die «Politik»

Wie das römische Recht war auch die «Lehre von der Politik» (Politica) ein Erbe der Antike. Der während des gesamten Mittelalters an den Universitäten verwendete Text war die «Politik» des Aristoteles aus dem 4. Jahrhundert vor Christus. Er war um 1260 von Wilhelm von Moerbecke aus dem Griechischen ins Lateinische übersetzt worden und bildete von da an die Grundlage für die Frage nach der Entstehung des Staates und der Stellung der Bürger in ihm, nach den Staatsformen Monarchie, Aristokratie und Politie samt ihren Entartungsformen Tyrannis, Oligarchie und Demokratie. Anhand dieses Textes diskutierte man auch über die Tugenden des Monarchen, über das «rechte Regiment», über Verfassungswandel und Heilung von «Staatskrankheiten» sowie über die Erziehung der Bürger.

In der Juristenausbildung des Spätmittelalters spielte diese «Verfassungslehre» aber nur eine geringe Rolle. Sie wurde in der Artistenfakultät (später: Philosophische Fakultät) gelehrt und bildete dort neben der Ethik (Individuum) und der Ökonomie (Haus) die dritte Stufe menschlicher Vergesellschaftung (Staat). Ob Juristen an diesem vorbereitenden Unterricht in größerer Zahl teilnahmen, darf bezweifelt werden. Sie hatten mit dem römischen Recht und dem Kirchenrecht mehr als genug zu tun.

Nachdem dann die Reformation die Lehre auf der Grundlage des «Heiden» Aristoteles für ein Jahrzehnt unterbrochen hatte, setzte 1530/31 mit der Autorität von Philipp Melanchthon eine neue Blüte des Neo-Aristotelismus an den protestantischen Universitäten ein. Sie reichte bis etwa zum zweiten Drittel des 17. Jahrhunderts. In diesem Zeitraum erschienen zahlreiche «Politiken», die ganz unterschiedliche geistige Traditionen, Konfessionen und politische Bedingungen widerspiegelten, aber immer wieder das aristotelische Urbild durchschimmern ließen. Sie stammten von Lutheranern (Henning Arnisaeus, Georg Schönborner, Hermann Conring), Katholiken (Francisco de Suárez, Pedro de Ribadeneira, Gregorius Tolosanus, Adam Contzen) und Reformierten (Lambertus Danaeus, Johannes Althusius, Bartholomaeus Keckermann). Speziell an lutherischen Universitäten gab es eine Welle von Disputationen, Dissertationen, Handbüchern, Systemen und Spezialtraktaten zur Politik, «und zwar gleichzeitig mit der Etablierung des Jus publicum»[29].

Diese Politiken waren in unterschiedlicher Intensität religiös gebunden. Einige von ihnen suchten einen überkonfessionellen Standpunkt, etwa die «Politik» des genialen niederländischen Philologen Justus Lipsius von 1589, die vor allem aus Tacitus-Zitaten montiert war. Sie war sensationell erfolgreich, nicht nur wegen ihrer sprachlichen Eleganz, sondern weil Lipsius den konfessionell einheitlichen, wohlgeordneten, starken Staat predigte und weil er die Anstoß erregenden Thesen des Florentiner Politikers Niccolò Machiavelli (1469–1527) abmilderte und geschickt vermittelnd vortrug. Die Kernfragen lauteten, ob Politik und Religion getrennten Sphären angehörten und ob der handelnde Staatsmann Betrug und Gewalt einsetzen dürfe. Machiavelli hatte bekanntlich die Autonomie der Politik gegenüber kirchlichen Ansprüchen vertreten und unter bestimmten Bedingungen keine Bedenken getragen, dem Politiker das Recht auf Betrug und Gewalt zuzubilligen. In Machiavellis Umkreis und wohl noch zu seinen Lebzeiten tauchte in Florenz die Formel von der «Staatsräson» (ragione di stato) auf. Nach Staatsräson zu handeln bedeutete seitdem, im politischen Kampf die eigenen und die fremden Kräfte nüchtern zu kalkulieren (ragione = Rechnung) und die Ziele des Gemeinwesens zu verfolgen, ohne auf Religion und Moral mehr als nur taktisch Rücksicht zu nehmen. Diese für seine Zeit außerordentlich kühnen Thesen führten nicht nur zu einem kirchlichen Verbot von Machiavellis Schriften, sondern zur Verteufelung einer unmoralischen Politik als «machiavellistisch».

[29] Horst Dreitzel, Protestantischer Aristotelismus und Absoluter Staat. Die «Politica» des Henning Arnisaeus (ca. 1575–1636), Wiesbaden 1970, 412 f. Siehe nun Christoph Strohm, Calvinismus und Recht. Weltanschaulich-konfessionelle Aspekte im Werk reformierter Juristen in der Frühen Neuzeit, Tübingen 2008.

Wer seine Fragen, etwa von der Erlaubtheit des Betrugs oder von Kriegslisten, erörtern wollte, ohne Machiavellis Namen zu nennen, konnte dies anhand der Schriften des antiken Autors Publius C. Tacitus (ca. 58–120 n. Chr.) tun. Tacitus war nach seiner Wiederentdeckung im 15. Jahrhundert in Deutschland besonders beliebt, weil er ein Sittenbild der tugendhaften alten Germanen geschrieben hatte («Germania»). Für Europa wichtiger waren aber seine Annalen und Historien, aus deren Kommentierung sich eine Debatte der praktischen Ethik und Politik entwickelte, die «Tacitismus» genannt wurde und sich selbst wiederum in eine republikanische und eine absolutistische Hauptströmung teilte[30].

2. Nationale Rechtsquellen

Für die Juristen, die am Ende des 16. Jahrhunderts ihre städtischen Obrigkeiten, ihre Landesherren oder den Kaiser in Wien zu beraten hatten, genügten die geringen staatsrechtlichen Elemente des römischen Rechts, die Berufung auf den neu kommentierten Aristoteles oder auf Ciceros «De re publica» allerdings nicht mehr. Auch die Bibel war ein allzu auslegungsbedürftiges Hilfsmittel, ebenso die von den Humanisten wiederentdeckten Staatsschriften des Mittelalters, von denen man typischerweise solche bevorzugte, die dem päpstlichen Herrschaftsanspruch entgegentraten.

Um juristisch aussichtsreich zu argumentieren, musste man sich der Reichsverfassung selbst zuwenden. Die lutherische Reformation und der Bauernkrieg von 1525, die Religionskriege und die Reichskrise im letzten Drittel des 16. Jahrhunderts drängten auf Auslegung der konkret für das Reich und seine «Verfassung» maßgeblichen Normen. Welche Normen aber waren maßgeblich? Es waren die eingangs bereits genannten «Reichsgrundgesetze».

Ranghöchstes Gesetz dieser Art war ohne Zweifel die Goldene Bulle von 1356, die vor allem das Verfahren der Kaiserwahl fest-

---

[30] Jürgen von Stackelberg, Tacitus in der Romania, Tübingen 1960; Else-Lilly Etter, Tacitus in der Geistesgeschichte des 16. und 17. Jahrhunderts, Basel 1966; Kenneth C. Schellhase, Tacitus in Renaissance Political Thought, Chicago 1976.

legte. Sie nannte die zunächst geltende Zahl von sieben Königswählern (Kurfürsten) und fixierte das Wahlverfahren[31]. 1495 kam eine Gruppe wichtiger Reichsgesetze hinzu, vor allem die Eindämmung des Fehdewesens, also erlaubter Privatkriege, durch die Erklärung eines «Ewigen Landfriedens» sowie die Gründung des Reichskammergerichts, dem bald der Reichshofrat in Wien folgte. Seit der Wahl Kaiser Karls V. wurden bei jeder Kaiserwahl die Wahlkapitulationen beschlossen, also die in «Kapiteln» niedergelegten Vereinbarungen zwischen dem Wahlkandidaten und den Reichsständen[32]. 1555 garantierte der Augsburger Religionsfriede einen Rahmen des Reichsverfassungsrechts, innerhalb dessen Katholiken und Lutheraner miteinander leben konnten[33]. 1648 fügte diesen «Grundgesetzen» noch den Westfälischen Friedensvertrag hinzu, ein zentrales Dokument für die Religionsparteien, für die innere Ordnung des Reichs und für die völkerrechtliche Ordnung. Auch sie galten nun als Fundamental- oder Grundgesetze. Die gleiche Qualität wurde den wichtigeren vom Reichstag verabschiedeten Gesetzen, den so genannten Reichsabschieden[34], zugeschrieben, die unmittelbar nach jedem Reichstag im Druck erschienen. Von ihnen betrachtete man stets die «Reichspoliceyordnung» (1530) und das «Reichsstrafgesetzbuch» Constitutio Criminalis Carolina (1532) als besonders wichtig.

Nimmt man dies alles zusammen, dann lag damit um die Mitte des 16. Jahrhunderts das Material für die von Juristen zu bearbeitende Verfassung des Heiligen Römischen Reichs Deutscher Nation, das Ius Publicum Sacri Imperii Romano-Germanici, bereit[35]. Dieses Reich mit seinen rund 1000 politischen Untereinheiten von werdenden Staaten, einzelnen Herrschaften, kirchlichen Territo-

[31] 2013 wurden die noch existierenden Exemplare der Goldenen Bulle zum Weltkulturerbe erklärt.

[32] «Kapitulieren» bedeutet in diesem Sinn, einen in Kapitel gegliederten Text als bindend anzuerkennen.

[33] Martin Heckel, Deutschland im konfessionellen Zeitalter, Göttingen 1983.

[34] Am Ende eines Reichstags wurde dieser «verabschiedet» bzw. verabschiedete selbst seine Beschlüsse.

[35] Barbara Stollberg-Rilinger, Das Heilige Römische Reich Deutscher Nation. Vom Ende des Mittelalters bis 1806, München 2006.

rien, Freien Hansestädten, Reichsstädten, Reichsdörfern, Reichsabteien etc.[36] hatte also de facto eine «Verfassung». Es war ein Wahlkaisertum, das aber praktisch eine im Hause Habsburg vererbte Würde darstellte, dazu ein Gremium der wahlberechtigten Kurfürsten, ein Fürstenkollegium, eine Ständeversammlung namens Reichstag, zwei oberste Gerichte (Reichskammergericht, Reichshofrat), großräumige regionale Zusammenschlüsse, die «Reichskreise», und ein von Fall zu Fall zusammengerufenes Reichsheer, das «Reichsaufgebot». Was das Reich nicht zustande brachte, waren eine effektive Reichsverwaltung und ein ertragreiches Steuersystem sowie eine umfassende Justizverwaltung mit Exekutive. Auch eine zentrale Residenz, vergleichbar Paris, London oder Madrid, entstand nicht. Das an der Peripherie des Reichs liegende Wien war stets mehr die Hauptstadt des Habsburgerreichs als des «deutschen» Reichs.

Dieses komplexe politische Gebilde sollte nun also rechtlich verfasst sein. Der Antrieb hierfür kam wesentlich aus dem gefährlichen politischen Patt zwischen Kaiser und Reich sowie zwischen den konfessionellen Lagern. Eine ganze Reihe von Streitigkeiten, die trotz des Augsburger Religionsfriedens in den siebziger Jahren des 16. Jahrhunderts entstanden, alarmierte die protestantische Seite. Vor allem war sie an der Klärung der Fragen der Reichsverfassung interessiert, sie hatte die Juristenausbildung an ihren 22 Universitäten gefördert, während die 28 katholischen Universitäten, die (mit Ausnahme Salzburgs) von Jesuiten geleitet wurden, die Juristenausbildung lange vernachlässigten. Deshalb waren es jetzt weit überwiegend protestantische Autoren, die sich mit dem «Jus publicum (sacri) Imperii Romano-Germanici» beschäftigten, Vorlesungen dazu ausarbeiteten, Disputationen veranstalteten und Dissertationen schreiben ließen. Bald entstanden hieraus die ersten Sammelwerke und Lehrbücher. Führend waren dabei die lutherischen Universitäten Altdorf, Jena, Straßburg und Gießen, daneben reformierte Orte wie Marburg, Heidelberg und Basel. In einem weiteren

---

[36] Gerhard Köbler, Historisches Lexikon der deutschen Länder. Die deutschen Territorien vom Mittelalter bis zur Gegenwart, München 1988, 7. erw. Aufl. 2007.

Kreis gehörten auch Tübingen, Frankfurt/Oder, Helmstedt, Herborn und Danzig dazu. Rasch verständigte man sich darüber, es handle sich um ein neues und wichtiges Fach, das bisher vernachlässigt worden sei. Das römische Recht tauge dazu nicht, es enthalte nichts Brauchbares über das aktuell gültige Reichsrecht, die Religionsverfassung, über Kriegs- und Bündnisrecht oder Fachwissen der Verwaltung, nichts über Reichs- und Deputationstage, Reichskreistage, Fiskus oder Heerwesen. Auch die «Politiken» seien dazu nicht konkret genug.

Das neue Fach blühte zwischen 1600 und 1620 auf. Bald wurde es üblich, an kleinen Universitäten wenigstens eine Professur mit einem Vertreter des «ius publicum» zu besetzen. Das Zögern der Praxis, die Arcana, also geheime Dinge des Staates und der Verwaltung, auf diese Weise im öffentlichen Unterricht zu traktieren, wurde bald überwunden; denn zu offensichtlich war der Vorteil, auf diesem Gebiet endlich Fachleute zur Verfügung zu haben. Auch die dem Adel vorbehaltenen Ritterakademien, die als Schulen für künftige Beamte, Militärs und Diplomaten dienten, nahmen das öffentliche Recht umgehend in die Lehrpläne auf[37].

Die rasche Akzeptanz des neuen Fachs lässt sich erklären: Zum einen spürte man auf protestantischer Seite den politischen Druck, der von den Verfassungsstreitigkeiten am Vorabend des Dreißigjährigen Kriegs ausging. Man war dort auch durch den europäischen Späthumanismus philologisch gerüstet und kannte die einheimischen Texte. Methodisch geschult waren diese neuen «Publizisten», wie sie bald hießen, durch das römische Recht, das ihnen den rationalen Duktus, die Fachsprache und die spezifische Argumentationsweise lieferte. Die katholische Seite kannte die einheimischen Texte nicht weniger, aber sie investierte kaum wissenschaftliche Energien in deren Auslegung. Sie verharrte vielmehr weitgehend auf dem bisherigen Standpunkt, das römische Recht bilde als «Kaiserrecht» die eigentliche Quelle der Legitimation und das Reservoir der Argumentation.

[37] Klaus Bleek, Adelserziehung auf deutschen Ritterakademien, Frankfurt 1977; Norbert Conrads, Ritterakademien der frühen Neuzeit. Bildung als Standesprivileg im 16. und 17. Jahrhundert, Göttingen 1982.

Hierfür ein Beispiel: Als die protestantische Stadt Donauwörth wegen eines wenig bedeutenden Zwischenfalls mit Billigung des Kaisers vom bayerischen Herzog Maximilian kassiert wurde, argumentierte der bayerische Rat 1610, für eine solche Reichsexekution sei nach dem Recht des römischem Prinzipats der Reichshofrat in Wien zuständig. Die protestantische Seite antwortete 1611, es erscheine «nunmehr verhoffentlich gnugsam, dass ein mercklicher Underschid, zwischen den alten Lateinischen, und jetzigen Teutschen Kaysern seye, unnd dass demnach ipsa totius reipublicae Germanicae forma nicht auß den Lateinischen Rechten, oder Bartolo und Baldo, wie der Relator ... sehr leppisch fingirt, sondern vielmehr auß des Reichs ublichem herkommen und dahero rhürenden alten Verfassungen, auß der guldin Bull, Kayser: und Königlichen Capitulationen, des Reichs Abschieden und Constitutionibus zunehmen»[38]. Dieser Satz wurde nun zur allgemeinen Überzeugung.

[38] Sebastian Faber – Ludwig Müller, Beständige Informatio facti & Juris wie es mit den am Keiserlichen Hof wider des H. Römischen Reichs Statt Donawerth außgangenen Processen/und darauff vorgenommenen Execution/aigentlich und im Grund der Warheit beschaffen seye, o. O. 1611.

IV. Reichspublizistik, Natur- und Völkerrecht, «Gute Policey»

1. Reichspublizistik

Von 1600 bis zum Ende des Alten Reichs im Jahre 1806 entfaltete sich die «Reichspublizistik». Sie ist nicht mit der modernen Publizistik zu verwechseln, sondern meint die gelehrte Auseinandersetzung mit den genannten Rechtsquellen der Reichsverfassung und deren Vermittlung an die nächste Juristengeneration. Da alle Universitäten Landesuniversitäten waren und einem Landesherrn oder einer freien Reichsstadt (Straßburg, Nürnberg) unterstanden, war die politische Indienstnahme des hier sich entwickelnden Sachverstands selbstverständlich. Universitätsprofessoren des öffentlichen Rechts waren im Nebenamt nicht nur als Richter tätig, wenn sie im Rahmen der üblichen «Aktenversendung» von den Gerichten an die Rechtsfakultäten Fälle bearbeiteten. Sie waren auch die geborenen Gutachter in allen die Landeshoheit oder Reichsunmittelbarkeit betreffenden Streitigkeiten. Dabei hatten sie die Interessen ihres Brotgebers zu wahren. «Objektivität», ohnehin ein irreführendes Trugbild, kann also ebenso wenig erwartet werden wie eine – erst im ausgehenden 18. Jahrhundert propagierte und im 19. Jahrhundert halbwegs durchgesetzte – moderne Wissenschaftsfreiheit[39].

Der Aufbau eines neuen Fachs beginnt typischerweise mit Materialsammlungen, mit ersten tastenden Disputationen, die es damals sowohl zu Übungszwecken wie auch als Abschlussveranstaltungen gab, sowie mit mehr oder weniger systematisch angelegten «Dissertationen». Letztere stammten oft von den Professoren selbst und wurden den Kandidaten zu öffentlicher Verteidigung übergeben. Die Universitätsdrucker gaben sodann thematisch gegliederte Sammelbände solcher Dissertationen heraus, und von diesen war

---

[39] Hierzu Ingolf Pernice, Kommentierung des Art. 5 Abs. 3 GG, in: Grundgesetz Kommentar, hg. v. Horst Dreier, 2. Aufl. Bd. I, Tübingen 2004, 715 ff.

der Schritt zu regulären Lehrbüchern nur klein. So geschah es in Herborn unter Johannes Althusius, in Jena unter Dominicus Arumaeus, in Gießen unter Gottfried Antonius und in Marburg unter Hermann Vultejus. Thematische Schwerpunkte bildeten die Fragen, wem die öffentliche Herrschaft (iurisdictio, maiestas, Souveränität) zustehe, welchen Rechtsbindungen der Herrscher unterliege, ob er ohne Konsens der Stände dem Land Steuern auferlegen könne, ob Reichskammergericht oder Reichshofrat zuständig seien, wem bestimmte Regalien gehörten (Münzrechte, Zölle, Bodenschätze, Jagd und Fischfang, Marktschutz, Judenschutz u. a. m.). Ebenso wichtig waren alle Streitigkeiten um Besitzrechte der Konfessionen, also Grund und Boden von Kirchen und Klöstern, Einkünfte und Kirchenschätze. Auf Reichsebene ging es um die Abgrenzung der Sphären von Kaiser und Reichsständen, also um den Sitz der «Souveränität», die von Jean Bodin in seinem epochemachenden Werk «Les six livres de la République» (1576) als «puissance absolue & perpétuelle d'une République» definiert worden war.

Das war die theoretische Formel des Absolutismus. Im Reich war sie unanwendbar; denn weder konnte von einer absoluten Macht des Kaisers die Rede sein, noch herrschten die Reichsstände «absolut». Bodin hatte die Regierungsform in Deutschland als Aristokratie bezeichnet, was viel Widerspruch hervorrief. Das Problem war eigentlich unlösbar, und so verfiel man auf den Ausweg, Rechtstitel (maiestas) und faktische Ausübung (imperium) zu trennen. Ebenso trennte man zwischen einer Souveränität des Gemeinwesens (maiestas realis) und des Herrschers (maiestas personalis). Die Regierungsform war nicht unter die klassische Staatsformenlehre des Aristoteles zu subsumieren, weshalb man sie für «gemischt» erklärte, ähnlich derjenigen des alten Rom, die ebenfalls monarchische, aristokratische und demokratische Elemente enthalten hatte und gerade deshalb als besonders stabil galt[40].

Die diesen Fragen gewidmete Literatur wuchs im 17. und 18. Jahrhundert auf erstaunliche Weise. Sie trug wesentlich zu dem bewunderten und gefürchteten «barocken Bücherberg» bei. Als

---

[40] Wilfried Nippel, Mischverfassungstheorie und Verfassungsrealität in Antike und Früher Neuzeit, Stuttgart 1980.

erste große Summe erschien 1619 der Tractatus de Regimine Seculari et Ecclesiastico des Giessener Professors Dietrich Reinkingk (1590–1664), der einen fromm lutherischen, kaisertreuen und monarchistischen Standpunkt vertrat[41]. Stärker der Sache der Reichsstände geneigt war das neun Bücher umfassende Werk des Johannes Limnaeus (1592–1663), ein klar gegliedertes und von Material überquellendes Handbuch (1629–1634)[42]. Die Souveränitätsfrage löste er so, dass er dem Reich (genauer: den Reichsständen) die reale, dem Kaiser die personale, aber an höheres Recht gebundene Herrschaftsmacht zusprach. Das war der theoretisch ausgleichende Sinn der Formel «Kaiser und Reich».

Als 1618 der «Große Krieg» ausbrach und in mehreren Schüben das Land verwüstete, wurde der Universitätsbetrieb nur örtlich und zeitweise unterbrochen. Es erschienen weiter Disputationen und Dissertationen zum öffentlichen Recht, Kleinschriften und Pamphlete aller Art, je nach Kriegslage. Immer wieder wurde über die (falsche oder richtige) Staatsräson debattiert. Besonders grell antihabsburgisch ist die berühmt gewordene Abhandlung über die «Staatsräson unseres Römisch-Deutschen Reiches (Dissertatio de ratione status in Imperio nostro Romano-Germanico)» von 1640 oder 1647 des Bogislaus Philipp von Chemnitz, der sich Hippolithus à Lapide nannte[43]. Es war ein Versuch, Habsburg beiseite zu drängen und die Verlagerung der Reichsgewalt auf den Reichstag zu erreichen – eine interessante Parallele zur Glorious Revolution in England, die den Versuch der Krone beendete, den Absolutismus zu etablieren und schließlich zu einer Balance zwischen König und Parlament führte («king in parliament»).

Der ersehnte Friedensschluss von Münster und Osnabrück im Jahre 1648 veränderte die Reichsverfassung, schuf ein neues Religionsrecht und war Ausgangspunkt für eine neue völkerrechtliche Ordnung Europas. Das «Reich», eine schwächer gewordene Formation zwischen den Mächten Frankreich, Schweden und Habs-

---

[41] Christoph Link, Dietrich Reinkingk, in: Staatsdenker, 3. Aufl. 1995, 78–99.
[42] Rudolf Hoke, Johannes Limnaeus, in: Staatsdenker, 3. Aufl. 1995, 100–117.
[43] Chemnitz = slaw. Stein = lat. Lapis. Hierzu Rudolf Hoke, Hippolithus a Lapide, in: Staatsdenker, 3. Aufl. 1995, 118–128.

burg, blieb zwar erhalten. Die einzelnen Reichsstände erhielten aber das «ius territorii et superioritatis», das von vollständiger Souveränität nur durch die verbale Rücksicht auf Kaiser und Reich unterschieden war. Die Souveränitätsrechte des Kaisers wurden in einem weiteren Fundamentalgesetz an die Zustimmung des Reichstags gebunden (Jüngster Reichsabschied 1654). In der Religionsfrage einigte man sich auf eine Rückabwicklung bis zum «Normaljahr» 1624, die calvinistischen Reformierten wurden als schützenswerte dritte Konfession in den Frieden einbezogen, Verfahrenssicherungen sollten garantieren, dass Glaubensfragen die Reichsverfassung nicht mehr sprengen konnten. Unerledigte Fragen wurden in die Zukunft verschoben und blieben bis zum Ende (1806) unbeantwortet. Das Reichskammergericht kam wieder in Gang und wurde nach der Zerstörung Speyers 1689 nach Wetzlar verlegt. Der Reichstag etablierte sich als «Immerwährender Reichstag» in Regensburg, mithin als permanenter Gesandtenkongress, institutionell verfestigt einerseits, aber auch nur begrenzt politikfähig andererseits.

Von da an galt die Reichsverfassung, von den Zeitgenossen auch «Reichs-System» genannt, als schwerfällig und altertümlich, während in Europa ringsherum – Italien und Polen ausgenommen – kraftvolle Nationalstaaten entstanden, allen voran das Frankreich Ludwigs XIV. als absolutistischer Musterstaat. Im Reich selbst bildeten das aufsteigende Brandenburg-Preußen und der habsburgische Vielvölkerstaat die Hauptgewichte, zwischen denen sich das dritte Deutschland als Konglomerat von Mittel- und Kleinstaaten bewegte. Schließlich begründete der Friede von Münster und Osnabrück insofern eine völkerrechtliche Ordnung, als er unter Hinzuziehung europäischer Garantiemächte geschlossen wurde und von nun an der Sicherung des kontinentalen Machtgleichgewichts diente («Westphalian order»).

Die Reichspublizistik antwortete auf die solchermaßen teils neue, teils konsolidierte Verfassungslage nach 1648 mit einer Fülle von Publikationen, auch wenn die Universitäten durch den Krieg angeschlagen waren. Die kleineren protestantischen Hochschulen (Altdorf, Wittenberg, Rinteln, Herborn, Helmstedt, Duisburg, Königsberg) blieben im Winkel, während Jena, Marburg, Gießen,

Straßburg und Tübingen rasch wieder den Anschluss fanden. Heidelberg litt unter mehrfachem Konfessionswechsel und wurde dann nicht nur zweimal zerstört (1689, 1693), sondern verlor ab 1700 als Jesuiten-Universität wieder den Kontakt zum öffentlichen Recht. Die 1665 gegründete Universität Kiel wurde durch den Nordischen Krieg beeinträchtigt, Greifswald gehörte ab 1637 zum schwedischen Staat, auch wenn es seine deutschsprachige Universität behielt[44]. Insgesamt beobachtet man eine Verschiebung des intellektuellen Lebens. Gewiss lehrte in Helmstedt der Professor für Medizin und Politik, Hermann Conring (1606–1681), in Heidelberg kurzfristig der junge Samuel von Pufendorf (1632–1694), aber die führenden Natur- und Geisteswissenschaftler Europas wie Francis Bacon, Baruch Spinoza, René Descartes, Blaise Pascal oder Gottfried Wilhelm Leibniz arbeiteten außerhalb der Universitäten. Die gelehrten Gesellschaften, die neuen Akademien, Salons und Lesegesellschaften zogen immer mehr Talente an. Dort diskutierte man offener und ohne Formalitäten, führte Experimente vor und tauschte Bücher aus. Das neue Wissen zirkulierte über ein außerordentlich dichtes Netzwerk von Briefen. An den Universitäten beobachtete man demgegenüber die Weitergabe von Lehrstühlen innerhalb von Gelehrtendynastien, außerdem eine Schematisierung des Studiums und der Veröffentlichungspraxis, Zunftgeist und Abschottung nach außen. Die Universitäten in katholischen Territorien (Ingolstadt, Trier, Würzburg, Mainz, Köln, Salzburg) standen unter geistlicher Aufsicht, legten geringen Wert auf die Jurisprudenz und öffneten sich bis zur Mitte des 18. Jahrhunderts nur zögernd dem Geist der Aufklärung. Öffentliches Recht wurde an ihnen allenfalls punktuell vorgetragen, während es an lutherischen und reformierten Hochschulen sowie an den Ritterakademien um 1700 ein fast vollständiges, wenn auch qualitativ unterschiedliches Angebot an Vorlesungen über die Reichsverfassung gab.

---

[44] Kjell Å. Modéer, Gerichtsbarkeiten der schwedischen Krone im deutschen Reichsterritorium, Stockholm 1975, 423 ff., 458 ff.

2. Natur- und Völkerrecht

Neben dem Verfassungsrecht des Reichs, dem «ius publicum» im engeren Sinne, etablierten sich im Laufe des 17. Jahrhunderts zwei neue Fächer, die in einem weiteren Sinn zum öffentlichen Recht gezählt werden können, und zwar das Naturrecht und das europäische Völkerrecht. Beide waren nicht identisch, aber engstens miteinander verbunden.

In dem Maße, in dem sich der Absolutismus machtpolitisch durchsetzte und die Binnenstruktur des jeweiligen Territoriums neu gliederte, wurde es notwendig, auch für die Außenbeziehungen ein neues rechtliches Kommunikationssystem zu finden. Schon im 14. und 15. Jahrhundert war die mittelalterliche Vorstellung eines vom Kaiser als «dominus mundi» beherrschten Erdkreises hinfällig geworden. Auch das Lehnrecht, das lange eine dem Völkerrecht ähnliche befriedende Funktion erfüllt hatte, verlor seine ursprünglich militärische Bedeutung. Inzwischen herrschte das Dogma der Souveränität, das nun als Instrument eingesetzt wurde, um alle Einmischungen von außen abzuwehren. Die Abgrenzung von Herrschaftsrechten und Einflusszonen ist zwar kein spezielles Phänomen der Neuzeit. Aber erst die nach innen und außen ihrer selbst bewusst werdende Souveränität der europäischen Staaten machte es möglich und notwendig, die Beziehungen zu formalisieren und auf eine neue Stufe des zwischenstaatlichen Rechts (ius gentium) zu heben. «Die Idee des Völkerrechts», schrieb Immanuel Kant 1795, «setzt die Absonderung vieler voneinander unabhängiger benachbarter Staaten voraus»[45]. Erst diese «Absonderung» machte es möglich, die Territorien vertraglich abzugrenzen, sie als rechtliche Einheit und vor allem als Vertragspartner zu behandeln. Das entsprechende Staatszeremoniell folgte dieser Entwicklung[46].

[45] Immanuel Kant, Zum Ewigen Frieden, 1795, Erster Zusatz, 2.
[46] Miloš Vec, Zeremonialwissenschaft im Fürstenstaat. Studien zur juristischen und politischen Theorie absolutistischer Herrschaftsrepräsentation, Frankfurt 1998.

Zunächst bemerkt man im 16. Jahrhundert unter den humanistisch gebildeten Autoren eine auffallende Zunahme von Literatur über Kriegswesen, Bewaffnungsarten, Taktik und Befestigungen. Die im Mittelalter begonnene Kommentierung der antiken Schriftsteller Vegetius, Frontinus und Aelianus intensivierte sich und hatte auch praktische Auswirkungen in der «Heeresreform der Oranier», die zu viel beachteten, von antiken Vorbildern inspirierten militärischen Neuerungen führte. Eine Fülle von Kriegstraktaten verbreitete sich über ganz Europa (Machiavelli, Pierino Belli, Balthazar de Ayala, Alberico Gentili, Justus Lipsius, Heinrich von Rantzau, Lazarus von Schwendi, Bernardino de Mendoça, Johann Jacobi von Wallhausen, Elias Reusner u. a.). In ihnen ging es, neben den technischen Fragen, vor allem um die Rechtfertigung des Krieges (ius ad bellum) und um die Zulässigkeit an sich rechtswidriger Mittel bei der Kriegsführung (ius in bello). Durfte also im Kriegsfall, womöglich gar in Friedenszeiten, aus Staatsräson gelogen und betrogen werden? Was durfte mit Kriegsgefangenen geschehen, was mit eroberten Ländern und den dort lebenden Untertanen und ihren Besitztümern? Die Kriegstraktate wandelten sich so zu solchen des Kriegsvölkerrechts, behandelten also auch die Repressalien, das Geleitsrecht, das Beuterecht und das Prisenrecht, die Behandlung der Kriegsgefangenen und der Piraten.

Parallel hierzu entstanden zahlreiche Abhandlungen zum Bündnisrecht, zum Recht der Gesandten und Gesandtschaften, zum diplomatischen Verkehr und zu dessen symbolischen Formen, in denen sich die komplizierten Rangordnungen des europäischen Staatstheaters niederschlugen. Vor allem aber ging es um Verträge: Wenn Staaten, vertreten durch ihre Monarchen, Verträge schlossen, stellte sich sofort die Frage nach der Bindungswirkung. Galt der Vertrag auf «ewig», auch für den nachfolgenden Herrscher, konnte er einseitig gekündigt werden, wenn sich die politische Lage geändert hatte, stand er also unter dem Vorbehalt, dass die «Lage» unverändert bleibe (clausula rebus sic stantibus)? Oder galt unerbittlich das Gebot, Verträge seien ohne Rücksicht auf wechselnde Umstände wortgetreu zu halten (pacta sunt servanda)?

Alle diese Fragen sind im 16. Jahrhundert in Spanien und Portugal auf dem Hintergrund der weit ausgreifenden mittel- und südamerikanischen Entdeckungen und Eroberungen diskutiert worden, insbesondere in der «Schule von Salamanca» von Francisco de Vitoria (1483/93–1546), Domingo de Soto (1494–1560), Fernando Vasquez (1512–1569) und Francisco de Suárez (1548–1617). Was sie bewegte, waren die sehr umstrittene Rechtfertigung des Krieges, seine Grenzen, die Rechtsstellung der indigenen Völker sowie die Freiheit der Meere, theologisch und völkerrechtlich.

Die Entstehung des europäischen Völkerrechts, die hier nicht geschildert werden kann[47], vollzog sich primär in dem westlichen geographischen Bogen von Salamanca über die spanischen Niederlande in die protestantischen Niederlande und nach England. Sie gipfelte in dem zugleich rechtsphilosophischen und völkerrechtlichen Werk «De Jure belli ac pacis libri tres in quibus ius naturae et Gentium» des niederländischen Universalgelehrten Hugo Grotius (1583–1645), das 1625 in Paris erschien[48].

Im Untertitel versprach es, auch die wichtigsten Punkte des «ius publicum» zu erörtern. Es war ein epochemachendes Werk, das auch die Lehre des Natur- und Völkerrechts an den deutschen Universitäten des 17. und 18. Jahrhunderts bestimmen sollte. Nach einer gewissen Verzögerung durch den Krieg setzte hier eine breite Grotius-Literatur ein, Professoren lasen das eng miteinander verzahnte Natur- und Völkerrecht «nach Grotius», sodass am Ende des 17. Jahrhunderts schon eigene Bibliographien nötig waren, um die Fülle des Materials zu erfassen[49].

[47] Arthur Nussbaum, Geschichte des Völkerrechts, München – Berlin 1960; Wilhelm G. Grewe, The Epocs of International Law, translated and revised by Michael Byers, Berlin – New York 2000; Karl-Heinz Ziegler, Völkerrechtsgeschichte, 2. Aufl. München 2007.
[48] Hasso Hofmann, Hugo Grotius, in: Staatsdenker, 3. Aufl. 1995, 52–77; Robert Feenstra, Grotius, in: Stolleis (Hg.), Juristen, München 2001, 265–268.
[49] Ernst Reibstein, Deutsche Grotius-Kommentatoren bis zu Christian Wolff, in: ZaöRV 15 (1953/54), 76–102.

3. Naturrecht (ius naturae et gentium)

In gleicher Weise und, wie gesagt, eng verzahnt mit dem Völkerrecht, blühte seit dem 16. Jahrhundert das Naturrecht auf. Es bot als theoretisch-philosophisches Fach innerhalb der Juristenausbildung eine allgemeine Rechtslehre, die den Menschen als Individuum und in Familie und Gesellschaft sowie im Gemeinwesen mit Rechten und Pflichten (gegen sich selbst, gegen andere, gegen Gott) argumentierend vorführte. Indem das Naturrecht auch Fragen der Verfassung sowie die Rechte und Pflichten von Gemeinwesen untereinander behandelte, überschnitt es sich streckenweise mit dem «ius gentium». Gerade bei Grotius ist dies zu beobachten.

Die Gründe für das rasche Wachstum des Naturrechts im 17. und 18. Jahrhundert ähneln denen, die zum Völkerrecht genannt wurden. Aber vor allem der Zug des Naturrechts zur strikten Systembildung muss gesondert begründet werden. Das «Naturrecht» ruhte auf Überlegungen, die bis zu den ältesten Texten der Philosophiegeschichte zurückreichen. Sie wanderten dann von Griechenland in die Eingangstitel der spätantiken Digesten und der Institutionen, weiter in die theologische Auslegung der Zehn Gebote und der Kirchenväter durch die Theologie des Mittelalters, in der sich die Dreiheit von Offenbarungsrecht, Naturrecht und menschlichem, positivem Recht herausbildete. Ebenso bot die aristotelische «Politik» Ansatzpunkte für das Naturrecht, etwa bei der Frage der Sklaverei, bei der Ordnung der Ehe oder dem richtigen Verhalten als Bürger. Die europäische Welt verfügte also im 15. und 16. Jahrhundert über einen reichen Fundus naturrechtlicher Argumente[50]. Es gab aber weder ein «System» im anspruchsvolleren Sinn noch ein ausgebildetes Lehrfach «Naturrecht» in der Juristenausbildung.

In den Turbulenzen des 16. Jahrhunderts veränderte sich die damals in Europa bekannte Welt fundamental. Die Konfessionsspaltung führte zu divergierenden Ansichten über naturrechtliche Fragen. So lehnten etwa Lutheraner ein naturrechtliches Widerstands-

[50] Merio Scattola, Das Naturrecht vor dem Naturrecht. Zur Geschichte des «ius naturae» im 16. Jahrhundert, Tübingen 1999.

recht ab, Zwinglianer orientierten sich an der Goldenen Regel und der Bergpredigt, Calvinisten unterstellten der Schöpfung tendenziell Rationalität und entwarfen entsprechend eine rationale Politia Christiana. Auf Grund der niederländisch-spanischen Verbindungen fand sich dort auch eine breite Rezeption des moraltheologischen Naturrechts der Schule von Salamanca. Auf diese Weise lag das argumentative Material bereit, das nun für die Rechtsfragen der Neuen Welt genutzt wurde, aber auch für das elementare Problem der Glaubensfreiheit, für den Pflichtenkatalog des Menschen sowie für die generelle Frage nach der Durchschlagskraft des Naturrechts gegenüber ungerechtem oder defizientem positivem Recht.

Wenn auch die genannten Elemente bereitlagen, ergaben sie doch noch keine ausgearbeiteten Naturrechtssysteme mit jenem strikten Anspruch, der mit der «naturwissenschaftlichen Revolution» des 17. Jahrhunderts herrschend wurde. Gefordert war, nach der Entdeckung Amerikas und der Umrundung Afrikas, ein Naturrecht für die «ganze» Welt, auch für die so genannten Naturvölker, die «Wilden». Die kopernikanische Wende verstieß diese Welt aus dem Zentrum in eine Umlaufbahn um die Sonne[51]. Sie war zum kugelförmigen Planeten degradiert, konnte jetzt aber auch ganz in Besitz genommen werden[52]. Das legte den Gedanken einer universellen Rechtseinheit des Naturrechts nahe.

Gleichzeitig brauchte der aufsteigende Absolutismus eine Handhabe, die spätmittelalterlichen gesellschaftlichen Zustände zu überwinden und in ein einheitliches Herrschaftsmodell mit zentraler Steuerung zu überführen. Das Naturrecht bot sie, indem es eine rationale, geometrische und alle ständischen Unterschiede einebnende Ordnung versprach. Man begann, für eine solche Ordnung oberste Prinzipien aufzustellen, aus denen sich Schritt für Schritt logisch deduzieren ließ. Das dabei angewandte Verfahren war inspiriert von den neuen Naturwissenschaften, die um 1600 von einer

[51] Hans Blumenberg, Die Genesis der kopernikanischen Welt, Frankfurt 1975 (Taschenbuchausgabe in drei Bänden, Frankfurt 1981).
[52] Wolfgang Reinhard, Geschichte der europäischen Expansion, 4 Bde., Stuttgart 1983, 1985, 1988, 1990; Jörg Fisch, Die europäische Expansion und das Völkerrecht. Die Auseinandersetzungen um den Status der überseeischen Gebiete vom 15. Jahrhundert bis zur Gegenwart, Stuttgart 1984.

Entdeckung zu anderen eilten. Was Kopernikus, Brahe, Kepler, Galilei, Bacon entdeckten, waren «Naturgesetze». Nichts lag näher, als deren Verfahren auf das «Naturrecht» zu übertragen. Das in Ehrfurcht vor Gottes Allmacht studierte «Buch der Natur» lag neben dem Buch des Naturrechts, dessen Regeln Gott den Menschen ins Herz geschrieben hatte. Erstmals gab es aber auch den Versuch, sich von der «Prämisse Gott» zu befreien. In René Descartes' «Discours de la méthode pour bien conduire sa raison, et chercher la vérité dans les sciences» von 1637 kommt klar zum Ausdruck, dass die neue, methodisch entwickelte Wissenschaft, die an die Stelle der überholten scholastischen Methode treten sollte, nicht nur zu naturwissenschaftlich sicheren Ergebnissen führen sollte, sondern auch auf rationale Begründung normativer Sätze der Moral und des Rechts zielte. Und Thomas Hobbes bekräftigte, man brauche für die Staatstheorie eine Methode, «gegen welche Leidenschaften und Affekte nichts vermögen. Das ist die mathematische Methode»[53].

Dem entsprechend tauchte nun auch das Bild vom «Staat als Maschine» auf. Er sollte konstruiert sein wie ein Uhrwerk, das pünktlich nach «Naturgesetzen» funktionierte[54]. Mit anderen Worten: Die Sicherheit der Naturgesetze erschien als Eigenschaft, die man auf die soziale Welt zu übertragen hoffte. Nicht nur hatte Gott als Uhrmacher die gesamte Welt nach seinen Gesetzen geordnet, vielleicht sogar so bindend, dass er von seinen eigenen Naturgesetzen nicht mehr abweichen konnte (das Problem der Wunder!)[55], auch der Souverän als irdischer Gott sollte die Macht haben, als Gesetzgeber die soziale Welt nach seinem Willen zu ordnen, sollte aber auch an seine eigenen Gesetze gebunden sein. Wenn diese Maschine von einer einzigen Kraft bewegt würde, von der des Souveräns, dann hätte man zugleich auch die ideale Verstärkung für den vereinheitlichenden, von oben nach unten «durchregierenden» Absolutismus.

---

[53] Thomas Hobbes, The Elements of Law, Natural and Politic, 1650, Epistola dedicatoria.

[54] Barbara Stollberg-Rilinger, Der Staat als Maschine. Zur politischen Metaphorik des absoluten Fürstenstaats, Berlin 1986.

[55] Lorraine Daston, Wunder, Beweise und Tatsachen. Zur Geschichte der Rationalität, 2. Aufl. Frankfurt 2003.

Eine solche Vereinheitlichung und Entrümpelung nach mathematisch-naturrechtlichen Maximen wäre, wenn sie denn möglich wäre, ein Sieg über die Geschichte und könnte die Lösung aller menschlichen Gemeinschaftsprobleme bedeuten. Denn wenn man die Naturgesetze der sozialen Welt gefunden hätte, gäbe es nur noch eine einzige Wahrheit. Gewiss standen einem solchen mathematischen Optimismus auch die Überzeugungen von der Erbsünde, die negative Anthropologie des «Bösen» und die Einsicht in die fallweise Schwäche der Menschen entgegen. Aber tendenziell waren Gottfried Wilhelm Leibniz' Phantasie eines mathematisierten Rechts und die großen Naturrechtslehrbücher von Samuel Pufendorf, Christian Thomasius und vor allem Christian Wolff[56] von dem Optimismus getragen, jedenfalls im Prinzip Klarheit schaffen zu können. Dies alles vollzog sich noch in einer Zeit, bevor Immanuel Kant mit seinen kritischen Schriften die Sicherheit menschlicher Erkenntnismöglichkeiten erschütterte und beschränkte[57].

Die literarische Konjunktur des Naturrechts an deutschen Universitäten begann in der zweiten Hälfte des 17. Jahrhunderts und erreichte im 18. Jahrhundert ihren Höhepunkt. Die Gründe für diese Konjunktur liegen in der Verschiebung der politischen Gewichte. Zunächst gab es eine enge Allianz von Absolutismus und seinem theoretischen Äquivalent, der Ableitung normativer Sätze aus einem obersten Prinzip. Wie der Herrscher an der Spitze der Pyramide des Gemeinwesens seine Befehle nach unten durchzusetzen suchte, so sollte das geometrisch geordnete Naturrecht das Gemeinwesen regieren, bis hinunter zur kleinsten sozialen Einheit der Ehe. Je mehr dann das Bürgertum sich ökonomisch und politisch emanzipierte, desto stärker betonte es seine Autonomie und Handlungsfreiheit und suchte den Staat partiell zurückzudrängen. Dazu dienten die nun immer nachdrücklicher geforderten Freiheitsrechte[58]. Schließlich formierte sich die revolutionäre Opposition

---

[56] Notker Hammerstein, Samuel Pufendorf, in: Staatsdenker 3. Aufl. 1995, 172–196; Klaus Luig, Christian Thomasius, in: Staatsdenker 3. Aufl. 1995, 227–256; Marcel Thomann, Christian Wolff, in: Staatsdenker 3. Aufl. 1995, 257–283.
[57] Wolfgang Naucke, Kant, in: HRG, 2. Aufl. Berlin 2012, Bd. 2, Sp. 1580–1585.
[58] Diethelm Klippel, Politische Freiheit und Freiheitsrechte im deutschen Naturrecht des 18. Jahrhunderts, Paderborn 1976.

gegen den Absolutismus und nutzte das Naturrecht als Reservoir zur Delegitimierung der Monarchien. Die Herrscher mutierten zu Tyrannen, die zu stürzen waren, weil sie den (fiktiven) Gesellschaftsvertrag verletzt hatten. In dieser letzten Phase zerstörte das Naturrecht als rechtlicher Mantel der Empörung der Unterdrückten gewissermaßen die Staatsform selbst.

Nachdem die Revolution verebbt und «gebändigt» war und die «konstitutionelle Monarchie» sich als das vermittelnde Grundmodell des 19. Jahrhunderts etablierte, beginnend mit der französischen Charte constitutionnelle von 1814, endete auch die politische Funktion des Naturrechts. Noch konnten die Forderungen des Liberalismus sich des Naturrechts bedienen, etwa in den süddeutschen Verfassungsdebatten ab 1818, in denen es auch jenseits des positiven Rechts etwas zu fordern gab. Einzelne Ausläufer finden sich auch noch weit im 19. Jahrhundert, ganz abgesehen von der stabilen internen Tradition der römischen Kirche. Das Naturrecht hatte aber, was die Rechtsvereinheitlichung durch den Absolutismus anging, insgesamt ausgedient, es hatte den großen Kodifikationen vorgearbeitet, vom Rationalismus der Aufklärung gelebt und schließlich das menschenrechtliche Pathos der Revolution beflügelt. In den napoleonischen Kriegen, in Romantik und Historismus ging es jedoch als theoretischer Entwurf einer Idealgesellschaft unter. Seit dem Auftreten Immanuel Kants, seiner Erkenntniskritik und seiner Opposition gegen den «Eudämonismus» gab es auch nicht mehr die Zuversicht des 17. und mittleren 18. Jahrhunderts, man könne die soziale Welt von einem Punkt aus konstruieren und auf diese Weise die «Glückseligkeit aller» im direkten Durchgriff herstellen.

4. Gute Policey

Der bisherige Überblick über das Verfassungsrecht des Reichs und der Territorien (ius publicum), das Völkerrecht (ius gentium), das Naturrecht (ius naturae) und seine spezielle öffentlichrechtliche Ausformung (ius publicum universale) hat die innere Verwaltung und ihr «Recht» noch nicht berührt.

Geht man nochmals zurück zum Spätmittelalter, dann kann von Verwaltung nur bedingt, von Verwaltungsrecht gar nicht gesprochen werden. Die Zentralisierung der Herrschaft in einer festen Residenz, der Ausbau des Beamtenapparats und der Behörden, des Steuerwesens und der Finanzverwaltung kamen nur stufenweise und regional sehr verschieden voran. Was den Fürsten und ihren Räten sowie der Lehre von der «Politik» vorschwebte, war das Leitbild der «Guten Policey». Es bedeutete: geordnete Herrschaftsstrukturen, Nahrung und Wohlstand, Gefahrenvorsorge und Gefahrenbekämpfung, eine teils fürsorgliche, teils repressive Sozialpolitik, Aufbau eines Schulwesens, einer ärztlichen Versorgung, aber auch Bekämpfung von «Unmoral» und Pflege des Kirchenwesens. Über all dem wachte – idealtypisch – der Landesvater, so wie es der gute «Hausvater» im eigenen Haus tun sollte.

Begonnen hatte die Reglementierung dieser Lebensbereiche durch die städtischen Obrigkeiten schon seit dem Mittelalter. Die räumliche Enge in den Städten zwang zu vielfachen Geboten und Verboten, stets im Namen der «guten Policey». Verteidigungswesen, Feuersgefahr, Wasserversorgung, Sauberkeit, Gesundheit, Sittlichkeit, Unterbindung von Verschwendung, Wahrung der Distanzen zwischen den «Ständen» und vieles mehr wurde in städtischen «Ordnungen» geregelt, immer wieder eingeschärft, an neue Bedürfnisse angepasst und kontrolliert. Die Landesherren verfuhren ebenso und erhöhten vom 16. bis zum 18. Jahrhundert die Regelungsdichte und die Intensität der Durchsetzung, parallel zur Monopolisierung der Macht. Auch das Reich erließ 1530 eine «Reichspolicey-Ordnung» und schrieb diese stufenweise fort[59]. Da es aber keine Exekutive des Reichs gab, dienten diese Reichs-Policey-Ordnungen eher als «Blaupause» für die Territorien, die sie ihrerseits als Landesordnungen übernahmen und weiter anreicherten.

Die Literatur zu dem weiten Feld der «Policey», also zur guten inneren Ordnung der Gemeinwesen insgesamt, ist außerordentlich reich. Da nach der Vorstellung der Zeit die gute öffentliche Ord-

---

[59] Karl Härter (Hg.), Deutsches Reich und geistliche Fürstentümer (Kurmainz, Kurköln, Kurtrier), Frankfurt 1996 (= Repertorium der Policeyordnungen der frühen Neuzeit, Bd. 1, hg. v. Karl Härter und Michael Stolleis).

nung im Haus begann, gab es zunächst «Ehebüchlein», «Ehe-Spiegel», ja Vorschriften für eine gute «Hauspolicey». Ihnen folgten die verbreiteten Bücher über den guten Hausvater und die gute Hausmutter, die sich aus kleinen Anfängen zu Riesenwerken der Hauswirtschaft (Ökonomie) auswuchsen. Maßstäblich übersetzt entstanden hieraus dann die staatswirtschaftlichen Handbücher, die zur späteren Nationalökonomie oder Volkswirtschaft hinführten.

Da ein wohlgeordneter Staat einen gut erzogenen Fürsten oder kluge Ratsherren voraussetzte, blühte die alte Gattung der so genannten Fürstenspiegel wieder auf, die dem Fürsten vorgehalten werden konnten, um ihn zu tugendhaftem Leben zu ermahnen. Entsprechende «Spiegel» gab es für städtische Obrigkeiten sowie Anleitungsbücher über Tugenden und Pflichten des guten Hofmanns oder Höflings (Bonus Aulicus), des guten Gesandten sowie eine Fülle von Darstellungen der Beamtenethik. Aus diesem Material erwuchsen zunehmend die Regimentstraktate, die nicht nur ethische Leitlinien oder fromme Ermahnungen enthielten, sondern sachhaltiger wurden, indem sie den Aufbau der Verwaltung, die Gewinnung guter Beamter, Besoldungsfragen, Rang- und Delegationsprobleme behandelten. Den Höhepunkt dieser Gattung bildet das 1656 erstmals erschienene Werk «Teutscher Fürstenstaat» von Veit Ludwig von Seckendorff (1626–1692)[60]. Es ist ein Kompendium der Kenntnisse von Statistik, Jurisprudenz, Policey, Finanzwirtschaft, Politik und Ethik – alles aus der Perspektive des Kleinstaats Sachsen-Gotha, aber doch so allgemein gehalten, dass es mehrere Generationen lang maßgebend blieb.

Während des 17. Jahrhunderts, vor allem nach dem Dreißigjährigen Krieg, organisierte sich die Verwaltung der Territorien neu. Es erschienen vereinheitlichende Formelbücher für Gerichte und Kanzleien sowie Musterbücher für Advokaten und Notare. Nun hielt man die rechtlich erheblichen Tatsachen nicht mehr auf Urkunden aus Pergament fest, die im «Archiv» verwahrt wurden, sondern bearbeitete einheitlich gestaltete Akten auf Papier, in denen

[60] Michael Stolleis, Veit Ludwig von Seckendorff, in: Staatsdenker 3. Aufl. 1995, 148–171.

Abschriften der obrigkeitlichen Anordnungen niedergelegt wurden. Jetzt erst war eine effektive Verwaltung mit Vollzugskontrollen möglich, indem man Berichte anforderte oder Visitatoren aussandte[61].

In diesem Klima der Rationalisierung und Normierung gingen nun auch die im Druck vervielfältigten «Policeyordnungen» an die Amtmänner und lokalen Obrigkeiten hinaus. Vor Ort wurden sie mündlich oder schriftlich publiziert und kontrolliert. Sie hießen «Ordnung», «Anweisung», «Befehl», «Mandat», «Reskript», «Gesatz» oder »Satzung». Da es noch keine amtlichen Gesetzblätter gab, nutzte man die «Intelligenz-Blätter» und sonstige Zeitungen, Plakatierung und öffentliche Verlesung, sah sich aber bald auch gezwungen, das jeweils aktuelle Material in eigenen Sammlungen zu publizieren.

Die Normierungen der einzelnen Zweige der Verwaltung wuchsen im Verlauf des 18. Jahrhunderts in dem Maß weiter an, in dem sich aus den ursprünglich zuständigen engen Beamtenzirkeln, den «Hofräten», neue Unterbehörden bildeten. Für die eigentliche Regierungstätigkeit waren der Geheime Rat, für die Verwaltung der Kirchensachen die Geistlichen Räte oder Konsistorien, für die Rechtsprechung die Justizkollegien, die Kriegsräte für die Heeresangelegenheiten, die Ökonomie-, Finanz- und Steuerverwaltungen für Einnahmen und Ausgaben (Kammersachen) zuständig, die Departements für Straßen-, Kanal- und Festungsbau, für die Armen die «Armenpolicey», weitere für Handel und Handwerk, Forstwesen, Jagd und Fischfang und anderes mehr.

Das Wachstum der Behörden und des von ihnen verwalteten Stoffs der Gesetze, Ordnungen oder Anweisungen erzeugte bald ein doppeltes Bedürfnis, zum einen, sich immer mehr Spezialwissen anzueignen, zum anderen, die Rechtsfragen von den übrigen Fachfragen zu trennen. So entstand aus dem ursprünglich noch einfachen, von moralischen und religiösen Normen durchwirkten Grundwissen über die «gute Ordnung» im 18. Jahrhundert ein ganzer Kranz von Einzelwissenschaften, über deren Inhalte ein einzelner Beamter nicht mehr verfügen konnte. Für Landwirtschaft,

[61] Cornelia Vismann, Akten. Medientechnik und Recht, Frankfurt 2000.

Forstwesen, Bergbau, Handel, fabrikmäßig betriebene Gewerbe (Proto-Industrie), Finanzwesen, Statistik wurden bald spezielle Vorlesungen an den Universitäten angeboten. Es drängte sich auf, hierfür eigene Lehrstühle zu schaffen. Die preußische Regierung etwa richtete 1727 in Halle und Frankfurt/O. je einen Lehrstuhl für Ökonomie, Policey- und Cammer-Sachen ein. Bald folgten zahlreiche andere Universitäten, auch in Österreich. Teils nahm man die neuen Fächer in die Philosophischen Fakultäten auf, teils gründete man «Kameral-Schulen». In späteren Differenzierungsprozessen entstanden hieraus die Lehrstätten für Nationalökonomie, Finanzwissenschaften, Land- und Forstwirtschaft, Veterinärmedizin, Bergbau und andere Disziplinen, die dann im 19. Jahrhundert auf Universitäten und Technische Hochschulen verteilt wurden. Mit der im 18. Jahrhundert verstärkt zu beobachtenden Separierung von Staat und Gesellschaft bildete sich auch eine Differenzierung von Gruppen der Lehrfächer heraus: Policey-, Finanz- und Staatswirtschaft blieben auf der Seite des Staates, während die «Privatökonomie» und das Wissen über das nichtstaatliche Leben den Gesellschaftswissenschaften zugerechnet wurden[62].

Die Fragen des Rechts, die in beiden Sphären auftauchten, bildeten eine deutlich davon abzusetzende Querschnittmaterie. Je mehr man sah, dass die genannten Ordnungen, Mandate und Befehle zur Kategorie «Recht» gehörten, desto mehr drängte sich der Gedanke auf, dass auch die Juristen gefordert waren, sich der neuen Entwicklung zu stellen. Die bisher gelehrten Fächer (gemeines Recht, Lehnrecht, Strafrecht, Reichsverfassungsrecht, Natur- und Völkerrecht) genügten nicht mehr. Allenfalls bei der Erörterung der «Landeshoheit in Policeysachen» war davon etwas unterzubringen. Es war deshalb etwas Neues, wenn der Würzburger Professor Johann Adam Ickstatt Vorlesungen über «ius civile oeconomico-camerale» zu halten begann oder wenn andere Öffentlichrechtler die «Policey» in ihre Systeme eingliederten[63]. Ein separates «Polizeirecht» (Recht der inneren Verwaltung) hat wohl erstmals Johann Heu-

[62] Maier (Aufl. von 2009, Anm. 14) insbesondere 222 ff.
[63] Peter Preu, Polizeibegriff und Staatszwecklehre, Göttingen 1983, 123 ff.

mann von Teutschenbrunn 1757 vorgelegt[64]. Andere folgten, sodass sich schrittweise die Materie «Policeyrecht» ausbildete, die dann um 1800 «Administrativrecht» und seit den dreißiger Jahren des 19. Jahrhunderts «Verwaltungsrecht» genannt wurde. Es lag nahe, diese bunten Materien nach Sachgebieten zu gliedern, wobei die Sachgebiete wiederum den Kompetenzen der einzelnen Ministerien folgten, wie sie nun im Übergang zum Verfassungsstaat des 19. Jahrhunderts entstanden. Nach dem Ressortprinzip unterschied man zunächst Ministerien für Äußeres, Inneres, Justiz, Finanzen, Kultus. Die Masse dieses werdenden Verwaltungsrechts lag allerdings im Kompetenzbereich der Innenministerien.

Die große Darstellung des Policeyrechts um 1800 lieferte Günter Heinrich von Berg (1765–1843)[65], der auch – zeittypisch – erste Überlegungen zur rechtsstaatlichen Begrenzung der Verwaltungstätigkeit anstellte. Eine Generation später sind diese Überlegungen dann von Robert von Mohl systematisch durchgeführt worden[66].

5. Zusammenfassung

Die Entstehung des öffentlichen Rechts als eines abgrenzbaren Denk- und Argumentationsmusters im Rahmen der Rechtswissenschaft der Frühen Neuzeit ist ein Vorgang, durch den sich eine neue Wirklichkeit dank neuer Benennungen konstituierte. Das Heilige Römische Reich samt seinen Organen (Kaiser, Reichstag, Reichshofrat, Reichskammergericht, Reichskreise), die Territorialstaaten mit ihren Gerichtsbarkeiten und Verwaltungen – alles ging durch

[64] Johann Christian Pauly, Die Entstehung des Polizeirechts als wissenschaftliche Disziplin, Frankfurt 2000.
[65] Günter Heinrich von Berg, Handbuch des Teutschen Policeyrechts, Hannover 1799 (1. und 2. Teil), 1800 (3. Teil), 1803 (Zusätze), 1804 (4. Teil), 1806 (5. Teil und 6/1), 1809 (6/2 und 7. Teil).
[66] Robert von Mohl, Polizei-Wissenschaft nach den Grundsätzen des Rechtsstaates, 2 Bde., Tübingen 1832/33; 2. Aufl. erweitert um das «System der Präventiv-Justiz oder Rechts-Polizei», Tübingen 1844/45; 3. vielfach veränderte Aufl. Tübingen 1866.

die Zuordnung zu dem Normenkomplex «Ius publicum/Öffentliches Recht» in einen neuen Aggregatzustand über, wurde neu gesehen und begriffen. Der ab 1600 an den Universitäten praktizierte Unterricht und die Masse der Publikationen zum «ius publicum» waren Ausdruck der nach 1555 entstandenen politischen Lage, aber sie formten auch das Bewusstsein der neuen Juristengenerationen.

Die gelehrten Räte, Richter, Prinzenerzieher und Diplomaten, Lehrbuchautoren und juristischen Gutachter, die sich professionell mit dem öffentlichen Recht beschäftigten, bildeten das Rückgrat der im Absolutismus entstehenden Verwaltungszweige. Sie administrierten die «Gute Policey» im Innern, erließen «Policeyordnungen», entwickelten im Völkerrecht die Rechtsgrundsätze für die Außenbeziehungen, arbeiteten mit Hilfe der naturrechtlichen Systembildung und auf der Grundlage des gemeinen Rechts an Kodifikationen ganzer Sachgebiete, erstrebten also eine «Verrechtlichung» des gesamten Gemeinwesens.

In diesen Arbeiten werden vier wesentliche Tendenzen sichtbar: Die Freisetzung des politischen Handelns von religiösen Bindungen (1), die Umstellung vom mittelalterlichen Lehenstaat (Personalverband) auf den modernen, zentralisierten Anstaltsstaat (2), der Zerfall der abendländischen Einheitsvorstellung von Reich und Kirche und das Vordringen rivalisierender, dynastischer und (zunehmend) nationaler Einzelstaaten (3), schließlich die Erstarrung und schwindende Bindekraft der Reichsverfassung nach dem Westfälischen Frieden von 1648, die dem preußisch-österreichischen Dualismus des 18. und 19. Jahrhunderts den Weg bereitete (4).

Jede dieser vier Tendenzen führte dazu, das öffentliche Recht auf Reichs- oder Territorialebene zu kultivieren. Auf der Reichsebene entstand das imposante Gebäude des «Ius publicum Imperii Romano-Germanicum», im 18. Jahrhundert gipfelnd in dem riesigen Lebenswerk von Johann Jakob Moser und an der insoweit dominanten Göttinger Universität bei Johann Stephan Pütter[67].

---

[67] Adolf Laufs, Johann Jacob Moser, in: Staatsdenker 3. Aufl. 1995, 284–293; Wilhelm Ebel, Der Göttinger Professor Johann Stephan Pütter aus Iserlohn, Göttingen 1975; Christoph Link, Johann Stephan Pütter, in: Staatsdenker, 3. Aufl. 1995, 310–331.

Ebenso brachte die Universitätslandschaft eine Fülle naturrechtlicher Werke hervor, etwa von Samuel Pufendorf, Christian Thomasius und Christian Wolff, aber auch die Untergattung des «Ius publicum universale» nach niederländischem Vorbild. Das Völkerrecht, im 17. Jahrhundert ganz unter dem Einfluss von Hugo Grotius stehend, gewann insgesamt weniger Gewicht, weil das Reich weder an der kolonialen Expansion teilnahm, noch strukturbedingt eine kraftvolle Außenpolitik betreiben konnte. Im Inneren dagegen nahmen die Territorien, die ab 1648 nahezu souverän waren, am «Staatsbildungsprozess der Neuzeit» teil. Aus der eigentumsähnlichen Verfügung der Dynastien über »Land und Leute» entwickelte sich schrittweise der institutionelle Staatsverband, der zunächst als Fiskus[68], dann aber insgesamt eigene Rechtspersönlichkeit gewann. Dieser Staat reduzierte die mittelalterliche Rechtsvielfalt und wurde immer mehr befehlender Gesetzgebungsstaat. Die Fülle der so entstehenden «Policey-Ordnungen» der Frühen Neuzeit und die Ausdifferenzierung der staatswissenschaftlichen Fächer an den Universitäten führten in der zweiten Hälfte des 18. Jahrhunderts zur separaten Pflege der rechtlichen Seite der «Policey», also zu einem «Policey-Recht». Als Gegenstück zum «Konstitutions-» oder Verfassungsrecht nannte man es um 1800 «Administrativrecht» und bald eingedeutscht «Verwaltungsrecht».

[68] Indem der Fiskus als rechtlich selbständige Erscheinungsform des Staates auftrat, konnten die Untertanen gegen ihn vor Gericht klagen, ohne dem Staat insgesamt oder dem Herrscher zu nahe zu treten (Fiskustheorie).

V. Das öffentliche Recht zwischen Revolution und Restauration

1. Umbruch der politischen Welt

Das Vierteljahrhundert zwischen dem Ausbruch der Französischen Revolution und dem Wiener Kongress war von beispielloser Dramatik. Dem Umsturz von Gesellschafts- und Verfassungsordnung folgte eine Kette von europäischen Kriegen. Deutschland erlebte mit dem letzten Reichsgesetz, dem Reichsdeputationshauptschluss von 1803, eine große territoriale «Flurbereinigung», bei der 112 Reichsstände verschwanden. Kurz darauf folgten die Abspaltung des Rheinbundes und die Niederlegung der Kaiserkrone, die, wenn auch einseitig und ohne die Reichsstände vollzogen, das Ende des Alten Reichs bedeuteten. Die Reichsbediensteten, darunter die Richter am Reichskammergericht in Wetzlar, verloren ihre Ämter. 1806 besiegte Napoleon in demütigender Weise auch Preußen und zwang es damit indirekt auf den Weg grundlegender Reformen. In Bayern hatten vergleichbare Reformen schon mit dem Regierungswechsel von 1799 eingesetzt, in Württemberg und in Baden mit dem Erwerb neuer Landesteile ab 1803. Die Zeitspanne schließt ab mit der Errichtung einer halbwegs stabilen Friedensordnung und dem Beginn der Ära Metternich auf dem Wiener Kongress von 1814/15[69]. Alle diese Ereignisse berührten das öffentliche Recht und dessen wissenschaftliche Behandlung unmittelbar. Das «Verfassungsrecht» des Alten Reichs war verschwunden, neue Mittelstaaten waren entstanden und machten große Anstrengungen, die neuen Gebietsteile zu integrieren. Ihre Monarchen erfreuten sich neuer königlicher oder großherzoglicher Würden. Das Haus Habsburg stand dem nicht nach und beanspruchte – wie zuvor Napoleon – die Kaiserwürde.

---

[69] Eingehend hierzu Ernst Rudolf Huber, Deutsche Verfassungsgeschichte seit 1789, Bd. 1, Stuttgart 1957; Dietmar Willoweit, Deutsche Verfassungsgeschichte, 7. Aufl. München 2013.

Für die Universitäten brachte diese Epoche zunächst das «Universitätssterben» um 1800. Etwa die Hälfte der rund 40 Universitäten im Reich wurde geschlossen, teils weil es geistliche Anstalten oder reformunfähige Klein-Universitäten mit Professoren-Dynastien waren, teils weil ökonomische Gründe für die Schließung sprachen. In der juristischen Fakultät Basel etwa gab es um 1817 noch sechs Studenten und zwei Professoren. Andere Universitäten blühten dagegen auf, so die von Landshut nach München verlegte Universität München, die neu gegründete Universität Berlin oder das liberale Heidelberg.

2. Deutscher Bund

Die Öffentlichrechtler an diesen Universitäten hatten sich also in jeder Hinsicht neu zu orientieren. «Die Büchersammlung des Reichspublicisten», sagte Robert von Mohl rückblickend, «wurde im J. 1803 und 1806 grossen Theils zur Maculatur, seine Gelehrsamkeit eine brodlose Kunst»[70]. Das ist zutreffend, sofern man das positive öffentliche Recht meint, aber es gilt nicht für die Methodik. Kaum war die Rheinbund-Akte von 1806 veröffentlicht, gab es Professoren, die dieses neue und unfertige Gebilde in der Weise systematisierten, wie dies auch Pütter in Göttingen mit der Reichsverfassung getan hatte. So entstand in wenigen Jahren eine öffentlichrechtliche «Rheinbundliteratur», ebenso eine Zeitschrift «Der Rheinische Bund» (1806–1813)[71]. Was die Autoren bewegte, waren die Fragen, wie viel der «Protektor» Napoleon den Mitgliedern von ihrer neuen Souveränität belassen würde, wie die Binnenorganisation aussehen sollte, ob der Rheinbund Staatenbund oder Bundesstaat sei. Dies alles erledigte sich aber rasch von selbst, sodass sich

---

[70] Robert von Mohl, Die Geschichte und Literatur der Staatswissenschaften, 3 Bde., Erlangen 1855–1858, Bd. 2, 239.
[71] Gerhard Schuck, Rheinbundpatriotismus und Politische Öffentlichkeit zwischen Aufklärung und Frühliberalismus, Stuttgart 1994; Naoko Matsumoto, Polizeibegriff im Umbruch. Staatszwecklehre und Gewaltenteilungspraxis in der Reichs- und Rheinbundpublizistik, Frankfurt 1999.

die Autoren ab 1815 der Interpretation der Verfassung des Deutschen Bundes zuwenden konnten.

Diese staatsrechtliche Dachkonstruktion über den deutschen Staaten und vier freien Städten (Lübeck, Frankfurt, Bremen, Hamburg) wurde am 8. Juni 1815 errichtet. Nicht nur die Rivalen Preußen und Österreich waren Mitglieder, sondern auch Dänemark (wegen Holstein) und die Niederlande (wegen Luxemburg). Der Deutsche Bund mit seinen 38 «souveränen» Mitgliedern war politisch kaum handlungsfähig. Österreich unter seinem Kanzler Metternich etablierte sich als die führende Macht, und diese bestimmte von nun an auch, flankiert von Preußen, die Politik der Einzelstaaten, vor allem was die Unterdrückung aller nationalen und freiheitlichen Bestrebungen durch die Karlsbader Beschlüsse von 1819 anging[72].

Die Professoren des öffentlichen Rechts, die zwischen 1815 und 1848 an den Universitäten lehrten und publizierten, hatten mehrere Aufgaben nebeneinander zu erfüllen. Sie waren zunächst verpflichtet, das «Öffentliche Recht des Deutschen Bundes» vorzutragen, also das über den Bundesstaaten geltende Verfassungsrecht. Da dies sich aber nicht in der Kommentierung der Bundesakte von 1815 und der detaillierteren und sie ergänzenden Wiener Schlussakte von 1820 erschöpfen konnte, erfüllten sie gleichzeitig eine zweite und wichtigere Aufgabe, indem sie auch über das Verfassungsrecht der Einzelstaaten informierten. Die Vorlesungen und die daraus entstandenen Bücher lauteten deshalb meist «Das Recht des deutschen Bundes und der Bundesstaaten». Sie gaben damit einen weiträumigen Überblick über die deutsche Verfassungslage. Bei den Verfassungen der Bundesstaaten findet man meist ein Durchschnittsbild des «Allgemeinen Staatsrechts» der konstitutionellen Monarchien. Es war also keine aus Sätzen des Naturrechts aufgebaute «Allgemeine Staatslehre», sondern eine Quersumme des in den meisten Staaten geltenden positiven Verfassungsrechts. Sie enthielt auch

---

[72] Bundesbeschlüsse über die Universitäten, die Presse und über die Errichtung einer Zentralbehörde zur Untersuchung «der in mehreren Bundesstaaten entdeckten revolutionären Umtriebe», alle vom 20. September 1819. Texte bei Ernst Rudolf Huber (Hg.), Dokumente zur Deutschen Verfassungsgeschichte, Bd. 1, Stuttgart 1961, Nr. 31–33.

eine indirekte Mahnung an diejenigen Staaten, deren Verfassungszustände hinter dem Durchschnitt zurückblieben. Wo relativ fort-
schrittliche Verhältnisse herrschten, etwa in den drei süddeutschen
Verfassungsstaaten Bayern, Baden und Württemberg, kam dann
noch als dritte Aufgabe hinzu, die eigene Landesverfassung zu
kommentieren. Dies barg jedoch gelegentlich das Risiko, mit der
Landesregierung in Konflikt zu geraten, sodass es nur schrittweise
zu Darstellungen des Landesverfassungsrechts größerer Einzelstaaten kam. Erst in der zweiten Hälfte des 19. Jahrhunderts sind dann
alle Länder des Deutschen Reichs in Reihen von Monographien
staatsrechtlich erfasst worden.

Das führende Übersichtswerk der ersten Hälfte des 19. Jahrhunderts stammte von Johann Ludwig Klüber (1762–1837). Er
hatte 1808 schon ein «Staatsrecht des Rheinbundes» geschrieben
und anschließend ein Quellenwerk zum Wiener Kongress er-
stellt, das ihn zum besten Kenner der Entstehung des Deutschen
Bundes machte. Auf dieser Grundlage erschien dann 1817 sein
«Oeffentliches Recht des Teutschen Bundes und der Bundesstaaten»[73], eine positivistische, aber in der Grundlinie liberale Darstellung des Verfassungsrechts der konstitutionellen Monarchien
bis 1830.

Nach Klübers Tod beherrschten entsprechende Darstellungen
von Heinrich Zöpfl (1807–1877) und Heinrich Albert Zachariä
(1806–1875) das Feld. Alle drei Werke kombinierten das Recht des
Deutschen Bundes mit der Summe des Staatsrechts der Einzelstaaten. Dabei trat im Zeitverlauf die bei Klüber noch stark spürbare
Verankerung im Alten Reich vor 1806 zurück und wurde durch
eine zunehmend positivistische Sicht ersetzt. Aber von strikter Be-
schränkung auf «rein juristische» Gesichtspunkte ist dabei keine
Rede. Die Autoren argumentierten historisch, beriefen sich auf
geltendes Recht, aber auch auf ordnende Prinzipien und «Wesens-
begriffe». Politisch waren sie weder revolutionäre republikanische
Demokraten noch scharfe Verteidiger des monarchischen Prinzips.
Vielmehr wollten sie die hergebrachten Monarchien mit den neuen
parlamentarischen Volksvertretungen «organisch» verbinden. Der

---

[73] 4. postume Auflage, 1840, besorgt von Karl Eduard Morstadt.

Staat sollte «constitutionell» geordnet sein, also eine Verfassung haben, die eine Balance zwischen Volksrecht und Monarchenrecht suchte, einerseits Grundrechte proklamierte, andererseits aber dem Monarchen zentrale Rechte zusicherte: Unantastbarkeit, Verfügung über Bürokratie und Militär, in protestantischen Ländern weiterhin das nominell vom Landesherrn ausgeübte Kirchenregiment. In den Zweikammersystemen bestand neben den Parlamenten (Ständeversammlungen, Abgeordneten- oder Volkshäuser, Zweite Kammern) auch noch eine vom Monarchen besetzte Erste Kammer, die ein konservatives Gegengewicht gegen die Zweiten Kammern bilden sollte[74]. Zusätzlich wurden hier und da nach napoleonischem Vorbild «Staatsräte» eingerichtet, ein weiteres Instrument des Monarchen zur Beratung der Gesetzgebung und gegebenenfalls zur Zügelung der Gesetzgebung in den Zweiten Kammern[75].

3. Allgemeines Deutsches Staatsrecht

Die Staatsrechtslehre im «Vormärz», weit verstanden also vom Wiener Kongress bis zur Revolution von 1848, bewegte sich auf unsicherem Terrain. Das Staatsrecht des Deutschen Bundes zog nur relativ geringes Interesse auf sich, und es wurde als Rechtsform der Politik Metternichs auch als unterdrückerisch wahrgenommen. Das «gemeine» deutsche Staatsrecht der Einzelstaaten war ein Konstrukt, das gewissermaßen die Klammer für den nicht existierenden Nationalstaat bilden sollte. Es zeigte die konstitutionelle Monarchie in ihrer instabilen Kompromisslage zwischen Fürstensouveränität und Volkssouveränität. Aus diesem immanenten Dilemma führte dann die schon länger erörterte Idee heraus, weder den Fürsten noch das Volk, sondern den «Staat» zum Be-

---

[74] Michael Stolleis, Zweikammersystem, HRG V (1998), 1833–1835; Joachim v. Wedel, Zur Entwicklung des deutschen parlamentarischen Zweikammersystems, Berlin 2011.
[75] Siehe etwa Hans Schneider, Der Preussische Staatsrat 1817–1918, München – Berlin 1952; Übersicht bei Patricia Conring, Staatsrat, in: HRG IV (1990), 1832–1836.

zugspunkt der Souveränität zu machen und den Fürsten sowie das Parlament zu dessen «Organen» zu erklären. Das Abstraktum «Staat» wurde nun insgesamt zur juristischen Person[76].

Normativ zusammengehalten wurde dieser Staat durch die jeweilige Verfassung, die fast durchweg auf hoheitlicher Gewährung, nicht auf einem revolutionär artikulierten Volkswillen beruhte. Die Volksvertretungen waren von einem egalitären und die Frauen einschließenden Wahlrecht noch weit entfernt. Es galt ein Zensus-Wahlrecht für Männer, welches das Besitz- und Bildungsbürgertum begünstigte. Land- und Industriearbeiter, die nichts zu versteuern hatten, blieben ausgeschlossen. Erst als sich 1867 im Norddeutschen Bund und 1871 im Reich das egalitäre Männerwahlrecht durchsetzte, wurde das Zensus-Wahlrecht der Einzelstaaten abgebaut. In Preußen blieb das immer mehr unzeitgemäß werdende Drei-Klassen-Wahlrecht bis 1918 erhalten.

Stand in dieser traditionellen Weise der Monarch – dem von konservativer Seite verfochtenen «monarchischen Prinzip» folgend – theoretisch und praktisch an der Spitze und war den Parlamenten nur ein Recht der «Mitwirkung» bei der Gesetzgebung und bei der Wahrung der deklarierten Grundrechte eingeräumt, dann musste es umso mehr auf immanente Gegengewichte ankommen. Im Unterschied zum Absolutismus gab es nun nicht mehr den letztlich alles befehlenden und unangreifbaren Monarchen, der die Staatsmaschine in Gang hielt. Vielmehr fungierte der Monarch jetzt als «Organ» der juristischen Person Staat. Er sollte nicht mehr direkt regieren, sondern das Staatsganze repräsentieren. Die Regierung führte ein vom Monarchen beauftragter und von seinem Vertrauen getragener Premierminister, der seinerseits Minister suchte, die für ihr Ressort «verantwortlich» waren. Das bedeutete politische Entlastung für den Monarchen, aber auch parlamentarische Angreifbarkeit des einzelnen Ministers[77], wenn er den im Namen des Monarchen ergangenen Hoheitsakt abgezeichnet hatte (Gegen-

---

[76] Henning Uhlenbrock, Der Staat als juristische Person. Dogmengeschichtliche Untersuchung zu einem Grundbegriff der deutschen Staatsrechtslehre, Berlin 2000.
[77] Klassisch Robert von Mohl, Die Verantwortlichkeit der Minister in Einherrschaften mit Volksvertretung, Tübingen 1837.

zeichnung, Contrasignatur). Damit wuchsen auch langsam die Kompetenzen der Parlamente. Nachdem sie sich etabliert hatten, verstanden sie sich nicht mehr als «Landstände» im Sinne des Ancien Régime, sondern als legitimierte repräsentative Organe des ganzen Volkes, berufen zum Schutz von dessen (Grund-)Rechten. So wurden ihnen zunächst nur Kontrollrechte, dann Mitwirkungsrechte, schließlich aber Initiativrechte bei der Gesetzgebung eingeräumt. Zentral war dabei, wie sich im preußischen Verfassungskonflikt von 1862 zeigen sollte, der Kampf um das Budgetrecht, also die Kontrolle über Steuerbewilligung und Staatsausgaben.

Wegen der zahlreichen Beschränkungen der politischen Mitwirkung des Volkes über die Parlamente verlagerte sich das Interesse liberaler Juristen auf die Möglichkeit, die Staatsgewalt durch die Justiz zu zügeln. Dies war ein für die deutsche Entwicklung im europäischen Vergleich ganz wesentlicher Punkt. Nachdem die absolutistische Theorie und Praxis den Richter noch als streng an den Willen des Monarchen gebundenen Staatsdiener angesehen hatte, entstanden nun mit der Doktrin der «Gewaltenteilung» erste Distanzen. Zu den seit 1800 erhobenen Forderungen nach «Rechtsstaat» gehörte die (persönliche und sachliche) Unabhängigkeit der Justiz[78]. Die Richterschaft, über ihre Ausbildung an diesem Leitbild orientiert, wagte es nun gelegentlich, unter Berufung auf die neuen Verfassungen Maßnahmen der Regierung als «nicht verfassungsmäßig» zu qualifizieren. Die Regierungen antworteten mit Disziplinierungsmaßnahmen[79], konnten aber letztlich den Zug zur Emanzipation der Justiz nicht aufhalten. Zuletzt stellte sich die Frage, ob es für den einzelnen Bürger möglich sei, gegen Verwaltungsmaßnahmen gerichtlich vorzugehen. Während die Konservativen dafür plädierten, lediglich eine verwaltungsinterne Kontrolle vorzusehen, setzten sich die Liberalen – gerade in der Nationalversammlung von 1848/49 – für die Zuständigkeit der ordentlichen Justiz ein.

---

[78] Dieter Simon, Die Unabhängigkeit des Richters, Darmstadt 1975.
[79] Thomas Ormond, Richterwürde und Regierungstreue. Dienstrecht, politische Betätigung und Disziplinierung der Richter in Preußen, Baden und Hessen 1866–1918, Frankfurt 1994.

Am Ende fand man einen Kompromiss, der ab 1863 den Weg zur heutigen Verwaltungsgerichtsbarkeit öffnete[80].

4. Landesstaats- und Verwaltungsrecht

In den Einzelstaaten des Deutschen Bundes gab es, je nach Verfassungslage, unterschiedlichen Bedarf für Darstellungen des Landesstaatsrechts unter den neuen konstitutionellen Bedingungen. Manche Territorien waren zu klein, um eine solche Darstellung zu rechtfertigen, manche blieben ohne Verfassung, so dass eigentlich nur an eine Gesetzessammlung zu denken war. Deshalb standen die süddeutschen Verfassungsstaaten klar an der Spitze, soweit es um das landeseigene öffentliche Recht ging. In Württemberg ragte seit 1829 das Werk von Robert von Mohl heraus[81], in Bayern erschienen gleich fünf Lehrbücher des Staatsrechts (Schmelzing, Schunck, Cucumus, Moy, Pözl), während in Baden ein Lehrbuch fehlte, aber das große Staatslexikon von Rotteck und Welcker sowie mehrere Zeitschriften ihre Wirkung der Verdichtung des öffentlichen Rechts entfalteten.

Verglichen hiermit kann von einer Pflege des öffentlichen Rechts in Kurhessen, Hessen-Darmstadt, Nassau, Hannover, Braunschweig und Mecklenburg vor 1848 kaum die Rede sein. Auch in Sachsen kam das Landesstaatsrecht erst nach der Verfassung von 1831 langsam in Gang. In Schleswig-Holstein gab es aus politischen Gründen keine Ruhelage, in den freien Städten Bremen, Hamburg, Lübeck und Frankfurt war der Raum zu eng, in Mecklenburg verharrten die beiden Großherzogtümer in vorkonstitutionellen Zuständen.

So blieben als Großstaaten nur Preußen und Österreich, die zwar beide keine Verfassungsstaaten waren, aber über starke, zentralisierte Verwaltungsapparate verfügten. In den einschlägigen Werken

---

[80] Michael Stolleis, Hundertfünfzig Jahre Verwaltungsgerichtsbarkeit, in: Deutsches Verwaltungsblatt 2013, 1274–1280.
[81] Robert von Mohl, Staatsrecht des Königreichs Württemberg, 2 Bde., Tübingen 1829, 2. Aufl. 1840.

wurden Verfassungsfragen umgangen. Eine irgendwie bedeutsame oder eigenständige Literatur des preußischen oder österreichischen Staatsrechts ist deshalb vor 1848 nicht entstanden. In Österreich war die Situation in dem von Nationalismen bedrohten Vielvölkerstaat besonders schwierig. Solange das «System Metternich» bestand, das freiheitliche und nationalistische Bestrebungen zu unterdrücken suchte, war eine freie akademische Debatte nicht möglich. Anstelle von Staatsrecht wurde «Statistik» (Staatenkunde) gelesen, anstelle von «Allgemeiner Staatslehre» gab es «Gesetzeskunde». Vielleicht ist die im letzten Viertel des 19. und im ersten Drittel des 20. Jahrhunderts dort zu beobachtende intensive Blüte von Rechtstheorie und öffentlichem Recht auch dadurch verursacht worden, dass die entsprechenden intellektuellen Energien jahrzehntelang aufgestaut waren.

Die wissenschaftliche Zuwendung zum Staats- und Verwaltungsrecht in der Epoche zwischen dem Wiener Kongress und dem Revolutionsjahr 1848 war also in hohem Maße von der Verfassungslage abhängig. Diejenigen Staaten im Deutschen Bund, die sich zuerst als Verfassungsstaaten etabliert hatten (Bayern, Baden, Württemberg, am Rande Hessen-Darmstadt und Nassau), ordneten auch ihr Verwaltungsrecht am frühesten. Die nach der französischen Julirevolution von 1830 hinzukommenden Verfassungen (Kurhessen, Hannover, Sachsen) hätten im Prinzip ebenso belebend wirken können, aber die äußeren Bedingungen waren zu ungünstig: Kurhessen war in Binnenkonflikte verstrickt, ebenso Hannover 1837, und Sachsen, das nicht zu einer wirklichen Liberalisierung fand, kam über Ansätze nicht hinaus. So bleibt für das Verwaltungsrecht vor 1848 als herausragende Darstellung diejenige von Robert von Mohl: «Die Polizei-Wissenschaft nach den Grundsätzen des Rechtsstaats» (Tübingen 1832/33). Erstmals las man das Wort «Rechtsstaat» in einem Buchtitel. Die Fülle des «policeylichen» Stoffes, die auch Wohlfahrtszwecke umschloss, sollte in Rechtsform erscheinen. Mohl ordnete sämtliche Materien der Innenpolitik den Verfassungszwecken zu, verlangte aber nur bei Eingriffen in Freiheit und Eigentum der Bürger eine gesetzliche Grundlage, erklärte sich gegen rückwirkende Belastungen und forderte, wie es längst üblich war, Entschädigung bei Enteignungen.

Im Übrigen durfte die Verwaltung nach ihrem Ermessen handeln, aber nicht willkürlich. Für Mohl war «Polizei-Wissenschaft» ein Teil der umfassenden Staatswissenschaften. Von einer Reduktion auf das formale «Recht» oder einen «Allgemeinen Teil» des Verwaltungsrechts war er noch weit entfernt. Ihm schwebte der wohlgeordnete liberale Verfassungsstaat vor, und zwar mit offenem Blick für die nun auftretenden sozialen Probleme. Hier riet er zu gesteigerten staatlichen Anstrengungen. Es ist deshalb auch kein Zufall, dass Tübingen seit 1842 den ersten ordentlichen Lehrstuhl für Verwaltungsrecht bekam und Gründungsort der «Zeitschrift für die gesamten Staatswissenschaften» wurde.

VI. Die Paulskirche

«In allen Deutschen Ständeversammlungen zeigt sich ein sehr starker Einfluß von Rechtsgelehrten. Die Zahl derselben und der juristische Sinn, der in den Berathschlagungen vorherrscht, sind aber nicht etwas Zufälliges. Die ganze politische Bildung der Deutschen Nation ist von der Ausbildung der Rechtswissenschaften ausgegangen [...] Daher sind die Universitäten von einer weit größeren Bedeutung in der Geschichte der Deutschen Zivilisation, als in irgend einem anderen Volke ...»[82], so der hannoversche Politiker Rehberg (1757–1836). Tatsächlich waren vor 1848 alle Professoren des öffentlichen Rechts mehr oder weniger auch «politische Professoren». Sie traten auf «Konstitutionsfesten» als Redner hervor, wurden in den Hörsälen genau beobachtet, schrieben Gutachten zu Verfassungsfragen, kandidierten für die Parlamente oder wurden von ihren Universitäten in die Ersten Kammern entsandt. Eine ganze Reihe von ihnen verlor auch wegen allzu liberaler Äußerungen ihre Ämter. Die Gewährung der Presse-, Wissenschafts- und Vereinigungsfreiheit war Gegenstand permanenter Agitation. Die Bestrafung der sieben Göttinger Professoren, die 1837 gegen die Suspendierung der Verfassung durch den neuen Herrscher protestierten, hallte lange in der Öffentlichkeit nach. Zudem waren die neunzehn deutschen und vier österreichischen Universitäten während des «Systems Metternich» ohnehin politische Unruheherde. Burschenschaften und Landsmannschaften spielten dabei eine erhebliche Rolle. Überall diskutierte man über Menschen- und Bürgerrechte, Wahlrecht, Gewaltenteilung, Gerichtsöffentlichkeit oder Verwaltungskontrolle.

So gelangten auch zahlreiche angesehene Juristen in das Vorparlament und in die am 18. Mai 1848 eröffnete Nationalversammlung in der Frankfurter Paulskirche, unter ihnen etwa die Staats-

---

[82] August W. Rehberg, Die Erwartungen der Teutschen von dem Bunde ihrer Fürsten, Jena 1835, 43–63.

rechtler Wilhelm Eduard Albrecht, Konrad Cucumus, Sylvester Jordan, Heinrich Albert Zachariä, Robert von Mohl und Karl Theodor Welcker. Besonders in der Anfangsphase waren sie intensiv an den zentralen Fragen beteiligt: Staatsform, Ein- oder Zweikammersystem, Erb- oder Wahl-Monarchie oder Republik, Wahlrecht, Geschäftsordnung des Parlaments, Grundrechte. All dies hat sich in der letztlich gescheiterten Reichsverfassung vom 28. März 1849 niedergeschlagen. Ihr Abschnitt VI: «Die Grundrechte des deutschen Volkes» ist für die Weimarer Verfassung von 1919 und für das Grundgesetz von 1949 maßgebend geblieben[83].

Der Fehlschlag der Bemühungen der Nationalversammlung, die Rückkehr der konservativen Kräfte, die militärische Niederschlagung und die Gerichtsverfahren gegen die Revolutionäre führten zu einer depressiven Stimmung des Bürgertums und zu einer Umorientierung auf die stärker einsetzende industrielle Revolution. Man setzte nun auf Beseitigung der Handelshemmnisse, auf gemeinsames Wechsel- und Handelsrecht sowie auf Fortentwicklung des Rechtsstaats. Das neue Schlagwort hieß «Realpolitik»[84]. In ihrem Zeichen wurde stärker deutlich, dass es neben der bürgerlichen Revolution von 1848 auch eine soziale Revolution gegeben hatte, getragen von Handwerkergesellen und der wachsenden Arbeiterbewegung. Diese organisierte sich in den Gewerkschaften und schloss sich auf der Ebene der Parteien zur Sozialdemokratie zusammen.

Für die Staats- und Verwaltungsrechtslehre nach 1848 bedeutete dies, sich neu zu formieren. Auf gesamtdeutscher Ebene beobachtete man die Versuche, eine Union zwischen der österreichischen Monarchie und dem deutschen Bundesstaat zu gründen (Erfurter Unionsverfassung), den Kurhessischen Konflikt zwischen dem Land und seiner autoritär auftretenden monarchischen Spitze, die zwischen Dänemark und Deutschland heftig umkämpfte Frage der Zugehörigkeit von Schleswig und Holstein sowie die Wiederher-

[83] Jörg-Detlef Kühne, Die Reichsverfassung der Paulskirche. Vorbild und Verwirklichung im späteren deutschen Rechtsleben, Frankfurt 1985, 2. Aufl. 1998.
[84] August Ludwig v. Rochau, Grundsätze der Realpolitik. Angewendet auf die staatlichen Zustände Deutschlands, 1. Teil Stuttgart 1853, 2. Teil 1869.

stellung des Deutschen Bundes am 10. Mai 1850. In den einzelnen Ländern ging es um die Zurücknahme der Zugeständnisse von 1848, in Preußen um den Inhalt der ersten Verfassung, die dann 1851 zustande kam. Alles in allem eine unsichere Übergangszeit, in der sich auch methodisch eine «realpolitische» Wendung vollzog. An die Stelle des politischen Engagements trat nun das Ideal juristischer Wissenschaftlichkeit[85]. Man hoffte auf diese Weise, auch im öffentlichen Recht die Systematik und begriffliche Schärfe des Zivilrechts zu erreichen. Das Staatsrecht und das sich langsam herausbildende Verwaltungsrecht sollten von nichtjuristischen (historischen, politischen, staatswissenschaftlichen) Elementen befreit und «rein juristisch» dargestellt werden. Das versprach Distanz zur Tagespolitik und Ansehenssteigerung – nicht nur innerhalb der Jurisprudenz, sondern auch in der Konkurrenz mit den triumphal aufsteigenden Naturwissenschaften. Wer sich innerhalb der methodischen Verbotstafeln mit der Dogmatik des geltenden Rechts beschäftigte, konnte sich politisch und wissenschaftlich sicher fühlen. Die Entpolitisierung der Rechtswissenschaft fand ihre Form in der Forderung nach «Autonomie»[86]. Sie festigte das Recht gegen revolutionäre Eingriffe von unten und gegen autokratische Eingriffe von oben; es war implizit eine Position der bürgerlichen Mitte, zugleich aber auch eine Positionsbehauptung der Rechtswissenschaft selbst.

Mit nur wenigen Ausnahmen bewegte sich das Staatsrecht der Zeit nach 1850 im Hauptstrom des europäischen, vielgestaltigen «Positivismus», also in dem Bestreben, auf alle spekulativen und ideologischen Voraussetzungen zu verzichten, um auf diese Weise mit dem positiv gegebenen Material zu arbeiten. Auf die Jurisprudenz angewendet, konnte dies Orientierung am Gesetz oder jedenfalls am positiven Recht bedeuten, aber auch auf eine von nicht-

---

[85] Der terminologische Übergang von «Jurisprudenz» (iuris prudentia) oder Rechtsgelehrsamkeit zu «Rechtswissenschaft» vollzog sich um 1800 unter dem Einfluss der Philosophie Kants und der nun aufsteigenden Naturwissenschaften. Siehe Benjamin Lahusen, Alles Recht geht vom Volksgeist aus. Friedrich Carl von Savigny und die moderne Rechtswissenschaft, Berlin 2013, 85 ff.
[86] Joachim Rückert, Autonomie des Rechts in rechtshistorischer Perspektive, Hannover 1988, 56 ff.

positiven Voraussetzungen befreite Rechtswissenschaft bezogen sein. Im öffentlichen Recht ging es konkret um die Auslegung der neuen, wenn auch schwankenden Verfassungszustände, um eine Wiederaufnahme des «gemeinen deutschen Staatsrechts», das man nun wieder als geistige Klammer für den immer noch nicht erreichten Nationalstaat zu brauchen meinte – so wenig überzeugend dies auch war. Die Lehrbücher über Landesstaatsrecht stagnierten. Robert von Mohl stellte 1867 fest, es sei «seit vielen Jahren nirgends in Deutschland mehr ein Werk über Landesstaatsrecht erschienen». Die Enttäuschung über die fehlgeschlagene Revolution von 1848 und die Unklarheit über den Fortgang der nationalen Einigung wirkten lähmend. Der Schwung des Naturrechts und der idealistischen Philosophie war verflogen. Zwischen 1850 und 1860 befand sich das öffentliche Recht entweder in einer Flaute oder es handelte sich um die Inkubationszeit einer neuen Epoche.

VII. Reichsstaatsrecht

1. Rechtsstaat und juristische Methode

Diese neue Epoche kündigte sich dadurch an, dass in kurzer Zeit eine ganze Reihe von Arbeiten erschien, die in der Retrospektive zeigen, wie sich die soeben skizzierten Entwicklungslinien verdichteten und am Ende das entstand, was man einen Paradigmenwechsel zu nennen pflegt. Es begann mit der Abhandlung des Privatrechtlers Carl Friedrich von Gerber «Über öffentliche Rechte» (1852), gefolgt von dem programmatischen Aufsatz seines Freundes und Weggefährten Rudolf von Jhering «Unsere Aufgabe» (1857). Gleichzeitig schrieb ein fast unbekannter württembergischer Praktiker, Friedrich Franz (von) Mayer, den ersten Versuch, im Verwaltungsrecht einen Allgemeinen Teil auszubilden (1857/ 1862). Der hessische Richter Otto Bähr veröffentlichte 1864 das wichtige Buch «Der Rechtsstaat. Eine publicistische Skizze». 1865 erschien Hermann Schulzes «Einleitung in das deutsche Staatsrecht», 1867 kam der erste und einzige Band der «Zeitschrift für Deutsches Staatsrecht und Deutsche Verfassungsgeschichte» mit bedeutenden Beiträgen heraus.

Gleichzeitig häuften sich die wichtigen politischen Ereignisse: Bismarck stand den preußischen Verfassungskonflikt durch und beendete den preußisch-österreichischen Dualismus siegreich, aber auch politisch maßvoll, dehnte Preußen bis an den Main aus, brachte den Norddeutschen Bund zustande und eröffnete erstmals wieder eine realpolitische Chance auf eine kleindeutsche Staatsgründung. Die Lage war angespannt, weil erneut die Grundlagen des Staatsrechts wankten. Jhering spöttelte 1866, es sei eine Kunst, jetzt etwas über Staatsrecht zu wissen: «Bundesstaatsrecht, hannöversches, kurhessisches, nassauisches Staatsrecht – über Nacht ist es abhanden gekommen. Nur die Hefte der Professoren sind geblieben. Unthätig liegen sie im Pult und grollen dem bösen Bismarck; vielleicht träumen auch sie von einer glücklichen Auferstehung, wo die Welt, die ihnen unter den Händen fortgerutscht ist, sich reuig wieder unter ihre Hefte zurückbegiebt, und die depossedierten Souveräne wieder in ihre ‹Reiche› und zu ihren ‹Völkern› zurückkehren»[87].

Vom vermeintlich sicheren Thron des ewiggleichen Privatrechts, den aber Jhering selbst schon seit 1859 verlassen hatte, mochte das so aussehen. Aber öffentliches Recht war immer politisches Recht und in seinem Bestand gefährdet. Hermann Schulze schrieb jedenfalls: «Das Jahr 1866 hat für die Praxis wie für die Theorie des deutschen Staatsrechts dieselbe tief einschneidende Bedeutung wie das Jahr 1806»[88]. Der Deutsche Bund war verschwunden, und mit ihm waren die bisherigen Darstellungen (H. Zöpfl, H. A. Zachariä) Makulatur geworden. Ebenso war das Staatsrecht der von Preußen annektierten Staaten aufgehoben. Alle Publikationen, die während dieser Schwebelage erschienen, suchten Festigkeit von außerhalb, entweder in der Geschichte oder gerade in der Hinausweisung von Geschichte aus der auf Wissenschaftlichkeit zielenden Theoriebildung, die nicht durch historische Vielfalt irritiert werden sollte.

Die gesamte deutsche Rechtswissenschaft des 19. Jahrhunderts ging nach 1848 den Weg einer immer stärkeren Betonung des «Realen», «positiv Gegebenen», sei es im Vertrauen auf die Festigkeit des einfachen Gesetzes, sei es auf die eines theoretisch anspruchsvolleren philosophischen Wissenschaftspositivismus, der die im Material verborgene Wesenheit eines Begriffs für verlässlicher hielt. Die das «gemeine Recht» behandelnden Pandektisten lösten sich insgesamt schrittweise von den Postulaten der Historischen Schule und kultivierten primär die logische Kohärenz der dogmatischen Figuren (Puchta, Vangerow, Brinz, Bekker, Regelsberger, Arndts, Dernburg, Windscheid). Die Strafrechtler zielten auf ein gemeindeutsches, rechtsstaatlich genaues Gesetzesrecht, sie verlangten «klare schneidige Begriffe und ein geschlossenes System»[89]. Die

---

[87] Rudolf von Jhering, Vertrauliche Briefe über die heutige Jurisprudenz, 6. Brief 1866.

[88] Hermann Schulze, Die Krisis des Deutschen Staatsrechts im Jahre 1866. Nachtrag zur Einleitung in das Deutsche Staatsrecht, Leipzig 1867, Vorwort.

[89] Franz von Liszt, Lehrbuch des Strafrechts, Berlin – Leipzig 1881, Vorwort. – Zu seinem Antipoden siehe Daniela Westphalen, Karl Binding (1841–1920). Materialien zur Biographie eines Strafrechtsgelehrten, Frankfurt 1989.

Öffentlichrechtler bewegten sich in diesem Strom mit und begannen nun ebenfalls mit der «Analyse und Konstruktion des rein juristischen Elements»[90]. Protagonist war Carl Friedrich von Gerber (1823–1891), der ein ganz neues, aus der Staatsgewalt als «Willensmacht» abgeleitetes System vorlegte[91].

Historische und philosophische Erwägungen über den Staat legte er ebenso beiseite wie das Verwaltungsrecht. Was zurückblieb, war «das nackte und feste juristische Skelett»[92]: Die exklusiv herrschende Staatsgewalt, die Staatsorgane, die Staatsfunktionen, der Rechtsschutz. Obwohl dieser Grundriss auf konservativen monarchistischen Überzeugungen ruhte, wirkte er auch für andere Richtungen schulbildend. Von nun an verlor die informative, aber methodisch unklare oder nur additive staatswissenschaftliche Darstellungsweise an Terrain, und man bemühte sich, «rein juristisch» zu konstruieren.

Der neue Stoff für solche Konstruktionen lag denn auch rasch wieder bereit. Die Reichsgründung und ihre neue Verfassung wurden mit Begeisterung begrüßt. Die Staatsrechtler lieferten eine Fülle von Stellungnahmen ab, sei es in kommentierenden Darstellungen, sei es in Zeitungsartikeln. Das wichtigste und alles andere zunächst verdrängende Werk bot ein zunächst wenig bekannter Rechtshistoriker und Handelsrechtler, der 1864 nach Königsberg berufen worden war, Paul Laband (1838–1918).

Nachdem er in einer Schrift zum Budgetrecht erstmals deutlich den Unterschied zwischen dem Gesetz im formellen und im materiellen Sinn markiert hatte, ging er nun ganz zum Staatsrecht über und schrieb, ab 1872 in Straßburg lehrend, ein monumentales «Staatsrecht des Deutschen Reiches», das ab 1876 er-

---

[90] Dietrich Tripp, Der Einfluß des naturwissenschaftlichen, philosophischen und historischen Positivismus auf die deutsche Rechtslehre im 19. Jahrhundert, Berlin 1983, 151 ff.

[91] Carl Friedrich von Gerber, Grundzüge eines Systems des deutschen Staatsrechts, Leipzig 1865 (2. Aufl. 1869, 3. Aufl. 1880).

[92] Ernst Landsberg, Geschichte III/2, 830. Hierzu nun Carsten Kremer, Die Willensmacht des Staates. Die gemeindeutsche Staatsrechtslehre des Carl Friedrich von Gerber, Frankfurt 2008.

schien[93]. Es beherrschte die Szene. Laband ging vom positiven Verfassungsrecht aus, hielt aber auch die Bildung von «Begriffen» und «Rechtsinstituten» sowie Lückenfüllung durch Analogien und Umkehrschlüsse für möglich, wenn sie logisch widerspruchsfrei in das System eingefügt werden konnten. Wie Gerber setzte Laband bei seiner Konstruktion auf die juristische Willenseinheit der Staatsgewalt und deren Organe. Das Grundgerüst füllte er mit dem rasch entstehenden Reichsrecht auf den Gebieten der Staatsangehörigkeit, der Währung, des Gerichtswesens, des Militärwesens und der Finanzen. Insgesamt entstand so ein klar gegliederter Neubau, dem man innere Konsequenz bescheinigen musste. Damit war die «juristische Methode» im Staatsrecht etabliert.

Gewiss gab es schon vor dem Ersten Weltkrieg Kritik an dieser Art Positivismus, etwa von Otto von Gierke (1841–1921), dem bedeutenden letzten Vertreter der Historischen Schule, der gegen die unhistorisch verfahrende Begriffsjurisprudenz ebenso opponierte wie gegen die Reduktion des Bürgers auf den dem Anstaltsstaat unterworfenen «Untertan». Auch andere tadelten Labands Abneigung gegen «Grundrechte» und monierten die Distanz zwischen seiner Begriffswelt und dem politischen Leben. Wieder andere missbilligten die Analogie seiner Begriffsbildungen zum Zivilrecht oder die subkutan eben doch vorhandene politische Orientierung. Dessen ungeachtet blieb dieses Reichsstaatsrecht bis 1918 maßgebend, und es wirkte methodisch noch weit in die Weimarer Zeit hinein; denn auch dort gab es Staatsrechtler, die mit dem Anspruch auftraten, ihre Ergebnisse ganz unpolitisch und «streng juristisch» aus Begriffen zu deduzieren.

Die Staatsrechtslehre bis zum Ausbruch des Ersten Weltkriegs hing mehrheitlich der konstitutionellen Monarchie mit einem Übergewicht von Monarch und Kanzler an. Eine parlamentarische Demokratie mit einer von der Mehrheit getragenen Regierung wollte man ebenso wenig wie eine Republik. Der «politische Pro-

[93] Paul Laband, Staatsrecht des Deutschen Reiches, Tübingen I 1876, II 1878, III/1 1880, III/2 1882 (2. Aufl. 1888, 3. Aufl. 1895, 4. Aufl. 1901, 5. Aufl. 1911 ff.). – Paul Laband, Deutsches Reichsstaatsrecht, Tübingen 1894, 6. Aufl. 1912. (sog. kleiner Laband).

fessor» des Vormärz, der sich einen anderen Staat wünschte, war nicht mehr der prägende Typus. Man war im Großen und Ganzen zufrieden, und das bedeutete für Juristen, dass sie das Gesetzesrecht vielleicht politisch kritisierten, aber an seiner rechtlichen Geltung nicht zweifelten, sofern es formal ordnungsgemäß erlassen war.

Die Zeitgenossen Labands, etwa der in Heidelberg lehrende Georg Meyer (1841–1900), der Staats- und Völkerrechtler Philipp Zorn (1850–1928), der Staatsrechtler Hermann Schulze von Gaevernitz (1824–1888), der Pionier des Sozialversicherungsrechts Heinrich Rosin (1855–1927), der liberale Professor und Politiker Albert Hänel (1833–1918) oder der junge Staats- und Völkerrechtler Heinrich Triepel (1868–1946) in Tübingen und Kiel, haben ganz unterschiedliche Schwerpunkte gesetzt. Ihre Werke zeigen eine breite Palette, sowohl methodisch als auch inhaltlich. Das Völkerrecht gewann nach 1871 wieder größeres Interesse, ebenso das Kolonialrecht und das seit 1883 entstehende neue Arbeiterversicherungsrecht, während das Sonderprivatrecht der Fürstenhäuser eher nach rückwärts wies. Heinrich Triepel lieferte allein drei grundlegende staats- und völkerrechtliche Monographien[94]. Sie alle beobachteten die starken Gewichtverschiebungen der Reichsverfassung, teils durch Änderungsgesetze, teils durch «stillen Verfassungswandel»[95], blieben aber letztlich doch in deren Rahmen. Die Debatten der ersten Jahre nach der Reichsgründung, ob man es nun mit einem Fürstenbund, einem Staatenbund – wie der Münchner Staatsrechtler Max von Seydel meinte – oder einem Bundesstaat zu tun habe, erledigten sich im Laufe der Zeit zugunsten des Bundesstaates. Auch die Opposition gegen das zunächst noch als «seelenlos» oder irreale Fiktion kritisierte Theorem, der Staat sei eine juristi-

[94] Heinrich Triepel, Völkerrecht und Landesrecht, Leipzig 1899; ders., Unitarismus und Föderalismus, Tübingen 1907; ders., Reichsaufsicht, Berlin 1917. Siehe Ulrich M. Gassner, Heinrich Triepel. Leben und Werk, Berlin 1999.
[95] Georg Jellinek, Verfassungsänderung und Verfassungswandlung. Eine staatsrechtlich-politische Abhandlung, Berlin 1906; Paul Laband, Die geschichtliche Entwicklung der Reichsverfassung seit der Reichsgründung, in: Jahrbuch des öffentlichen Rechts 1 (1907) 1–46; Rudolf Smend, Ungeschriebenes Verfassungsrecht im monarchischen Bundesstaat, in: Festgabe f. Otto Mayer 1916, in: ders., Staatsrechtliche Aufsätze, 4. Aufl. Berlin 2010, 39 ff.

sche Person, klang nun ab. Dieser Staat war konstitutionelle Monarchie, aber keine parlamentarische Demokratie. Gleichwohl gewann der Reichstag immer mehr politisches Gewicht[96].

Die theoretische Summe des 19. Jahrhunderts zog dann die 1900 erschienene «Allgemeine Staatslehre» von Georg Jellinek[97]. Sie trennte, dem Neukantianismus folgend, Sein und Sollen und lieferte folglich von der faktischen Seite eine «Soziallehre des Staates», von der normativen Seite eine «Allgemeine Staatsrechtslehre». Mit der Anerkennung der Faktizität des Staates war dem Anerkennungsdruck der empirischen Sozialwissenschaften Rechnung getragen, mit der normativen Seite aber die Provinz des Rechts gewahrt. Auf dieser rechtlichen Seite erschien der Staat als öffentlichrechtliche Gebietskörperschaft, die, um existent zu sein, drei Elemente benötigt, ein Staatsgebiet, ein Staatsvolk und eine Staatsgewalt. Damit Letztere überhaupt als Faktum erfasst werden kann, bedarf es eines Blicks auf die Psyche der gewaltunterworfenen Menschen. Rechtsgeltung wurde ein Bewusstseinsphänomen. Das Faktum entfaltete also in gewissen Situationen, vor allem nach Revolutionen, «normative Kraft». Das war eine den äußeren Bedingungen entsprechende, flexible Theorie. Man hatte aus dem 19. Jahrhundert gelernt, dass machtpolitische Entscheidungen auf dem Weg über die «Akzeptanz» zu Recht werden konnten.

Jellineks «Allgemeine Staatslehre» markiert also einen Übergangszustand zwischen der konstitutionellen Monarchie des 19. Jahrhunderts und der heraufziehenden demokratischen Industriegesellschaft. Sowohl im wilhelminischen wie im habsburgischen Staat war das «monarchische Prinzip» weiter intakt, wenn auch in versteckter Form. Der bürgerliche Verfassungsstaat blieb auf halbem Wege stehen. Man war mit den Garantien des Rechtsstaats zufrieden, die Nationalbewegung hatte 1871 ihre Erfüllung gefunden. An einer Erweiterung der politischen Partizipation, etwa durch

[96] Norbert Ulrich, Gesetzgebungsverfahren und Reichstag in der Bismarck-Zeit, unter besonderer Berücksichtigung der Rolle der Fraktionen, Berlin 1996.
[97] Georg Jellinek (1851–1911), einer der bedeutendsten Staatsrechtslehrer des ausgehenden 19. Jahrhunderts, der von 1891 bis 1911 in Heidelberg lehrte. Siehe Klaus Kempter, Die Jellineks 1820–1955, Düsseldorf 1998; Stanley L. Paulson – M. Schulte (Hg.), Georg Jellinek – Beiträge zu Leben und Werk, Tübingen 2000.

das Frauenwahlrecht oder durch Beseitigung des Dreiklassenwahlrechts, bestand geringeres Interesse, auch weil man die eigene Position nicht gefährden wollte.

Grundrechte kannte die Reichsverfassung nicht, wohl aber fanden sie sich in den Landesverfassungen, und außerdem waren wesentliche Grundrechtsbereiche einfachgesetzlich gesichert (Pressefreiheit, Vereinigungsfreiheit, Versammlungsfreiheit, Staatsangehörigkeit). Die theoretisch anerkannte Trennung von Staat und Gesellschaft legte auch dem öffentlichen Recht nahe, ein Äquivalent für den privatrechtlichen «Anspruch» auszubilden. Dies war das «subjektive öffentliche Recht», faktisch grundrechtsähnlich und auch einklagbar, sofern es dafür eine gesetzliche Grundlage gab. Schließlich hatten die Reichsjustizgesetze von 1877 die Rechtseinheit im Verfahrensrecht hergestellt (Gerichtsverfassungsgesetz, Zivil- und Strafprozessordnung, Konkursordnung, Rechtsanwaltsordnung, Gerichtskostengesetz). Seit 1875 gab es, mit einem Vorläufer in Baden 1863, in den größeren Ländern (Preußen, Bayern, Württemberg, Österreich), jedoch nicht auf Reichsebene, eine Verwaltungsgerichtsbarkeit. Sozialversicherungsrechtliche Streitigkeiten wurden im Reichsversicherungsamt entschieden, also innerhalb der Exekutive. Auch eine spezielle Arbeitsgerichtsbarkeit gab es noch nicht. Aber alles in allem war ein «Rechtsstaat» entstanden, dem man insgesamt vertraute und auch vertrauen konnte, zumal die für den Alltag wichtige Verwaltung und Justiz in den Händen der Länder lag.

Der wilhelminische Staat hatte gewiss seine unangenehmen Züge, angefangen beim Kaiser und seinem sprunghaften und hochfahrenden «persönlichen Regiment»[98]. Die imperialistische Kolonialbewegung, die unkluge Favorisierung des Flottenbaus und parvenühaftes Auftreten richteten außenpolitischen Schaden an. Im Inneren gab es die vielfach beklagte sowohl prüde als auch gezielte politische Zensur von Kunst und Literatur[99], die mangelhafte Integration der Arbeiterbewegung, deren Repräsentanten auch plan-

[98] Grundlegend John C. G. Röhl, Wilhelm II., 3 Bde., München 1993, 2001, 2008.
[99] Michael Stolleis, Der *Mordfall Heinze* und die *Lex Heinze*, in: Bernhard Greiner u. a. (Hg.), Recht und Literatur, Heidelberg 2010, 219–235.

mäßig von der Regierungsverantwortung ferngehalten wurden, schließlich den akademisch und politisch langsam reputierlich werdenden Antisemitismus, der schon früh wieder zu zerstören drohte, was für die Juden im 19. Jahrhundert an Gleichstellung und Toleranz erreicht worden war. Auf der anderen Seite schuf die industrielle Revolution wachsende Prosperität, an der auch die Arbeiterschaft langsam Anteil hatte. Die Gewerkschaften und die Sozialdemokratie schwenkten auf eine reformistische Linie ein. Die Schärfe der Arbeitskämpfe ließ nach. Die Gewerkschaften und die großen Interessenverbände standen sich gegenüber, nahmen auf die Gesetzgebung Einfluss und machten aus dem liberalen Staat der Jahrhundertmitte den intensiv agierenden Interventionsstaat, der nun aus sozial- und wirtschaftspolitischen Motiven, zunehmend auch für den Verbraucherschutz, in Vertragsverhältnisse eingriff, Verbote und Genehmigungsvorbehalte erließ oder durch Steuer- und Gesellschaftsrecht lenkend handelte. Kartelle und Trusts breiteten sich aus, verbunden mit intensiver Industriefinanzierung durch die Banken. Der Gesetzgeber reagierte auf diese Entwicklung auf allen Ebenen des Privatrechts und Strafrechts, aber vor allem durch die besonders nahe liegenden Rechtsfiguren des öffentlichen Rechts[100].

---

[100] Michael Stolleis, Die Entstehung des Interventionsstaates und das öffentliche Recht, in: ders., Konstitution und Intervention. Studien zur Geschichte des öffentlichen Rechts im 19. Jahrhundert, Frankfurt 2001 (stw 1526), 253–282.

VIII. Verwaltungsrecht im Staat der frühen Industriegesellschaft

1. Perspektivenwechsel

Auch nach dem Ende des Deutschen Bundes (1866) und nach der Reichsgründung (1870/71) blieb die Verwaltung eine Domäne der Länder. Eine Reichsverwaltung bildete sich nur langsam aus. Die von Bismarck zunächst eingerichteten Reichsämter entwickelten sich schrittweise zu vollen Ministerien, die dann ihrerseits über den Gesetzgeber Reichsrecht produzierten. Entsprechend wuchsen die Seitenzahlen des Reichsgesetzblatts.

So war auch die wissenschaftliche Pflege des in der zweiten Hälfte des 19. Jahrhunderts langsam entstehenden Verwaltungsrechts zunächst an die Landesverwaltungen und an die in den Ländern entstehenden Zeitschriften gebunden. In Sachsen erschien seit 1838 eine «Zeitschrift für Rechtspflege und Verwaltung», in Württemberg ab 1844 die überregional angelegte (Tübinger) «Zeitschrift für die gesamten Staatswissenschaften». In ihrem Vorwort hieß es: «Ein besonderes Augenmerk gedenken wir jedoch besonders auf das, so häufig von der Wissenschaft stiefmütterlich behandelte, Verwaltungsrecht zu richten, in so ferne auch der Anwendung auf das Leben und nicht allein dem Grundgedanken Beachtung gebührt». In Bayern gab es ab 1851 die «Blätter für administrative Praxis», in Baden ab 1869 die «Zeitschrift für badische Verwaltung und Verwaltungsrechtspflege», in Preußen ab 1879 das «Preußische Verwaltungsblatt». Alle diese Gründungen waren stark an der Praxis orientiert.

Die Universitäten boten nach 1850 kaum Verwaltungsrecht an. Im Examen wurde es nicht geprüft. Die nötigen Kenntnisse erwarb man in der Praxis. Dennoch wurde es unter dem Leitwort «Rechtsstaat» immer wichtiger, das spezifisch Rechtliche an der Verwaltung zu erfassen. So entstand in Württemberg der erste Versuch, das württembergische, preußische und bayerische Verwaltungsrecht vergleichend zu bearbeiten und jene allgemeinen «Grundsätze» zu entwickeln, aus denen dann ein «Allgemeiner Teil» des Verwaltungsrechts gewachsen ist[101]. Überall wo verwaltet wurde, musste es vergleichbare Grundsätze, aber auch dogmatische Grundfiguren geben. Eine solche Grundfigur war der einseitige hoheitliche Eingriff in Rechte des Bürgers, der «Verwaltungsakt»[102]. Neben Württemberg war es vor allem Bayern, das schon früh Konstitutions- und Administrativrecht unterschied und so zu eigenständigen Lehrbüchern des Verwaltungsrechts kam (E. v. Moy, J. Pözl, M. v. Seydel).

Wenn man regionale Besonderheiten beiseitelässt, kann man für die Zeit zwischen 1850 und etwa 1895 einige allgemeine Züge der Herausbildung des Verwaltungsrechts und der Verwaltungsrechtswissenschaft feststellen. Ursprungsgebiet des Verwaltungsrechts sind die Policeyordnungen der Frühen Neuzeit, die von den Obrigkeiten erlassen wurden, um die inneren Lebensbereiche des Gemeinwesens befehlend, gebietend oder verbietend zu regeln. Das Gemeinwesen sollte «wohlgeordnet», die Untertanen sollten beschützt und kontrolliert zu einem «guten Leben» angehalten werden. Welche Rechtsformen dabei verwendet wurden, war sekundär, weil alle Formen letztlich der Befehlsgewalt des Souveräns entsprangen. Die Regelungsmaterie, die beteiligten Praxisfelder und Wissenschaftszweige sowie das dabei eingesetzte Recht lagen noch dicht beieinander.

Die zunehmende Spezialisierung der Wissenschaften im 18. und 19. Jahrhundert führte innerhalb der Staatswissenschaften zur Ausbildung einzelner Segmente innerhalb der Policey- und Kameraloder Finanzwissenschaften. Eines dieser Segmente war das Recht, das vom Policeyrecht zum Administrativrecht und von da zum Verwaltungsrecht mutierte.

Die Verfassungsbewegung und die Interessen der ökonomisch und politisch selbständiger werdenden Gesellschaft mündeten in den Ruf nach «Rechtsstaat». Konkret bedeutete dies, dass die Ver-

[101] Toshiyuki Ishikawa, Friedrich Franz von Mayer. Begründer der «juristischen Methode» im deutschen Verwaltungsrecht, Berlin 1992.
[102] Walter Pauly, Verwaltungsakt, in: HRG V (1998), 875–877; Markus Engert, Die historische Entwicklung des Rechtsinstituts Verwaltungsakt, Frankfurt 2002.

waltung nach Regeln des Rechts zu handeln habe und dass sie insoweit von Gerichten zu kontrollieren sei. In Deutschland entschied man sich nach längerer Debatte ab 1863 für spezielle, auf das öffentliche Recht spezialisierte Gerichte, die Verwaltungsgerichte.

Die allmähliche Ausbildung eines materiellen Verwaltungsrechts und die Verwaltungsgerichtsbarkeit verstärkten sich wechselseitig. Auch die Universitäten begannen etwa zwischen 1865 und 1885 mit Vorlesungen zum Verwaltungsrecht, und es wurden Lehrbücher geschrieben. Die Autoren fügten das Verwaltungsrecht zunächst dem Staatsrecht in einem zweiten Band als «Staatsverwaltungsrecht» an, gliederten den Stoff additiv nach dem Ressortprinzip und boten so einen Überblick, welcher der Ordnung der Ministerien folgte.

Je mehr der Stoff anwuchs, desto dringender wurde das Bedürfnis, das Material durch Herausarbeitung der verbindenden juristischen Elemente und dogmatischen Grundfiguren zu strukturieren, und zwar quer zu den Ressorts. Auf diese Weise bildete sich langsam ein vor die Klammer gezogener Allgemeiner Teil des Verwaltungsrechts. Sein ideeller Hintergrund sind die Hinwendung zum Rechtspositivismus, zum «streng juristischen» Verfahren, die Vorbildwirkung des Zivilrechts und die nach 1850 einsetzende Entpolitisierung.

Die Folge dieser Herauspräparierung des rechtlichen Elements aus der Verwaltung war allerdings, dass in doppelter Richtung Verbindungsfäden abgeschnitten wurden, einmal zu den nichtjuristischen Disziplinen der «Polizeiwissenschaft», die nun den Namen «Verwaltungslehre» annahm, aber auch um der Eigenständigkeit der Disziplin willen zum Verfassungsrecht, aus dem damals nur die Postulate des Rechtsstaats und der Gewaltenteilung gewonnen werden konnten.

2. Wichtige Autoren

Die einzelnen Stationen dieses Prozesses sind inzwischen gut erforscht. Hervorgehoben sei nur der später fast vergessene Pionier Friedrich Franz von Mayer, der 1857 die Verwaltungsrechtsnormen von Preußen, Bayern und Württemberg verglich, um zu gemeinsamen «Grundsätzen» zu kommen[103]. Er tat dies gleichzeitig mit dem Erscheinen der zweiten Auflage von Gabriel Dufours «Traité général de droit administratif» in sieben Bänden (1854–1857), der freilich einem zentralistischen Muster folgte, auf das man im staatsrechtlich zersplitterten Deutschland nur mit Bewunderung blicken konnte. Erstmals erschien dann 1870 ein knappes, historisch und rechtsvergleichend orientiertes «Verwaltungsrecht»[104], 1875 forderte der Jenaer Öffentlichrechtler Georg Meyer die Trennung von Verwaltungslehre und Verwaltungsrecht und empfahl «die juristische Durchdringung des Stoffs und eine rechtswissenschaftliche Konstruktion der verwaltungsrechtlichen Institute»[105]. 1881 wurde das Fach Verwaltungsrecht an preußischen Universitäten verbindlich eingeführt, und nun entstanden in dichter Folge Gesamtdarstellungen von Georg Meyer (1883), Otto Sarwey (1884), Edgar Loening (1884) und Karl Stengel (1886). Die Autoren waren sich einig in der stärkeren Ausrichtung auf das juristische Element, unterschieden sich aber darin, wie weit man sich von der überlieferten staatswissenschaftlichen Darstellung lösen müsse und welchen praktischen Wert die im Zivilrecht praktizierte «konstruktive Methode» im Verwaltungsrecht habe[106].

In der immanenten Logik dieser Entwicklung lag es, wenn der Straßburger Professor Otto Mayer, der 1886 eine «Theorie des französischen Verwaltungsrechts» veröffentlicht hatte, sich nun der parallelen Aufgabe für Deutschland annahm.

Was sein Fakultätskollege Paul Laband für das Reichsstaatsrecht geleistet hatte, so sein Gedanke, könnte auch für das Verwal-

[103] Friedrich Franz v. Mayer, Grundzüge des Verwaltungs-Rechts und -Rechtsverfahrens, 1857; ders., Grundsätze des Verwaltungs-Rechts: mit besonderer Berücksichtigung auf gemeinsames deutsches Recht, sowie auf neuere Gesetzgebung und bemerkenswerthe Entscheidungen der obersten Behörden zunächst der Königreiche Preußen, Baiern und Württemberg, 1862. Zu ihm Ishikawa (Anm. 101).
[104] Ernst von Meier, Das Verwaltungsrecht, in: Franz von Holtzendorff (Hg.), Encyklopädie der Rechtswissenschaft, Leipzig 1870, 693–746.
[105] Georg Meyer, Das Studium des öffentlichen Rechts und der Staatswissenschaften in Deutschland, 1875.
[106] Edgar Loening, Die konstruktive Methode auf dem Gebiete des Verwaltungsrechts, in: Schmollers Jahrbuch, Bd. 11 (1888), 117–145.

tungsrecht gelingen, wenn man die französischen (und italieni-schen)[107] Vorbilder konstruktiv umsetzte. Otto Mayer kannte sich in der Verwaltungspraxis gut aus, er formulierte direkt und griffig, vor allem arbeitete er abstrahierend die immer wiederkehrenden Grundfiguren heraus. An die Spitze stellte er den Verwaltungsakt, den rechtsgestaltenden staatlichen Befehl, der dem Bürger sagen soll, «was für ihn rechtens ist». Ebenso elementar erschienen ihm die Unterscheidungen von Gemeingebrauch und Sondernutzung, von allgemeinem und besonderem Gewaltverhältnis, von Körper-schaft, Stiftung und Anstalt, von Steuer, Gebühr und Beitrag. Er-folglos war Mayer dagegen mit dem Versuch, ein eigenständiges öffentliches Eigentum zu etablieren, ebenso mit seinem Widerstand gegen den öffentlichrechtlichen Vertrag, weil er meinte, der Staat solle mit dem Bürger nicht «paktieren». Aber insgesamt war er so erfolgreich, dass man noch in den siebziger Jahren des 20. Jahr-hunderts darüber debattierte, wie weit man sich von seinem Kon-zept entfernen solle[108]. Auf seine Zeitgenossen Karl Kormann, Paul Schoen, Walter Jellinek, Richard Thoma, Ottmar Bühler, Otto Koellreutter und andere hat er großen Einfluss ausgeübt. Über den Schweizer Fritz Fleiner oder den Schweden Carl-Axel Reuterskjöld strahlte er ins Ausland aus.

Trotz dieser Anerkennung gab es auch Einwendungen, etwa ge-gen die Hinausweisung der Geschichte und der Verwaltungslehre, gegen die einseitig hoheitliche Sicht, die nur den Befehlsempfänger «Untertan», nicht aber den Bürger wahrnahm, und gegen den Glauben an die Begriffsjurisprudenz generell. Letzteres traf gleich-zeitig auch die Zivilrechtswissenschaft, seitdem dort Jhering den «Zweck im Recht» ins Zentrum gerückt hatte, seit die «Frei-rechtsschule» aufgetreten war und die «Interessenjurisprudenz» an Anhängern gewann. Hinter diesen Bewegungen stand die sich durchsetzende industrielle Massengesellschaft mit ganz neuen Machtverhältnissen und Abhängigkeiten. Arbeitsrecht, Sozialrecht,

[107] Vittorio E. Orlando, Principi di diritto amministrativo, Florenz 1891; ders., Primo trattato completo di diritto amministrativo italiano, Mailand 1897.
[108] Otto Bachof – Winfried Brohm, Die Dogmatik des Verwaltungsrechts vor den Gegenwartsaufgaben der Verwaltung, in: Veröffentlichungen der Vereini-gung der Deutschen Staatsrechtslehrer 30 (1972), 193 ff.

Verbänderecht, Gesellschaftsrecht, Industrie- und Technikrecht drängten nach vorne, sodass es immer dringender schien, die von den Realitäten scheinbar weit entfernte «Konstruktionsjurisprudenz» wieder mit der geschichtlichen, ökonomischen und politischen Dynamik zu verbinden. Aber diese Tendenzen erschütterten das gerade errichtete Gebäude des Verwaltungsrechts nicht prinzipiell, jedenfalls nicht vor dem Ausbruch des Ersten Weltkriegs.

Der 1. August 1914 bildete die eigentliche Zäsur. Nicht nur die «gute alte Zeit» war zu Ende, auch die Epoche des klassischen Völkerrechts, das gerade noch in den Haager Friedenskonferenzen von 1899 und 1907 einen Triumph gefeiert hatte. Der Krieg überschritt die mühsam erreichten Begrenzungen, wurde ein Krieg der Propaganda, der Volkswirtschaften und der Waffentechnik. Das schon am 4. August 1914 erlassene Ermächtigungsgesetz führte zu einer kommissarischen Zivil- und Militärdiktatur, die das Land mit insgesamt 825 Bundesratsverordnungen regierte, während die parlamentarische Gesetzgebung an Bedeutung verlor – ebenso wie der Monarch selbst. Das Land wurde von detailliertem Kriegsverwaltungsrecht überzogen, das die Unterscheidung zwischen Privatrecht und öffentlichem Recht nahezu unkenntlich machte. Was sich seit den achtziger Jahren des 19. Jahrhunderts angebahnt hatte, ereignete sich nun in der Hochdruckatmosphäre des Kriegs mit größter Geschwindigkeit. Die bürgerliche Klassengesellschaft mutierte zur industriellen Massengesellschaft, und mit ihr das Staats- und Verwaltungsrecht.

Staats- und Verwaltungsrechtslehre sowie das Völkerrecht wurden durch den Krieg nicht nur mit einer Fülle von Problemen überschüttet, sie erfuhren auch einen erheblichen Zuwachs an praktischer Bedeutung. Der Übergang zum parlamentarischen System, die Abschaffung des preußischen Dreiklassenwahlrechts, die Gefährdungen des Rechtsstaats und der Selbstverwaltung durch das Kriegsnotrecht sowie die Vermehrung verwaltungsrechtlicher Normen waren wissenschaftlich zu verarbeiten. Die Kriegsereignisse selbst, vor allem der umstrittene U-Boot-Krieg samt der völkerrechtswidrigen Torpedierung des amerikanischen Schiffs Lusitania im Jahr 1915, machten den Mangel an institutionalisierter völkerrechtlicher Forschung und Beratung offenbar. Die wissenschaftsinternen Reaktionen der Weimarer Republik, etwa die stärkere Verankerung des Staats- und Verwaltungsrechts in der Ausbildung, die Vermehrung entsprechender Lehrstühle und die Schaffung völkerrechtlicher Institute in Kiel und Berlin, basierten weitgehend auf den Erfahrungen, die im Weltkrieg gemacht worden waren.

IX. Staats- und Verwaltungsrechtslehre
unter der Weimarer Verfassung

1. Im Aufbruch zur «Volkssouveränität»

Die Revolution von 1918 beendete die Epoche der konstitutionellen Monarchien des 19. Jahrhunderts und etablierte die Volkssouveränität als Legitimationsgrundlage des neuen Gemeinwesens. Dies geschah nahezu gleichzeitig auf den Ebenen des Reichs und der Länder. Alle Überlieferung stand zur Disposition, der Reichstag mit einem zu erneuernden Wahlrecht (erstmals auch für Frauen), der gegliederte Bundesstaat und die Vertretung der Länder auf Reichsebene, eine Einheits- oder Doppelspitze des Ganzen (Kanzler, Präsident), das landesherrliche Kirchenregiment[109], die Zuordnung von Beamtentum und Heer. Nach innen ging es um die Herstellung einer neuen «Einheit», nach außen um die Niederlage im Krieg und um den Versailler Vertrag. Gravierende innenpolitische Probleme auf der einen, eine nationale Demütigung durch Belastung mit «Kriegsschuld» und Reparationsforderungen auf der anderen Seite erschwerten den Übergang.

Dieser Übergang wurde andererseits aber auch dadurch erst möglich, dass Beamtentum, Justiz und Militär sich nicht gegen die Umstellung wehrten, sondern mehr oder weniger loyal mitarbeiteten. Die Staatspersönlichkeit des 1871 gegründeten Deutschen Reichs blieb erhalten, darüber herrschte Einigkeit, aber die Staatsform musste von Grund auf geändert werden. Das geschah nun im Prozess der Verfassungsgebung zwischen Winter 1918/19 und Sommer 1919, fern von Berlin, im klassischen Weimar; am 14. August trat die «Weimarer Reichsverfassung» in Kraft. Das von dem linksliberalen Staatsrechtler Hugo Preuß (1860–1925) ausgearbeitete erste Konzept geriet in die Mühlen der Interessen von Parteien

---

[109] Link (Anm. 4) § 26; Michael Stolleis, Kirchenregiment, landesherrliches, in: HRG, 2. Aufl. Bd. 2, Berlin 2012, 1826–1828.

und Ländern, insbesondere Preußens, das sich gegen eine Aufspaltung in mehrere Mittelstaaten wehrte. Aus dem geplanten Einheitsstaat wurde wieder ein föderativer Bundesstaat mit starkem preußischem Übergewicht, der Reichspräsident wurde «Ersatzkaiser», ausgestattet mit starken (und unbestimmt bleibenden) Notstandsbefugnissen, der Reichskanzler führte eine parlamentarisch verantwortliche Regierung, und vor allem war ein Katalog von Grundrechten und Grundpflichten – im Wesentlichen nach dem Vorbild der Frankfurter Paulskirchenverfassung von 1848 – geschaffen worden. Für die Arbeiterbewegung enthielt die Verfassung ein Sozialprogramm und eine Verheißung auf betriebliche Mitbestimmung, für die Kirchen gab es Autonomie, gewisse Vorrechte für die Volkskirchen und materielle Sicherungen. Insgesamt schien es ein akzeptabler Kompromiss, der freilich auch «dilatorische Formelkompromisse» umschloss.

Die Weimarer Verfassung war aber nur knappe zehn Jahre wirklich intakt. Nachdem sie die erste Krise von 1923 knapp überstanden hatte, endete 1929 die parlamentarische Regierungsweise und ging in ein Notstandsregime über, das im Zusammenspiel zwischen den Reichskanzlern (Brüning, v. Papen, v. Schleicher) und dem Reichspräsidenten funktionierte. Ihre wirklichen oder behaupteten Konstruktionsmängel wären unter günstigeren Bedingungen wohl behebbar gewesen. Auch die notwendige Reichsreform wäre vielleicht gelungen. Aber das Vertrauen in die parlamentarische Demokratie und in den Wirtschaftsliberalismus war politisch und intellektuell verbraucht. Die führenden Schichten optierten ebenso gegen das »System» wie die von extrem linken und rechten Positionen gleichermaßen angezogenen Massen.

2. Die Rolle der Staatsrechtslehre

Für die Staatsrechtslehre stellte sich mit der neuen Verfassung eine Fülle von Aufgaben. Die Professoren des öffentlichen Rechts hatten ihre Ausbildung während der Monarchie erhalten. Sie befürworteten einen starken, über den gesellschaftlichen Konflikten stehenden Staat, der auch überparteilich repräsentiert werden sollte.

Nach dem Ende der Monarchien kam hierfür nur ein direkt vom Volk gewählter Reichspräsident in Frage. Die Staatsrechtler beklagten das Eindringen der Parteien in die öffentliche Willensbildung außerhalb des Parlaments und bekräftigten den Art. 130 der neuen Verfassung, dem zufolge ein Beamter «Diener der Gesamtheit, nicht einer Partei» zu sein habe. Politisch bewegten sie sich zwischen «deutschnational» und «nationalliberal», während sozialdemokratische Orientierung oder Parteimitgliedschaft eine Seltenheit darstellten (Fritz Stier-Somlo, Hermann Heller, Ernst Fraenkel, in Österreich Hans Kelsen). Aber auch die konservative Mehrheit war überzeugt, es sei nun durch die «rechtsbegründende Kraft der Revolution» eine neue gültige Ordnung geschaffen worden. Sogar diejenigen, die über die «Novemberverbrecher» lästerten und sich im Hörsaal über die neuen Reichsfarben («schwarz-rot-senf») lustig machten, bestritten die Geltung der in der Weimarer Nationalversammlung beschlossenen Verfassung nicht. Die faktische Innehabung der Staatsgewalt, der formale Prozess der Einberufung einer Nationalversammlung und der Abschluss des Textes durch deren Entscheidung genügten, sobald die Anerkennung durch die Normunterworfenen hinzukam. Alle späteren Versuche, den geltenden Verfassungstext durch Berufung auf eine «wahre Verfassung» oder deren Geist zu relativieren, änderten daran nichts.

Die Autoren schrieben also auf der neuen Grundlage ihre ersten Lehrbücher und Kommentare. Unter letzteren ragte nach kurzer Zeit der Kommentar des Heidelberger Staatsrechtlers Gerhard Anschütz (1867–1948) zur Reichsverfassung heraus.

Er erschien bis 1933 in vierzehn Auflagen und erlangte hohe Autorität[110]. Anschütz verteidigte Verfassung und Republik gegen die ab 1926 immer lauter werdenden antipositivistischen Stimmen. Er und sein früherer Heidelberger Kollege Richard Thoma, ebenfalls ein überzeugter Anhänger der parlamentarischen Demokra-

---

[110] Gerhard Anschütz, Die Verfassung des Deutschen Reichs vom 11. August 1919, 14. Aufl. Berlin 1933 (Nachdruck Darmstadt 1960). – Hierzu auch ders., Aus meinem Leben, hg. u. eingeleitet von Walter Pauly, Frankfurt 1993.

tie[111], versammelten 1930/1932 noch einmal das gesamte Staatsrecht der Weimarer Republik in zwei Bänden eines «Handbuch des Deutschen Staatsrechts»[112]. Nimmt man das von dem Arbeitsrechtler Hans Carl Nipperdey (1895–1968) initiierte Kommentarwerk «Die Grundrechte und Grundpflichten der Reichsverfassung» hinzu[113], dann hat man die Summe der Äußerungen zum positiven Staats- und Verfassungsrecht der Weimarer Epoche beisammen.

3. Versailles und innere Einheit

In der Innenpolitik und im Völkerrecht stand der Komplex «Versailles» im Zentrum. Dieser Vertrag, ein gezielt demütigendes «Diktat» der Sieger, wühlte alle Gemüter auf. Er schloss Deutschland aus dem neu geschaffenen Völkerbund aus, schrieb die territorialen Veränderungen an den Grenzen zu Belgien, Frankreich, Dänemark, Polen und der Tschechoslowakei fest und verbot den Anschluss Österreichs. Die Kolonien wurden dem Völkerbund unterstellt, Deutschland demilitarisiert und mit Reparationen in unbestimmter Höhe belegt. Vor allem legte Art. 231 die «Kriegsschuld» fest. Die deutschen und österreichischen Völkerrechtler, die sich seit 1917 in einer eigenen Gesellschaft organisiert hatten und nun über zwei Forschungsinstitute verfügten (Kiel, Berlin), kommentierten den Versailler Vertrag, publizierten Dokumente, behandelten die zahlreichen territorialen Fragen, die Volksabstimmungen, den Minderheitenschutz und die Reparationen. Die dabei verfolgte Grundlinie lautete, dass alles zu tun sei, die eigenen Positionen zu stärken und die internationale Ächtung, die sich auch wissenschaftlich auswirkte, wieder zu überwinden. Innerhalb dieses Konsenses reichten die Positionen von «deutschnational» (Axel von Freytagh-Loringhoven, Erich Kaufmann, Heinrich Triepel) bis

---

[111] Richard Thoma, Rechtsstaat – Demokratie – Grundrechte, hg. u. eingeleitet von Horst Dreier, Tübingen 2008.
[112] Gerhard Anschütz – Richard Thoma (Hg.), Handbuch des Deutschen Staatsrechts, Bd. 1, Tübingen 1930, Bd. 2 Tübingen 1932. Nachdruck mit einer Einführung von Walter Pauly, Tübingen 1998.
[113] Drei Bände, Berlin 1929/30, Nachdruck Kronberg 1975.

zu «pazifistisch» (Walther Schücking, Hans Wehberg), aber mit starkem Übergewicht der nationalistischen Töne – wie in der gesamten Gesellschaft der Zwischenkriegszeit.

Im Staatsrecht ging es weniger um die territoriale Einheit; denn Deutschland war trotz der Gebietsverluste nicht zerteilt worden wie nach 1945. Es ging vielmehr um die innere Einheit. Schon die Gewichtverteilung zwischen Reich und Ländern hatte sich im Vergleich zur Verfassung von 1871 zugunsten des Reichs verschoben, ohne dass ein Einheitsstaat entstanden oder der mächtige Block Preußen aufgelöst worden wäre. Aber es gab die beunruhigenden separatistischen Bewegungen im Rheinland und in der Pfalz, den Hitler-Putsch in Bayern, einen Konflikt mit Thüringen, schließlich am 20. Juli 1932 die zwangsweise Absetzung der preußischen Regierung durch den Reichskanzler Franz von Papen, den verfassungswidrigen so genannten Preußen-Schlag, mit dem bereits der Boden für die Machtübergabe an die Nationalsozialisten vorbereitet wurde[114]. Zu allen diesen Vorgängen hat die Staatsrechtslehre ihre Stimme erhoben, auch mahnend und ausgleichend, aber ohne entscheidendes Gewicht zu erlangen. Im Prozess vor dem Staatsgerichtshof standen sich nicht nur die Reichsregierung und Preußen gegenüber, sondern auch die Fronten der Staatsrechtslehrer, auf der Seite des Reichs etwa Carl Schmitt, Erwin Jacobi und Carl Bilfinger, auf der Seite Preußens Arnold Brecht, Gerhard Anschütz und Hermann Heller.

Die «innere Einheit» der jungen Republik war das noch dringendere Problem. Die Gesellschaft fühlte sich zerrissen und orientierungslos. Die Arbeiterbewegung hatte sich mit Kriegsausbruch gespalten, und nun regierte die Sozialdemokratie im Reich und in Preußen, während die Kommunisten (USPD, KPD) den Klassenkampf beschworen. Das Bürgertum, materiell geschwächt durch die Inflation von 1923, fürchtete den Extremismus von links und rechts, aber auch die Auflösung der staatlichen Substanz durch die neue Macht der Parteien und Verbände. Die Instabilität der Kabi-

---

[114] Die klassische Studie hierzu stammt von Karl Dietrich Bracher, Die Auflösung der Weimarer Republik. Eine Studie zum Problem des Machtverfalls in der Demokratie, Stuttgart 1955 (zahlr. weitere Auflagen).

nette zerstörte das Vertrauen in die Handlungsfähigkeit der Regierungen und des Reichstags. «Die Staatsgewalt geht vom Volke aus», sagte die Verfassung in klassischer Schlichtheit (Art. 1 S. 2 WRV), aber die Rückbindung an die Volkssouveränität verzweigte sich mehrfach. Der Reichspräsident, vom «ganzen deutschen Volke gewählt» (Art. 41 Abs. 1 WRV), hatte seine eigene Legitimation und diktatorische Rechte für den Krisenfall (Art. 48 WRV). Die Abgeordneten des Reichstags waren «Vertreter des ganzen Volkes» (Art. 21 S. 1 WRV). Die Mitglieder des Reichsrats waren indirekt durch Wahlen in den Ländern legitimiert (Art. 63 S. 1 WRV). Neben dem Reichstag gab es mehrere Wege des «Volksentscheids» über ein Gesetz (Art. 73 WRV). Auch die Landesregierungen, ihrerseits durch Wahlen legitimiert, konnten im Krisenfall zu diktatorischen Maßnahmen greifen (Art. 48 Abs. 4 WRV). Insgesamt fanden sich also viele Möglichkeiten, Staatsgewalt auszuüben, ohne dass diese in sinnfälliger Weise auf den Willen der Staatsbürger zurückgeführt werden konnten. Staat und Gesellschaft waren nicht hinreichend aufeinander bezogen. Für das notwendig langsame Wachstum von Vertrauen in die Funktionsfähigkeit demokratischer Einrichtungen waren die historischen Reserven zu schwach. Als 1932 die Präsidialdiktaturen einsetzten, waren die Chancen für die Herstellung der «inneren Einheit» bereits verspielt.

X. Methodenstreit und Allgemeine Staatslehren

1. Erschütterung der Fundamente

Die schweren Krisen der Weimarer Republik werden durch die Jahre 1923 und 1929 bezeichnet. Inflation, Hitler-Putsch und Rheinlandkrise prägten das Jahr 1923. In den Jahren 1929 bis 1932 folgten die Weltwirtschaftskrise, die Blockierung des parlamentarischen Systems und der Staatsstreich der Reichsregierung gegen Preußen. Die Staatsrechtslehre war entsprechend erschüttert und suchte nach neuen theoretischen Fundamenten. Was war es, was den Staat zusammenhielt, wohin sollte die Entwicklung gehen? Es war eine Debatte um die politische Lebensform. Sie wurde mit Leidenschaft und existenziellem Ernst geführt[115].

Schon vor 1914 hatten sich Stimmen erhoben, die den herrschenden staatsrechtlichen Positivismus unbefriedigend fanden. Kritisiert wurde die formelle Ausschließung der politischen, ökonomischen und historischen Elemente, die man lieber offen integriert als durch methodische Hintertürchen hereinkommen sah. Auch Verfassungsgewohnheitsrecht und «stiller Verfassungswandel» schienen vom Rechtspositivismus schwer greifbar. Aber es war mehr als dies. Die nun intensiv spürbare Industrie- und Massengesellschaft änderte die gesamte Lage, politisch und wirtschaftlich, aber auch in den Geisteswissenschaften.

---

[115] Rudolf Smend, Die Vereinigung der Staatsrechtslehrer und der Richtungsstreit, in: Festschrift Ulrich Scheuner, Berlin 1973, 575–598; Manfred Friederich, Der Methoden- und Richtungsstreit. Zur Grundlagendiskussion der Weimarer Staatsrechtslehre, in: AöR 102 (1977), 161–209; Klaus Rennert, Die «geisteswissenschaftliche Richtung» in der Staatsrechtslehre der Weimarer Republik: Untersuchungen zu Erich Kaufmann, Günther Holstein und Rudolf Smend, Berlin 1987; Dian Schefold, Geisteswissenschaften und Staatsrechtslehre zwischen Weimar und Bonn (1998), in: ders., Bewahrung der Demokratie. Ausgewählte Aufsätze, Berlin 2012, 175–205.

In der Philosophie bestand der Neukantianismus der Jahrhundertwende zwar fort, war aber längst von verschiedenen neuen Schulen überlagert (Phänomenologie, materiale Wertethik, Existenzialphilosophie). Die Soziologie und die Rechtssoziologie entstanden durch ihre berühmten Gründungsväter (Max Weber, Georg Simmel, Ferdinand Tönnies, Werner Sombart, Eugen Ehrlich). Die Wissenschaft von der Politik, die im 19. Jahrhundert fast untergegangen war, erlebte eine neue Gründungsepoche. Die Geschichtswissenschaft hatte ihren «Historikerstreit» (Karl Lamprecht), in dem eine neue Sozialgeschichte die klassische Politik- und Ideengeschichte zu verdrängen suchte. Der Historismus des 19. Jahrhunderts stieß an seine Grenzen. Daneben flackerte allerlei Halbseriöses und Prophetisches. Oswald Spenglers «Der Untergang des Abendlandes» (1919) verbreitete eine gierig aufgenommene depressive Grundstimmung. Parallel hierzu fanden die «Grundlagen des XIX. Jahrhunderts» (1899) des germanophilen und antisemitischen Engländers Houston Stewart Chamberlain (1855–1927) weiteste Aufnahme. Es war die Zeit selbsternannter Propheten und Welterlöser, der Gründung von Landkommunen, von politischen Kampfverbänden und revolutionären Gemeinschaften an den Rändern der Politik, aber ebenso die Zeit von Schul- und Sozialreformen, von Pan-Europa-Bewegung und Pazifismus.

Innerhalb der Staatsrechtslehre, die sich nun nach dem Ersten Weltkrieg auf diesem Feld zu orientieren hatte, bildeten sich mehrere Gruppen heraus, zusammengehalten durch Generationserfahrungen und politische Überzeugungen. Die Mehrheit der in der Weimarer Republik tätigen Staats- und Verwaltungsrechtler war in der «guten alten Zeit» vor 1914 aufgewachsen und übertrug nun die klassische «juristische Methode» auf die neue Verfassung. Sie legte um der Wissenschaftlichkeit des eigenen Fachs willen Wert darauf, das Staatsrecht mit seiner eigenen Begrifflichkeit systematisch und kohärent zu entwickeln. Ihre Vertreter wollten pointiert «streng juristisch», nicht als Politiker, Ethiker oder Moralisten, Ökonomen oder Soziologen argumentieren. Sie waren «Rechtspositivisten», und soweit sie sich auch politisch mit der herrschenden Richtung der Kaiserzeit einig fühlten, waren sie «Gesetzespositivisten», die das geltende Recht aus der Hand des Gesetzgebers entgegennahmen und sich auf diesen Stoff beschränkten. Dieser Positivismus war keineswegs unpolitisch, aber seine Grundlagen entstammten der relativ entspannten Atmosphäre des ausgehenden 19. Jahrhunderts. Viele Professoren hätten vielleicht den Fortbestand der konstitutionellen Monarchie mit voller Parlamentarisierung als die organischere Entwicklung des Staatslebens vorgezogen, etwa wie in den Niederlanden, in Skandinavien und England, aber sie sahen ein, dass die Legitimitätsreserven für solche Lösungen nach der Revolution von 1918 verbraucht waren. Die (meist süddeutschen) Liberalen unter ihnen stellten sich deshalb auf einen «Verfassungspositivismus» unter der Weimarer Verfassung um. Unter diesen Gelehrten finden sich besonders eifrige Kommentatoren des geltenden Rechts (Gerhard Anschütz, Richard Thoma, Walter Jellinek, Fritz Stier-Somlo, Karl Rothenbücher, Friedrich Giese), aber auch Vertreter der neuen Teildisziplinen des Wirtschafts-, Arbeits-, Sozial- und Steuerrechts. Allesamt waren sie loyale Anhänger der republikanisch-parlamentarischen Demokratie, was eine nationale Gesinnung keineswegs ausschloss.

Im methodischen Sinn waren Positivisten oft auch jene, die sich politisch am äußersten rechten Rand aufhielten. Sie missbilligten zwar als Nationalisten die Republik und riefen gegen sie eine «höhere Gerechtigkeit» an, aber die positivistische Erziehung und das tief verankerte Vertrauen zum Staat wirkten doch so stark, dass sie für die Tagesarbeit die Bindungswirkung nicht in Frage stellten. Dies gilt etwa für die drei konservativen Staatsrechtler, die mit der Republik wegen ihrer kritischen Äußerungen in Konflikt gerieten (Hans Helfritz, Axel Freiherr von Freytagh-Loringhoven, Fritz Freiherr Marschall von Bieberstein).

2. Wiener Schule

Der tradierte Rechtspositivismus des 19. Jahrhunderts war aber nicht nur der Zeit vor 1914 verpflichtet, er wies auch theoretische Inkonsistenzen auf. Diese aufgedeckt und in einem imponierenden System bearbeitet zu haben, ist das Verdienst des Wiener Rechtstheoretikers und Staatsrechtlers Hans Kelsen (1881–1973). Seit er mit seinem Buch «Hauptprobleme der Staatsrechtslehre, entwickelt aus der Lehre vom Rechtssatze» (1911) hervorgetreten war, riss die Debatte um seine Thesen nicht mehr ab. Innerhalb weniger Jahre erschienen aus seinem Kreis Bücher und Broschüren, Aufsätze und eingehende Rezensionen, Gegenschriften und Gegenrezensionen, vielfach in der von ihm geleiteten «Zeitschrift für öffentliches Recht». Staatsrecht, Verwaltungsrecht und Völkerrecht – Letzteres vor allem durch Alfred Verdross – erschienen nun in gänzlich neuer Beleuchtung als geschlossene Normordnung, die durch ihren «Stufenbau» gegliedert war (Adolf Merkl) und an der Spitze durch eine vielfach diskutierte hypothetische «Grundnorm» zusammengehalten sein sollte[116].

Die Bestrebungen, die theoretischen Fundamente für eine methodisch «reine» Rechtswissenschaft zu legen, kulminierten nicht zufällig in Wien. Diese von Begabungen aller Art überquellende Stadt am Schnittpunkt zwischen Mitteleuropa und Südosteuropa brachte «Schulen» der Nationalökonomie und der Kunstgeschichte, der bildenden Kunst und Musik, der Psychoanalyse und Philosophie hervor[117]. Der Kreis um Kelsen, Merkl und Verdross verfolgte eine ähnliche Grundlinie wie der «Wiener Kreis» der Philosophie um Moritz Schlick, Otto Neurath und Rudolf Carnap, an dessen Rand auch Ludwig Wittgenstein und Karl R. Popper arbeiteten – Empiriker, Logiker, Mathematiker, Sprachphilosophen und Wissenschaftstheoretiker, die bei aller Unterschiedlichkeit doch gemeinsam wissenschaftliche Grundlagen des Denkens und der Welterfassung ohne Ontologien und ohne Metaphysik suchten[118].

---

[116] Horst Dreier, Rechtslehre, Staatssoziologie und Demokratietheorie bei Hans Kelsen, Baden-Baden 1986, 2. Aufl. 1990; Stanley L. Paulson – Michael Stolleis (Hg.), Hans Kelsen, Staatsrechtslehrer und Rechtstheoretiker des 20. Jahrhunderts, Tübingen 2005; Matthias Jestaedt – Oliver Lepsius (Hg.), Hans Kelsen. Verteidigung der Demokratie, Tübingen 2006.
[117] Allan Janik – Stephen Toulmin, Wittgenstein's Vienna, New York 1973 (dt. München – Wien 1984, 1987).
[118] Zur ersten Information siehe Manfred Geier, Der Wiener Kreis, Reinbek 1992.

Wien war auch deshalb ein Ort des konsequent durchdachten Rechtspositivismus, weil es dort eine an Staat und Gesetz orientierte positivistische Tradition der österreichischen Juristenausbildung und des Berufsbeamtentums gab. Der habsburgische Vielvölkerstaat wurde durch seine Rechtsordnung und seine Verwaltung zusammengehalten. Das inspirierte auf der einen Seite die Entwicklung der Rechtssoziologie, also die Untersuchung der faktischen Entstehung und Durchsetzung von Rechtsnormen (Eugen Ehrlich), führte aber auf der anderen Seite gerade zum Ziel einer von Kausalwissenschaften wie von Metaphysik befreiten «rein» normativen Ordnung, um auch für die Rechtswissenschaft den Rang einer Wissenschaft beanspruchen zu können. Das hieß: Rechtswissenschaft sollte nicht nur im methodischen Sinn nach Reinheit und logischer Kohärenz ihrer Prämissen streben, sondern gleichermaßen unerreichbar sein für nationalistische Ideologien des Vielvölkerreichs wie für die von der Kirche verwalteten moralischen und theologischen, kurz: metaphysischen Argumente. Für eine Gelehrtenschicht, die oft jüdischer Herkunft war und demgemäß für Demokratie, Freiheitsrechte, Emanzipation und sozialen Ausgleich zu optieren pflegte, war «Wissenschaftlichkeit» auch die geeignete Plattform gegen den in Österreich längst virulenten Antisemitismus und den hierzu teilweise parallelen Klerikalismus.

Abgesehen vom spezifisch österreichischen Umfeld drückte sich im Aufstieg der Reinen Rechtslehre aber auch eine allgemeine Verschiebung der Lage aus. Die glänzenden Erfolge der Naturwissenschaften verstärkten den Druck auf die pragmatisch und eklektisch verfahrende Rechtswissenschaft. Die Reine Rechtslehre war eine radikale Aufforderung an den tradierten Positivismus, den Synkretismus der Methoden zugunsten eines einheitlichen Erkenntnissystems aufzugeben und sich präziserer Instrumente zu bedienen. Dass damit auch eingeschleppte politische und moralische Vorgaben ausgeschlossen werden konnten, schien nur erwünscht. Die Vorwürfe gegen die Reine Rechtslehre lauteten stereotyp, sie gehe am Leben vorbei, biete nur leere Abstraktion und keinen sittlichen Halt, sie verkenne das Wesen des Rechts. Ganz offen wurde sie aber auch politisch getadelt, von rechts und links gleichermaßen. Erich Kaufmann erklärte in seiner philosophischen Polemik von 1921,

Kelsens dicke Bücher brauche man eigentlich gar nicht zu lesen, und die neukantische Rechtstheorie sei ungeeignet, «das gefährliche materialistische und utopische Gift des Marxismus zu paralysieren»[119]. Vier Jahrzehnte später hörte man analog aus der DDR, die Reine Rechtslehre sei gerade wegen ihrer «Leere» eine Verhüllungsideologie bürgerlicher Interessen[120].

3. Der Methoden- oder Richtungsstreit

Die Reine Rechtslehre war eine radikale und scharfsinnige Antwort, aber sie entsprach nicht dem in Deutschland vorherrschenden seelischen Bedürfnis nach metaphysischer Verankerung, nach einer Zusammenführung von Recht und Moral, nach Überwindung der Trennung von Sein und Sollen. In der Tat beantwortete die Reine Rechtslehre als Rechtstheorie gerade nicht die vitalen Orientierungsprobleme der Zeit. Die deutsche Staatsrechtslehre verlangte nicht nach Steigerung ihrer «Wissenschaftlichkeit», sondern nach einem inneren Halt in turbulenter Zeit. Diesen Halt konnte nur ein Wertsystem bieten, wie es sich etwa im Zweiten Hauptteil der Weimarer Verfassung in den Grundrechten und Grundpflichten abzeichnete. Obwohl dessen Aussagen kompromisshaft und inkonsistent waren, boten doch die Grundrechte nun einen neuen Ansatzpunkt. Etwa ab 1925 fanden sie erstmals intensive Beachtung, man begann sie zu systematisieren und zu einem Wertsystem auszubauen[121]. An dieses Wertsystem sollte nun auch der Gesetzgeber gebunden sein – damals ein ganz neuartiger Gedanke, heute geltendes Verfassungsrecht (Art. 1 Abs. 3 GG).

[119] Erich Kaufmann, Kritik der neukantischen Rechtsphilosophie – eine Betrachtung über die Beziehungen zwischen Philosophie und Rechtswissenschaft (1921), in: ders., Gesammelte Schriften Bd. III, Göttingen 1960, 176 ff., 193 f., 242.
[120] Hermann Klenner, Rechtsleere. Verurteilung der Reinen Rechtslehre, Berlin (und Frankfurt) 1972.
[121] Carl Schmitt, Inhalt und Bedeutung des zweiten Hauptteils der Reichsverfassung, in: Gerhard Anschütz – Richard Thoma (Hg.), Handbuch des Deutschen Staatsrechts Bd. 2, Tübingen 1932, § 101.

Setzten die einen also auf strikte Trennung von Sein und Sollen, Recht und Moral, um eine rechtstheoretisch «reine» Bearbeitung der Rechtsnormen zu ermöglichen, setzten die anderen gerade umgekehrt auf «Werte», auf eine den einfachen Verfassungstext übersteigende «eigentliche Verfassung» sowie auf engen Kontakt des Verfassungsrechts mit den Sozialwissenschaften. So waren die Frontlinien für den heraufziehenden Methodenstreit schon früh erkennbar.

Der staatsrechtliche, berühmt gewordene «Methodenstreit» war äußerlich unscheinbar. Er findet sich in den Referaten auf den Tagungen der Vereinigung der Deutschen Staatsrechtslehrer von 1925 bis 1929 samt den Diskussionen sowie in einigen begleitenden Aufsätzen[122]. Dort wurde vordergründig darüber gestritten, ob man zur Interpretation des Verfassungstextes bei der tradierten «juristischen Methode» (eventuell in einer durch die Wiener Schule verschärften Form) bleiben solle oder ob man sich der «geisteswissenschaftlichen Methode» bedienen dürfe. Letztere orientierte sich an der von Schleiermacher bis Dilthey reichenden Traditionslinie hermeneutischen Verstehens, welche die Einbeziehung des gesellschaftlichen Kontextes mit entsprechenden «Sinnvarianzen» zur Voraussetzung hatte. Dahinter standen unterschiedliche Staatsbilder und politische Optionen.

Auf der Tagung in Münster von 1926 trafen mit Erich Kaufmann und Hans Nawiasky die antipositivistische und die positivistische Richtung in aller Schärfe aufeinander. Das lag sowohl am Thema (Der allgemeine Gleichheitssatz, Art. 109 WRV) als auch an den extrem kontrastierenden Referenten. Den Hintergrund bildeten die Erfahrung der Inflation und die bisher verneinte Frage, ob auch die Gesetzgebung an den Gleichheitssatz gebunden sei. War sie es, dann konnte nahezu jedes sozialpolitisch relevante Gesetz als «gleichheitswidrig» gerügt werden. Eine erneute Konfrontation der methodischen Auffassungen ereignete sich, als 1927 über die Reichweite des Grundrechts der Meinungsfreiheit (Art. 118 Abs. 1 WRV) diskutiert wurde. Karl Rothenbücher vertrat einen etatistisch-posi-

---

[122] Rudolf Smend, Die Vereinigung der Deutschen Staatsrechtslehrer und der Richtungsstreit, in: Festschrift für Ulrich Scheuner, Berlin 1973, 575–589.

tivistischen Standpunkt, während Rudolf Smend das Grundrecht als Teil eines überindividuellen Bestands von Kulturwerten verstand und dadurch den Vorrang der «allgemeinen Gesetze», denen auch dieses Grundrecht unterliegen sollte, im Lichte des zu schützenden Wertes relativierte. Die eine Fraktion der Staatsrechtslehrer stimmte Smend emphatisch zu, die andere kritisierte die Verflüssigung der gesetzlichen Schranken.

Schließlich trafen sich die Kontrahenten 1928 in Wien bei der Debatte um Nutzen und Zukunft der Verfassungsgerichtsbarkeit. Es referierten Heinrich Triepel und Hans Kelsen. Triepel betonte das dialektische Ineinander von Recht und Politik, bestritt, dass Politik völlig verrechtlicht werden könne, und setzte sich für eine von der normalen Gerichtsbarkeit in Verfahren und Charakter unterschiedene Verfassungsgerichtsbarkeit ein. Letzteres tat auch Kelsen, aber in einem ganz anderen Sinn. Er insistierte auf dem Rechtscharakter der Verfassung und sah die Hauptaufgabe der Verfassungsgerichtsbarkeit in der Kassation verfassungswidriger Hoheitsakte unter Einschluss von Gesetzen. Nach seinen österreichischen Erfahrungen war die Arbeit eines unabhängigen, von parteipolitischen Einflüssen weitgehend freien Gerichts möglich und wünschenswert. Der Gegensatz zu Triepel lag für ihn im Verfassungsbegriff. Die Differenz erschien ihm als solche der Weltanschauung, also mit wissenschaftlichen Mitteln nicht auflösbar. Das Gleiche galt umgekehrt für Hermann Heller, der sich in einem «metaphysisch-ethischen Gegensatz» zu Kelsen sah, weil, wie er sagte, die Reine Rechtslehre mit ihrem «formalistischen und rationalistischen Sekuritätsideal das Politische nicht zu ertragen vermag». Für Kelsen wiederum waren die Triepel-Smendschen Formeln der Integration pure Metaphysik, ein Gegenstand der «Theologie». Der Antagonismus von Politik und Recht, wie ihn Carl Schmitt verstand, aber auch in der dialektischen Formulierung Triepels, war für ihn inakzeptabel.

Das äußere Ende des Methodenstreits wird durch das Referat von Gerhard Leibholz zum Wahlrecht auf der Tagung von 1931 markiert. Es zeigt, welch resignative, ja apokalyptische Stimmung sich schon verbreitet hatte. Im Grunde war es bereits ein Epilog. Wie die meisten bürgerlichen Gelehrten, die sich nicht dem völkischen Irrationalismus und Kollektivismus in die Arme werfen wollten, sah Leibholz keinen gangbaren Ausweg. So kann man darin, dass die Tagung von 1932 abgesagt wurde, dass man 1933 auf eine Tagung ganz verzichtete und die Tätigkeit der Vereinigung der Staatsrechtslehrer ebenso einstellte wie die Tagungen der Völkerrechtler, ein verstummendes Zurückweichen sehen. Die Kommunikation war zu Ende. Die «Kluft des Nichtverstehens der Problematik und der Terminologie der einen Gruppe durch die andere Gruppe», von der Richard Thoma 1927 vor den Staatsrechtslehrern gesprochen hatte, war nun aus politischen Gründen unüberbrückbar geworden.

4. Gruppenbildung

Wer die Weimarer Republik als parlamentarische Demokratie mit ihren unumgänglichen Parteien im Verfassungsrahmen erhalten wollte, verstand sich verfassungsrechtlich als «Positivist». Dazu gehörten nicht nur der führende Kommentator der Verfassung, Gerhard Anschütz (Heidelberg), und Richard Thoma (Bonn), sondern auch Karl Rothenbücher und Hans Nawiasky (beide München), Fritz Stier-Somlo (Köln), Fritz Giese (Frankfurt) und viele andere.

Diese Gruppe geriet in der Krise der Republik auf die Verliererseite. Je mehr sich die Parteien in den Parlamenten der Länder und im Reichstag blockierten und zu konstruktiven Kompromissen als unfähig erwiesen, desto schwieriger wurde die Verteidigung des klassischen staatsrechtlichen Positivismus. Als die Präsidialdiktaturen einsetzten und die Rufe nach «Volksstaat», «wahrer Demokratie», «Volksgemeinschaft» und «Führer» immer lauter wurden, war das Beharren auf Verfassungstreue zu einer aussichtslosen Position geworden.

Die gegnerische Gruppe, die sich unter dem vagen Namen «geisteswissenschaftliche Richtung» zusammenfand, war heterogen. Die einen kamen über das vom Versailler Vertrag und vom Völkerbund aufgewühlte Völkerrecht, andere von den Grenzlanderfahrungen im Baltikum, in Polen oder aus dem Elsaß, wieder andere aus der Jugendbewegung und ähnlichen bündischen Erfahrungen mit

Postulaten eines «Ständestaats». Viele waren Kulturprotestanten, dachten idealistisch und deutschnational. Letzteres gilt vor allem für den aus dem Milieu evangelisch-theologischer Gelehrsamkeit kommenden Rudolf Smend, der auf der Staatsrechtslehrertagung von 1927 das erwähnte Referat über die Wechselwirkung zwischen dem Grundrecht der Meinungsfreiheit und dem es begrenzenden Gesetzesrecht hielt und dessen Thesen in der Bundesrepublik über das Lüth-Urteil des Bundesverfassungsgerichts (BVerfGE 7, 198 ff.) offiziösen Charakter bekamen.

In einem weiteren Sinn kann man zu dieser Gruppe auch die «jungen Rechten» zählen, die ihre wissenschaftliche Laufbahn in der Agonie der Republik begannen und sich am weitesten von Liberalismus, Relativismus und parlamentarischer Demokratie distanzierten. Wenn sie philosophische Leitsterne wählten, dann eher Hegel als Kant. Sie setzten auf einen starken Staat, auf «Gemeinschaft», «Entscheidung» und «Tat». Einige von ihnen sammelten sich um den dezidiert antiliberalen Carl Schmitt, andere suchten ihre Orientierung in einem pointierten Etatismus oder in bündisch bewegten Modellen von «Gemeinschaft». Einige definierten sich als zugehörig zur «Konservativen Revolution», jenem Sammelbegriff für vielfältige antiliberale und antidemokratische Strömungen, aber sie waren als Juristen meist doch etwas gemäßigter und professioneller als etwa die Brüder Ernst und Friedrich Georg Jünger oder die Publizisten Edgar Jung, Heinrich von Gleichen, Hans Zehrer, Arthur Moeller van den Bruck oder Ernst Niekisch. Wo der Zwiespalt zwischen revolutionärer Attitüde und bürgerlicher Existenz zu groß wurde oder die jungen Privatdozenten für ihre Karriere fürchten mussten, schrieben sie bezeichnenderweise unter Pseudonym (Ernst Forsthoff, Ernst Rudolf Huber), etwa in Hans Zehrers Zeitschrift «Die Tat» oder in Heinrich von Gleichens «Der Ring» [123].

Zwischen den Lagern und von beiden ungeliebt saß die Wiener Schule Hans Kelsens. Sie hatte zunächst den klassischen Positivismus wegen seiner Inkonsequenzen angegriffen und ihn an «Reinheit» überboten. Nun sah sie sich gezwungen, noch schärfer gegen

[123] Umfassende Nachweise bei Armin Mohler, Die konservative Revolution 1918–1932. Ein Handbuch, 6. Aufl., bearb. v. Karlheinz Weißmann, Graz 2005.

die heraufziehende offene Politisierung des Staatsrechts, gegen Naturrecht und neue Metaphysik zu agieren. Immer dringender erhob Kelsen seine Stimme zur Verteidigung der Demokratie und des empirisch-kritischen Rationalismus. Ab 1929 sah er in Österreich seine Wirkungsmöglichkeiten schwinden und wechselte an die Universität Köln. 1933 wurde er dort von den Nationalsozialisten vertrieben und floh zunächst nach Genf, dann in die USA, wo er bis zu seinem Tod (1973) lebte und bis zuletzt an der Universität Berkeley arbeitete.

Wie schwierig es ist, diesen «Methodenstreit» mit politischen Orientierungen zu verbinden, zeigt sich an Kelsens schärfstem Opponenten Hermann Heller (1891–1933), Demokrat und Republikaner, der als Sozialdemokrat Kelsen immerhin politisch nahestand. Aber er hielt Kelsens neukantianische Trennung von Sein und Sollen für grundfalsch. Eine Identifikation von Staat und Rechtsordnung schien ihm absurd, ja er lobte Kelsen «ohne jede Ironie» dafür, durch seine Konsequenz die Absurdität des Irrwegs, auf dem er die positivistische Staatslehre seit zwei Generationen wandeln sah, selbst bewiesen zu haben. Heller deutete den Staat als Teil der menschlichen Kultur, die Staatslehre als Teil der Wissenschaft von der Politik. Die «Wirklichkeit» des Staates sollte weder rein norm-logisch, noch rein empirisch, noch geisteswissenschaftlich, sondern soziologisch durch Erfassung von Strukturen begriffen werden. Eine solche Staatslehre sollte faktisches und normatives Sein, Geschichte und Gegenwart umfassen. Das warf methodische Probleme auf, lässt aber ahnen, wie stark Heller sich von der herkömmlichen Staatslehre absetzen wollte. Sein Staat sollte wirklichkeitswissenschaftlich erfasst werden, aber auch normativ ausgerichtet sein, nämlich als Verzahnung von Demokratie, Rechts- und Sozialstaat.

5. Die Hauptwerke

a) Als Hans Kelsen 1925 eine «Allgemeine Staatslehre» veröffentlichte, erkannte er selbst «deutlicher als früher» (Vorrede), er sei dem staatsrechtlichen Positivismus des 19. Jahrhunderts verpflichtet, und er bekräftigte noch einmal entschieden seine Linie: Iden-

tität des Staates mit seiner Rechtsordnung als normativer Zwangs-
ordnung für menschliches Verhalten, Begrenzung der Arbeit auf
diese normative Ordnung, Einheit des Rechtssystems. Dieses Buch,
anders aufgebaut als die herkömmlichen Staatslehren, wirkte provozierend. Es beschrieb zunächst, was außerhalb der Normativität
lag, den soziologisch und den politikwissenschaftlich betrachteten Staat, um dann zur rechtlichen Staatsordnung – dem «Staat» im
Sinne Kelsens – vorzustoßen. Obwohl er dabei auch die herkömmliche Dreiheit (Staatsgewalt, Staatsgebiet, Staatsvolk) als statische
Elemente zugrunde legte, wich er schon hier von vielen Traditions-
beständen ab; erst recht dann im «dynamischen» Teil, der von den
Staatsfunktionen, den Organen der Rechtserzeugung und deren
Methoden handelte.

Provozierend wirkte vor allem der Hauptpunkt, die Identifizierung von Staatsordnung und Rechtsordnung und der konsequente
Ausschluß moralischer, politischer und empirischer Betrachtung
des Staates. Besonders in Deutschland, wo man sich gerade vom
Positivismus der Vorkriegszeit löste und immer mehr soziologisch,
machtpolitisch oder geisteswissenschaftlich argumentierte, wurde
nun Widerspruch laut[124]. Man darf vermuten, dass Kelsen damit
den wichtigsten Anstoß für die Niederschrift dreier wichtiger «Ge-
genbücher» gegeben hat.

b) Rudolf Smend (1882–1975) nahm den Fehdehandschuh schon
auf den ersten Seiten seiner Schrift «Verfassung und Verfassungsrecht» (1928) auf. Er vermisste generell Staatsgesinnung und politische Ethik, sogar bei Max Weber, Ernst Troeltsch und Friedrich
Meinecke, kritisierte Skepsis und «innere Staatsfremdheit» und
nannte dann den «jetzt ganz bewusst erreichten Nullpunkt von
Kelsens Allgemeiner Staatslehre von 1925». Sie sei eine «Sackgasse
ohne Zweck und Ziel», weil sie nur reinen Formalismus biete, keine
materiale Staatstheorie. Für eine solche die Grundlagen zu liefern,
entwickelte Smend nun seine «Integrationslehre». Mit ihr wollte er
die «staatstheoretischen Voraussetzungen einer Verfassungslehre»
setzen. Gestützt auf die Philosophie von Theodor Litt wandte er

---

[124] Axel-Johannes Korb, Kelsens Kritiker. Ein Beitrag zur Geschichte der
Rechts- und Staatstheorie (1911–1934), Tübingen 2010.

sich gegen alle mechanistischen, objektivierenden, individualistischen und den Staat von seinem Zweck her legitimierenden und begrenzenden Auffassungen. Das Ganze der geistigen Welt war für ihn «dialektisches Gefüge», sinnhaftes Ineinander geistiger Prozesse. Dieses Ineinander nannte er, dem Soziologen Herbert Spencer folgend, «Integration». Nur was sich integrierte, war «Staat». Integrationsmittel konnte ein Monarch oder Führer, ein Gründungsmythos oder ein Staatssymbol sein. Dies konnte als Klage über eine sich nicht integrierende Weimarer Republik, als Hinweis auf Italien, als Sehnsucht nach «Volksgemeinschaft», aber auch später als Zauberwort der frühen Bundesrepublik verstanden werden, die so viel zu integrieren hatte – ehemalige Nationalsozialisten, Flüchtlinge und Vertriebene, zurückkehrende Emigranten, Klassengegensätze, Konfessionen und anderes. Das schillernde Wort Integration bot sich auch als methodischer Weg zur Behebung von immanenten Widersprüchen in einem Verfassungstext an. Dies erklärt seinen enormen Erfolg in den ersten beiden Jahrzehnten der Bundesrepublik.

Kelsen griff dieses Buch scharf an (Der Staat als Integration, 1929) und deckte das absichtsvolle Halbdunkel von Smends Sätzen auf, vor allem aber seine tiefen Aversionen gegen Neukantianismus, Liberalismus, Relativismus und Rechtspositivismus. Für Kelsen war Smends Buch wissenschaftlich wertlos, aber wegen seiner suggestiven Sprache und seiner nahe liegenden politischen Folgerungen auch gefährlich. Nicht anders beurteilte Kelsen Erich Kaufmanns bereits erwähnte «Kritik der neukantischen Rechtsphilosophie» (1921). Er sprach in diesem Zusammenhang 1926 von einem «Schrei nach Metaphysik». Und ein Jahr später stellte der Münchner Romanist Karl Vossler in einer Rede zur Reichsgründungsfeier fest: «immer in neuen Verpuppungen die alte Unvernunft: ein metaphysisches, spekulatives, romantisches, fanatisches, abstraktes, irrationalistisches und mystisches Politisieren»[125].

Auf der einen Seite also traditionelle Rechtspositivisten, die die Weimarer Verfassungsordnung akzeptierten und den institutionel-

[125] Karl Vossler, Rede zur Reichsgründungsfeier, Januar 1927, in: ders., Politik und Geistesleben, München 1927, 4 f.

len Rahmen samt Rechtsstaat zu festigen suchten, nun verbunden mit der politisch ähnlich denkenden «Wiener Schule», deren methodischer Rigorismus aber wenig Anklang fand. Auf der anderen Seite die breite Front derjenigen, die Liberalismus und Rechtspositivismus für ebenso überholt hielten wie die parlamentarische Demokratie. Die einen propagierten einen christlichen Ständestaat, die anderen eine «wahre» Demokratie ohne Parlamente, also Volksversammlungen mit Akklamation, wenn auch meist unter Vermeidung des Modells von Arbeiter- und Soldatenräten nach russischem Muster. Man war sich einig, der Liberalismus sei am Ende, aber die Form der antiliberalen Zukunft blieb noch verhüllt.

c) Ein gegen Kelsen geschriebenes Buch war auch die systematisch ausgearbeitete «Verfassungslehre» von Carl Schmitt (1928). Sie beschrieb den bürgerlichen Parlamentarismus und Rechtsstaat als die «noch vorherrschende» Form, aber Schmitt stellte klar, dass diese Formen veraltet und unbrauchbar seien. Er unterschied (konkret geltendes) Verfassungsrecht von der «Verfassung» als Gegenstand der Verfassungslehre, entwickelte die Grundlagen von Verfassungen, den Rechtsstaat und die Grundrechte, die demokratischen, monarchischen und aristokratischen Elemente moderner Verfassungen sowie die Staatenverbindungen. Das alles war geistvoll und glänzend geschrieben, enthielt aber eine Fülle versteckter Vorbehalte gegen den aktuellen Staat, in dem sich Schmitt bewegte. Sie wurde auch nach 1945 von dem Kreis um Carl Schmitt bewundert und immer wieder aufgelegt, aber interpretativ entschärft und «demokratisiert». Unter italienischen und französischen Kommunisten, spanischen Franquisten und deutschen Linken um 1968 war sie ein vielfach benutztes Referenzwerk, wenn man nach Alternativen zum Parlamentarismus westlichen Musters suchte.

d) Die 1934 in den Niederlanden erschienene «Staatslehre» von Hermann Heller (1891–1933) kann, wie erwähnt, ebenfalls als Reaktion auf Kelsens Buch von 1925 verstanden werden. Heller war entschiedener Demokrat und Republikaner wie Kelsen, aber methodisch, wie gesagt, dessen dezidierter Gegner. Dass der Staat nur eine Normordnung sein sollte, war für ihn inakzeptabel. Er entwarf seine materiale Staatslehre als Verbindung politologischer und juristischer Elemente zur Überwindung der Entzweiungen. Deshalb suchte er den Kontakt zur sozialen Realität, wollte aber auch deren normative Vorprägung umfassen. Dem Staat als einem durch menschliche Willensakte geschaffenen «Gesamtzusammenhang» sollte Autonomie gegenüber Politik und Ökonomie zukommen. In diesem Sinn vertrat Heller auch einen klassischen Begriff von Souveränität – wiederum gegen Kelsen. Individuen und Gruppen sollten den Staat durch Konstituierung einer gemeinsamen Norm- und Wertebene hervorbringen, aber gleichzeitig sollte der Staat als organisierte Entscheidungs- und Wirkungseinheit wiederum das gesellschaftliche Zusammenleben steuern, nicht zuletzt durch positives Recht. Diese Mischung war nur akzeptabel, wenn man auf die Kelsensche Methodenreinheit verzichtete. Heller zahlte diesen Preis gerne, weil es ihm vor allem auf die Konstituierung eines sozial gerechten und demokratischen Staates als Retter aus der Krise ankam. Sein Versuch, eine in diesem Sinn zeitgemäße Staatslehre zu entwerfen, kann wohl als der bedeutendste der Weimarer Zeit gelten. Hermann Heller, durch die Nationalsozialisten aus dem Professorenamt vertrieben, starb im November 1933 in Madrid während einer Gastvorlesung, erst 42 Jahre alt. Sein Grundgedanke, Demokratie funktioniere nur in einer über den Sozialstaat zu erzielenden relativen gesellschaftlichen Homogenität, hat auf die Bundesrepublik, ja bis zum Maastricht-Urteil des Bundesverfassungsgerichts – angewendet auf Europa –, weithin ausgestrahlt[126].

Die hier skizzierten Hauptwerke jener Zeit belegen, wie aufgewühlt und unsicher die Lage des Staatsrechts in den letzten Jahren der Weimarer Republik war. Die 1922 gegründete Vereinigung der Deutschen Staatsrechtslehrer sprach nicht mehr wirklich eine gemeinsame Sprache. Seit Stresemanns Tod (1929) und der Selbstblockade des parlamentarischen Systems war die Krise offenkundig. «Antidemokratisches Denken» (Kurt Sontheimer) gewann raschen Zulauf, vor allem von jüngeren Intellektuellen[127]. Sie verwendeten das Kampfvokabular des Ersten Weltkriegs, träumten

---

[126] Peter Häberle, Europäische Verfassungslehre, 7. Aufl. Baden-Baden 2011, 729 ff.
[127] Kurt Sontheimer, Antidemokratisches Denken in der Weimarer Republik. Die politischen Ideen des deutschen Nationalismus zwischen 1918 und 1933, 1962, Studienausgabe München 1968.

von einem «Reich» und «Führertum», oft ohne die Hitler-Partei besonders zu schätzen. Andere kultivierten einen Nationalbolschewismus und Visionen direkter Demokratie. Wieder andere entwarfen Modelle eines autoritären Ständestaates (Othmar Spann). Einig war man sich darin, das bürgerliche Zeitalter und mit ihm seine Staatsordnung seien am Ende. Die bürgerlich-liberalen «Vernunftrepublikaner» und Vertreter des Rechtspositivismus gerieten in die Defensive. Das war die Lage des Jahres 1932, der letzten Rettungsversuche der Präsidialdiktatur durch Notverordnungen[128] und des Staatsstreichs der Reichsregierung in Preußen, der durch die Entscheidung des Staatsgerichtshofs nicht mehr rückgängig gemacht werden konnte. «Das Staatsrecht hört hier auf», hatte Gerhard Anschütz 1919 geschrieben und war dafür später kritisiert worden[129]. Aber er hatte Recht. Die herkömmliche Staatsrechtslehre, ohnehin meist keine aktive Mitgestalterin von Politik, sondern allenfalls stützende Interpretin, war im Herbst des Jahres 1932 mit ihrem Latein am Ende.

[128] Peter Blomeyer, Der Notstand in den letzten Jahren von Weimar, Berlin 1999.
[129] Georg Meyer – Gerhard Anschütz, Lehrbuch des Deutschen Staatsrechts, 7. Aufl. 1919, 906.

XI. Verwaltungsrecht in der Weimarer Republik

1. Fortführung und Umstellung

Die Verwaltungsrechtswissenschaft reagierte auf die Umbrüche der Revolution und der neuen Reichsverfassung von 1919 mit einer für sie typischen Phasenverzögerung, nicht anders als die Verwaltung selbst. Das neue Verfassungsrecht der Länder trat an Bedeutung weiter zurück; die wissenschaftlichen Energien wandten sich der Interpretation der Reichsverfassung zu. In den Ländern waren vor allem die Reform der Kommunalverfassung sowie, 1929–1933, die Krise der kommunalen Finanzen von Bedeutung. So konnte man auf der Linie von Otto Mayer und Fritz Fleiner Kontinuität wahren, den Allgemeinen Teil ausbauen und das neue besondere Verwaltungsrecht in die Beispielsfälle aufnehmen. Das klassische knappe, seit 1881 immer wieder aufgelegte Handbuch von Robert Graf Hue de Grais wurde auf den neuen Rechtsgrundlagen einfach fortgeschrieben (26. Aufl. 1930)[130], ebenso ein Grundriss von Conrad Bornhak (1906, 8. Aufl. 1925). Die Lehrbücher kombinierten meist einen Allgemeinen Teil mit Bezug auf die Reichsverfassung und entnahmen die Beispiele dem jeweiligen Landesverwaltungsrecht Preußens, Bayerns und Württembergs.

2. Länderverwaltungsrechte

Besonderen Reichtum an verwaltungsrechtlicher Literatur gab es nun in Preußen. Dort wurden die Verwaltungsreform, das Beamtenrecht und das Kommunalrecht, das entstehende und 1931 gesetzlich fixierte Polizeirecht sowie die polizeirechtliche Rechtsprechung des Preußischen Oberverwaltungsgerichts erörtert, etwa in

[130] Gerhard Lingelbach, Robert Graf Hue de Grais (1835–1922). Leben und Werk, Baden-Baden 1997.

Julius Hatscheks «Institutionen des deutschen und preußischen Verwaltungsrechts» (1919, 8. Aufl. 1931). Zusammen mit der mehrbändigen Sammlung der preußischen Verwaltungsgesetze, des so genannten «Brauchitsch», mit den Kommentierungen der Einzelgesetze und den fortlaufenden Rechtsprechungsübersichten im Preußischen Verwaltungsblatt hatte man das nötige Handwerkszeug zusammen. In Bayern verfügte man über mehrere Grundrisse des Verwaltungsrechts sowie über die traditionsreichen «Bayerischen Verwaltungsblätter». In Sachsen finden sich die wichtigsten Beiträge in der von Walter Schelcher herausgegebenen «Fischers Zeitschrift für Praxis und Gesetzgebung der Verwaltung». In Württemberg und in Baden setzte sich die traditionelle enge Verbindung von Theorie und Praxis des Verwaltungsrechts fort, ohne aber zu bedeutenderen Werken zu führen. Letzteres gilt erst recht für Hessen-Darmstadt, Mecklenburg und die übrigen Kleinstaaten sowie für die Freien Städte Hamburg, Bremen und Lübeck. Dort begnügte man sich im Wesentlichen mit kürzeren Einführungen oder Textsammlungen.

3. Lehrbücher

Die länderübergreifenden Darstellungen von Fritz Fleiner und Julius Hatschek gaben den Studierenden, was nötig war, in besonders gelungener Form Fleiner[131]. Aber unvermeidlich entfiel dabei viel praktisches Material. Deshalb setzte sich Walter Jellineks umfassendes, den Allgemeinen und den Besonderen Teil vereinigendes «Verwaltungsrecht» (1927, 3. Aufl. 1931) als das dominierende Werk durch.

Es war eine enzyklopädisch angelegte Summe des Verwaltungsrechts der Weimarer Republik. Von den geschichtlichen Grundlagen aufsteigend enthielt es einen modernisierten Allgemeinen Teil mit neuen Differenzierungen (nichthoheitliche und schlichtho-

---

[131] Julius Hatschek, Institutionen des deutschen und preußischen Verwaltungsrechts, Leipzig – Erlangen 1919 (7./8. Aufl. Leipzig 1931); Fritz Fleiner, Institutionen des deutschen Verwaltungsrechts, 8. Aufl. 1928 (Neudruck Aalen 1995).

heitliche Verwaltung, Verwaltungsakt auf Unterwerfung, zweiseitiger Verwaltungsakt), mit einer Ermessenslehre, einer Darstellung des gesamten Rechtsschutzes, der Amtshaftung, des Verwaltungszwangs und der Verwaltungsstrafen. Mit seiner durchgehend positivistischen Einstellung und der damit verbundenen Konzentration auf die Rechtsform war es ein Buch in der Tradition Otto Mayers. Die liberale und rechtsstaatliche Grundhaltung entsprach zwar dem geltenden Recht, nicht aber mehr den Realitäten und der Favorisierung kollektiven Denkens unter der Präsidialdiktatur.

4. Vermehrung des Stoffs im Interventionsstaat

Eine der wichtigsten Entwicklungen jener Jahre zwischen dem Ende des Ersten Weltkriegs und der Agonie der Republik (1929–1932) zeigt sich in der Ausbreitung des Stoffs und der Ausdifferenzierung der Fächer. Die tragende Hypothese Otto Mayers war gewesen, dass alle Verwaltungstätigkeit auf wenige Grundformen reduziert werden könne, Grundformen, die sich, gewissermaßen im Material schlummernd, durch eine halb intuitive, halb konstruktive Arbeit ans Licht heben ließen. Darauf beruhte sein großer Erfolg. Doch nun schien die Entwicklung in die Gegenrichtung zu drängen. Öffentliches Wirtschaftsrecht, Sozialrecht, Steuerrecht und Verkehrsrecht traten in diesen Jahren erstmals als eigenständige Disziplinen auf, das Kommunalrecht gewann ganz neue Dimensionen. Wie das bürgerliche Recht, dessen zentrifugale Tendenzen (Arbeitsrecht, Wirtschaftsrecht mit Gesellschafts- und Konzernrecht, Mietrecht, Siedlungs- und Bodenrecht) vor dem Hintergrund des Zerfalls der liberalen bürgerlichen Gesellschaft als «Einbruch des Sozialrechts in das klassische Privatrecht» (Franz Wieacker) oder als «Leiden des Privatrechts» (Knut W. Nörr) gedeutet worden sind, spaltete sich das Verwaltungsrecht, das gerade unter dem Dach eines Allgemeinen Teils vereinigt zu sein schien, wieder auf. Die immer reicher werdende Rechtsprechung der Verwaltungsgerichte unterstützte dies, zumal in der Weimarer Zeit die heute geläufige Rückbindung an allgemeine Verfassungsprinzipien noch nicht praktiziert wurde.

Neben den neuen Gebieten des Arbeitsrechts und des Rechts der Arbeiterversicherung, wie das Sozialrecht damals noch genannt wurde[132], entstand unter den Bedingungen der industriellen Revolution die Kommunalwissenschaft mit eigenen Zeitschriften und Jahrbüchern. Man diskutierte über die «Sozialen Aufgaben der Großstädte» (Franz Adickes) und über die Rechtsformen der faktisch entstehenden kollektiven Versorgungseinrichtungen. Ernst Forsthoff fasste sie 1938 unter dem einprägsamen Wort «Daseinsvorsorge» zusammen[133]. Und weiter: Der nun immer stärker in die Gesellschaft intervenierende Staat brauchte Geld. Dieses kam traditionell durch die Besteuerung herein und wurde nach wechselnden verfassungsrechtlichen Vorgaben seit der Reichsgründung von 1871 über Reich, Länder und Kommunen verteilt. Die in den letzten beiden Jahrzehnten des 19. Jahrhunderts in Deutschland, Österreich und Italien entstehende Steuerrechtswissenschaft formierte sich, teils von der Finanzwissenschaft, teils vom Verwaltungsrecht ausgehend. Die erste steuerrechtliche Vorlesung ist wohl, fast unbeachtet, in Berlin ab 1915 von dem Öffentlichrechtler Ludwig Waldecker gehalten worden. Erst mit den Finanzproblemen nach dem Krieg, mit der für das Reich zentralen Reform des Steuerwesens durch den Reichsfinanzminister Matthias Erzberger und mit der im Alleingang von dem Richter Enno Becker (1869–1940) geschaffenen «Reichsabgabenordnung» gab es mehrere starke Impulse für eine wissenschaftliche Auseinandersetzung mit dem Steuerrecht[134]. Das grundlegende Lehrbuch «Steuerrecht» schuf Albert Hensel (1895–1933), der eigentliche Begründer der Disziplin[135].

Das Kerngebiet interventionistischer Steuerung durch den Staat war jedoch das Wirtschaftsrecht, dessen öffentlichrechtliche Vari-

---

[132] Ivana Mikešić, Sozialrecht als wissenschaftliche Disziplin. Die Anfänge 1918–1933, Tübingen 2002.
[133] Ernst Forsthoff, Die Verwaltung als Leistungsträger, Stuttgart – Berlin 1938.
[134] Kurt Ball, Einführung in das Steuerrecht, 2. Aufl. Mannheim 1922; Ludwig Waldecker, Deutsches Steuerrecht, Breslau 1924.
[135] Paul Kirchhof, Albert Hensel (1895 bis 1933): Ein Kämpfer für ein rechtsstaatlich geordnetes Steuerrecht, in: Heinrichs u. a. (Hg.), Deutsche Juristen jüdischer Herkunft, München 1993, 781 ff.

ante bald Wirtschaftsverwaltungsrecht genannt wurde[136]. Lorenz von Stein sprach 1868 von einem Sondergebiet des «wirtschaftlichen Verwaltungsrechts»[137]. Ein Jahrzehnt später begann man, gleichzeitig mit Bismarcks innenpolitischer Abwendung vom Liberalismus, über staatliche Eingriffe in das Privatrecht, über Trusts, Konzerne und Kartelle intensiver nachzudenken. Die dort relevanten Materien wurden erstmals 1913 «Industrierecht», bald aber «Wirtschaftsrecht» genannt, und dogmatisch diskutierte man die Möglichkeiten der Flexibilisierung von Verträgen, die Auslegung nach «Interessen», den Konsumentenschutz und sonstige Möglichkeiten des sozialen Schutzes, etwa durch ethisch gefüllte Generalklauseln. Entsprechend versuchte man das verwaltungsrechtliche Instrumentarium der Steuerung zu systematisieren, sei es unter dem Vorzeichen der «Kriegswirtschaft», sei es als Teil einer sozialistischen oder konservativen «Gemeinwirtschaft» (Wichard von Moellendorff, Walther Rathenau, Rudolf Hilferding, Fritz Naphtali). Alle stellten sich einen gemeinwohlorientierten, starken exekutivischen Staat vor, und alle dachten tendenziell antiparlamentarisch und antiliberal.

Es ist deshalb kein Zufall, dass Ernst Rudolf Huber (1903–1990), mit dem Ideengut der «Konservativen Revolution» im hegelschen Denkstil operierend[138], eine erste synthetische Darstellung des Wirtschaftsverwaltungsrechts leistete. Sein «Wirtschaftsverwaltungsrecht» (1932) hat – über den Nationalsozialismus hinweg – seine Grundgestalt bis in die Bundesrepublik erhalten. Letzteres war auch deshalb möglich, weil es verwandte Züge zum gleichzeitig entstehenden Ordoliberalismus gab. Verbindendes Element aller dieser theoretischen Vorgaben war die Überzeugung, der nur am Markt orientierte Liberalismus sei eine überwundene Erscheinung des 19. Jahrhunderts, während für das 20. Jahrhundert, nach den Erfahrungen des Weltkriegs, der Mangelwirtschaft und der Infla-

[136] Clemens Zacher, Die Entstehung des Wirtschaftsrechts in Deutschland, Berlin 2002.
[137] Lorenz von Stein, Die Verwaltungslehre, 7. Theil: Innere Verwaltungslehre, 3. Hauptgebiet, Stuttgart 1868, 15.
[138] Ralf Walkenhaus, Konservatives Staatsdenken. Eine wissenssoziologische Studie zu Ernst Rudolf Huber, Berlin 1997.

tion von 1923, nur ein staatlich angeleiteter und gebändigter Liberalismus angemessen sei. Der Nationalsozialismus brauchte diesem Gedanken nur noch eine autoritäre Wendung zu geben. Es war dann auch Ernst Rudolf Huber, der 1934 versuchte, «Die Gestalt des deutschen Sozialismus» zu skizzieren.

Einen Methoden- und Richtungsstreit wie in der Staatsrechtslehre hat es im Verwaltungsrecht jener Jahre nicht gegeben, jedenfalls nicht explizit. Mehrheitlich neigten die Verwaltungsrechtler viel weniger zu methodischen Reflexionen, zumal der Anteil publizierender Praktiker höher war als im Staatsrecht. Doch gibt es untergründig jene Spannungen ebenfalls. Vergleicht man etwa Walter Jellineks detailreiche Darstellung (1927) mit Adolf Merkls «Allgemeines Verwaltungsrecht» (1927), dann hat man prominente Beispiele für den traditionellen Positivismus einerseits, für den wissenschaftstheoretisch angeleiteten und stringenten Positivismus der Wiener Schule andererseits. Ernst Rudolf Hubers Beiträge bezeichnen dagegen eine antipositivistische, mit hegelschem Vokabular arbeitende Spielart, die aber bis 1933 den insgesamt nüchternen und praxisbezogenen Ton nicht bestimmte.

XII. Der NS-Staat und sein öffentliches Recht

1. Die Machtübergabe

Die vom Reichspräsidenten Hindenburg vollzogene Machtübergabe an den radikalen Agitator Adolf Hitler vollzog sich in den Formen, an die man sich unter den Kanzlern Brüning, Papen und Schleicher schon gewöhnt hatte. Was damit aber in Gang gesetzt wurde, war eine Staatsumwälzung in einer Atmosphäre, in der sich Jubel und angstvolles Schweigen mischten. Der Zerschlagung der Parteien folgten die Außerkraftsetzung des Parlamentarismus, des Föderalismus, des Dualismus von Präsidenten- und Kanzleramt, die Auflösung aller wichtigen gesellschaftlichen Vereinigungen zugunsten parteilich gesteuerter Organisationen, insgesamt also die Verwandlung der parlamentarischen Demokratie in einen verfassungslosen «Führerstaat». Dies alles geschah in etwa 24 Monaten, ohne dass sich wirklicher Widerstand bildete.

Das Regime konnte sich so rasch in den Sattel schwingen, weil die bürgerlichen Eliten in Verwaltung und Justiz sowie in der Armee kooperationswillig waren. Sie begrüßten das Ende des Weimarer «Parteienstaates» und des Parlamentarismus, sie begrüßten das Ende der Gewerkschaften, die Ausschaltung der Kommunisten und Sozialdemokraten, die Vertreibung der Juden – vor allem der Rechtsanwälte und Ärzte –, die Maßnahmen der Arbeitsbeschaffung sowie die auf Beseitigung des Traumas «Versailles» gerichtete Außenpolitik. Dass Hitler die Parteiarmee SA in der Mordaktion vom Juni 1934 ausschaltete, wurde von der Reichswehr mit Erleichterung aufgenommen. Wer nicht kooperationswillig war, verließ das Land oder hatte die Schrecken der ersten Konzentrationslager zu erleben. Wer hiervon nicht erfasst wurde, suchte abzutauchen und zu überwintern oder floh ins Exil.

2. Die geistige Enthauptung

Die deutschen Universitäten und das Geistesleben insgesamt verloren auf diese Weise innerhalb kürzester Zeit eine Fülle international anerkannter wissenschaftlicher Kapazitäten, Schriftsteller und Künstler. Es war eine «geistige Enthauptung»[139]. Die Bücherverbrennungen bildeten nur ein Vorspiel. Es folgten Entrechtungen und Entlassungen, Demütigungen und Vermögensverluste, radikalisiert mit dem Novemberpogrom von 1938 und mündend in das während des Krieges begonnene und immer mehr systematisierte und bürokratisierte Menschheitsverbrechen des Holocaust. Trotz intensiver Forschungs- und Deutungsarbeit bleibt es letztlich unbegreifbar, unausgelotet in seinen auch die Gegenwart bestimmenden Tiefendimensionen[140].

Dem öffentlichen Recht zerfiel während des Nationalsozialismus nicht nur sein eigentlicher Gegenstand, eine verlässliche und wissenschaftlich interpretierbare Verfassungsordnung. Auch die Wissenschaft selbst wurde schwerstens dezimiert. Entlassen und meist auch vertrieben wurden bedeutende Gelehrte, überwiegend aus «rassischen» Gründen. Die Namen von Staats-, Verwaltungs- und Völkerrechtlern wie Hans Kelsen, Erich Kaufmann, Hermann Heller, Albert Hensel, Ernst Isay, Karl Loewenstein, Franz Neumann, Otto Kirchheimer, Max Fleischmann, Ernst Fraenkel, Albrecht Mendelssohn Bartholdy und die bei ihm habilitierte Magdalene Schoch, Karl Strupp, Gerhard Leibholz, Gerhard Lassar, Kurt Perels, Fritz Morstein Marx, Walter Jellinek, Erwin Jacobi, Hans Nawiasky, Ludwig Waldecker, Walther Schücking, Willibalt Apelt und anderen lassen ahnen, was hier zerstört wurde. Wegen der starken Nationalgebundenheit des Verfassungs- und Verwaltungsrechts konnten die ins Ausland geflüchteten Mitglieder dieser Gruppe sich dort nicht so entfalten, wie dies etwa in den Bereichen

---

[139] Helge Pross, Die geistige Enthauptung Deutschlands: Verluste durch Emigration, in: Wolfgang Abendroth (Hg.), Nationalsozialismus und die deutsche Universität, New York – Berlin 1966, 143–155.
[140] Michael Stolleis, Das Unverstehbare verstehen: Der Holocaust und die Rechtsgeschichte, in: Politisches Denken. Jahrbuch 2011, 143–156.

der Rechtsvergleichung, des Internationalen Privatrechts oder der antiken Rechtsgeschichte der Fall war. Hans Kelsen, dessen Rechtstheorie und dessen völkerrechtliche Arbeiten vom nationalen Recht unabhängig waren, bildete insoweit eine Ausnahme.

Die Zahlen der Studierenden sanken seit der Wirtschaftskrise und während des Nationalsozialismus von ca. 100 000 auf ca. 37 000 (1941). Im Sommersemester 1938 studierten nur noch 42 Frauen Rechtswissenschaft – verglichen mit 1175 im Sommersemester 1930 also ein verschwindend kleiner Rest. Die Fakultäten schrumpften entsprechend, und mancherorts kam das öffentliche Recht fast ganz zum Erliegen. Die großen Fakultäten (Berlin, Leipzig, München, Wien) veränderten ihren Charakter und verloren an Profil, kleinere Fakultäten sollten als «Stoßtrupps» betont nationalsozialistisch ausgerichtet werden (Kiel, Breslau, Königsberg, Posen, Straßburg), was aber aus Mangel an «kämpferischen» Nationalsozialisten und aus Kriegsgründen nicht wirklich gelang. Andere waren von Schließung bedroht (Halle, Frankfurt) oder behalfen sich mit Notlösungen. Eine geschlossene Widerstandsfront der Fakultäten kam zwar nicht zusammen, aber sie ergaben sich auch keineswegs alle gleichmäßig dem neuen Geist. Den Fakultäten generell «Versagen» vorzuwerfen, ist jedenfalls dann nicht möglich, wenn man bereit ist, sich auf Personen und Sachfragen differenziert einzulassen. So kann man nur pauschalierend vier Gruppen bilden: (1) Die 1933 bis 1938 emigrierten Professoren sowie solche, die um 1933 emeritiert wurden oder sich freiwillig zurückzogen. (2) Die entschiedenen (meist jungen) Verfechter des Systems, eng verbunden allerdings mit einer breiteren mittleren Gruppe (3), die mehrheitlich deutschnational dachte und das Regime anfangs begrüßte, dann aber schrittweise von ihm abrückte oder verstummte. Schließlich eine kleinere Gruppe (4), die das Regime entschieden ablehnte (im Widerstand oder ihm sehr nahe stehend waren unter den Öffentlichrechtlern nur Hans Peters und Christian-Friedrich Menger).

Was diese Hochschullehrer nach 1933 insgesamt publizierten, war höchst heterogen. Manche begannen mit begeisterten Einlassungen oder «Phantasiestücken», wandten sich dann aber dem Verwaltungsrecht oder möglichst unpolitischen Themen zu. Carl Schmitt schrieb 1933 bis 1936 unter Hochdruck einen Artikel nach dem anderen, verlor 1936 seine Ämter und verlagerte seine Interessen auf das Völkerrecht. Andere versuchten den neuen Markt mit Lehrbüchern zu versorgen (Theodor Maunz, Otto Koellreutter, Arnold Köttgen, Ernst Rudolf Huber), wieder andere wichen in die Verfassungsgeschichte aus oder verstummten ganz. Während des Krieges lebte die Publikationstätigkeit noch einmal auf, und zwar durch ein ominöses «Gemeinschaftswerk der deutschen Geisteswissenschaften», organisiert von dem nationalsozialistischen Kieler Völkerrechtler Paul Ritterbusch (1900–1945). Sein Zweck war es, die Leistungsfähigkeit der deutschen Geisteswissenschaften nach dem erhofften «Endsieg» zu demonstrieren. Von den Öffentlichrechtlern waren etwa Ernst Rudolf Huber, Hermann Jahrreiß, Theodor Maunz, Ulrich Scheuner, Walter Hamel, Alexander von Freytagh-Loringhoven, Helfried Pfeifer und Gerhard Wacke beteiligt[141].

Die wissenschaftliche Bilanz von Forschung und Lehre zum öffentlichen Recht während des Nationalsozialismus ist denkbar schlecht. Hektik und hochgradige Politisierung durchdrangen alle Materien. Nach dem Zusammenbruch des Regimes blieb davon kaum etwas verwendbar, und zwar nicht nur wegen der kompromittierenden Zitate oder wegen der Kennzeichnung jüdischer Autoren in den Literaturverzeichnissen, sondern wegen der fast vollständigen Zeit- und Ideologieabhängigkeit. Die antisemitischen, imperialistischen oder auch nur schwülstigen «Gemeinschafts»- oder «Reichs»-Tiraden fielen 1945 in sich zusammen und haben ihre Autoren noch Jahrzehnte später schwer belastet. Die vom NS-Staat entfesselten destruktiven Energien rissen auch diese Literatur mit sich.

3. Zeitschriften

Auch die juristischen Fachblätter, ohnehin während der Weltwirtschaftskrise stark reduziert, gerieten nun unter politischen Druck. Gab es 1933 noch 155 von ihnen, so waren es 1937 nur noch 91.

---

[141] Frank-Rutger Hausmann, «Deutsche Geisteswissenschaft» im Zweiten Weltkrieg. Die «Aktion Ritterbusch» (1940–1945), Dresden 1998.

Viele waren eingegangen oder wurden unter neuem Namen mit anderen zusammengelegt. Alle jüdischen Herausgeber und Autoren verschwanden. Die traditionsreiche Deutsche Juristenzeitung (DJZ) wurde 1934 Carl Schmitt unterstellt, der sie aber 1936 schon wieder verlor. Die DJZ bzw. deren Abonnentenstamm wurde dann von der Zeitschrift der Akademie für Deutsches Recht (ZAkDR) übernommen, die wiederum das rechtspolitische Schaufenster des Regimes sein sollte. Auch die von 1935 bis 1942 existierende Zeitschrift «Deutsche Rechtswissenschaft» fiel an den Akademiepräsidenten Hans Frank. Ganz von der SS beherrscht war die von 1941 bis 1943 erscheinende Zeitschrift «Reich – Volksordnung – Lebensraum»; sie diente der Vorausplanung für die zu erobernden Länder, der Rassenpolitik und den Positionskämpfen unter den SS-Juristen.

Das seit 1885 bestehende Archiv für öffentliches Recht ließ seine jüdischen Herausgeber fallen und nahm neue auf, verfiel aber langsam, gewissermaßen seismographisch den Zustand des Fachs abbildend[142]. Die Zeitschrift für die gesamte Staatswissenschaft, eine Gründung von Robert von Mohl aus dem Jahr 1844, versammelte ab 1934 unter Ernst Rudolf Huber eine lange Reihe regimetreuer Autoren mit dem Ziel einer Erneuerung der alten Idee einer «Einheit der Staatswissenschaften», nun aber im Zeichen des völkischen Führerstaats. Das ebenfalls traditionsreiche Jahrbuch des öffentlichen Rechts hielt sich unter der Regie von Otto Koellreutter noch bis 1938.

Parallele Vorgänge zeigten sich bei den Zeitschriften des Verwaltungsrechts. Das alte «Reichs- und Preußisches Verwaltungsblatt», das wöchentlich erschien, blieb zwar bis 1943 äußerlich gleich, wurde aber zum offiziösen Mitteilungsorgan der Reichsregierung und zur wichtigsten Fundstelle der nachlassenden Rechtsprechung der Verwaltungsgerichte. Auch beim «Verwaltungsarchiv» wurden die bisherigen Herausgeber verdrängt, Koellreutter setzte sich an die Spitze und verfolgte die etatistische Linie, die auch der Reichsinnenminister Frick vorgab. Daneben gab es ein neu gegründetes

[142] Lothar Becker, «Schritte auf einer abschüssigen Bahn». Das Archiv des öffentlichen Rechts (AöR) und die deutsche Staatsrechtswissenschaft im Dritten Reich, Tübingen 1999.

Kampfblatt des NS-Rechtswahrerbundes, «Deutsche Verwaltung». Hier publizierte, neben Praktikern, die Parteiprominenz. 1938 schluckte diese Zeitschrift drei andere und versuchte, das führende Blatt auf diesem Feld zu werden. Nimmt man noch die in einem Einheitsstaat ohnehin überflüssig gewordenen Zeitschriften des Landesverwaltungsrechts hinzu, die einem rapiden Schwund unterlagen und spätestens 1941 «wegen Papiermangels» ihr Erscheinen einstellten, dann gewinnt man den Eindruck einer ruinösen Vernichtung einer ehemals reichen Meinungsvielfalt. Nicht nur der Föderalismus war verschwunden, man «brauchte» auch keine Meinungsvielfalt mehr, und die Zahl der zu kommentierenden Entscheidungen der Verwaltungsgerichte tendierte während des Krieges gegen Null.

4. Notkonstruktion einer «Verfassung»

Den äußeren Umständen des Fachs – Vertreibung jüdischer und politisch missliebiger Gelehrter, Verfall der Universitäten, Zensur und Schrumpfung der Zeitschriften – entsprachen auch die inneren Bedingungen. Mit der «Reichstagsbrandverordnung» vom 28. Februar 1933 waren die wichtigsten Grundrechte außer Kraft gesetzt, mit dem Ermächtigungsgesetz verabschiedete sich der Parlamentarismus, die Parteien verschwanden, der Föderalismus wurde beseitigt, und nach Hindenburgs Tod (1934) entfiel auch die Doppelspitze von Reichspräsident und Kanzler. Es gab nur noch den «Führer». Die Weimarer Verfassung bestand nur noch als leeres Gehäuse; allenfalls die formal wiederholte und bedeutungslose Ermächtigung auf jeweils vier Jahre (1937, 1941, 1945) erinnerte noch an den Ausgangspunkt von 1933. Zwar wurde viel von «werdender Verfassung» und «Grundgesetzen» geredet[143], und es wurden die Vorzüge der Beweglichkeit einer ungeschriebenen Verfassung gepriesen, aber in Wahrheit stand die Staatsrechtslehre vor einem bombastisch drapierten Nichts. Hitler träumte von einem germa-

---

[143] Ernst Rudolf Huber, Verfassungsrecht des Großdeutschen Reiches, Hamburg 1939, 54–57.

nischen Großreich und entsprechender Architektur, von zu erobernden Räumen, Herrenvolk und Sklavenvölkern. Verfassungsfragen, rechtliche Festlegung, Verfahren, Rechtsstaat und Grundrechte waren ihm gleichgültig.

In dieser Lage hatten die mechanisch weiter laufenden Publikationen der Staatsrechtslehre keinen festen Kern mehr. Jede Aussage
stand unter dem Vorbehalt, dass am nächsten Tag alles anders sein
könne. Gewagte Äußerungen wurden vermieden; sie konnten
unabsehbare, auch persönliche Folgen haben. Deshalb äußerten
sich die das Regime stützenden Autoren in den ersten beiden Jahren (1933/34) enthusiastisch und vage, um dann aber langsam
vorsichtiger zu werden. Gewiss wurden erste Grundrisse für die
Bedürfnisse der Studierenden geschrieben. Die neue Justizausbil-
dungsordnung von 1934, ausgeführt vom Reichsjustiz-Prüfungsamt
unter der Leitung von Otto Palandt (1877–1951)[144], forderte dies.
Die Gesetzessammlungen «Schönfelder» und «Sartorius» erschienen nun erstmals in Loseblattform, weil die Gesetzgebung ohne
Parlament auf Hochtouren lief. Aber diese Grundrisse boten nur
den examensrelevanten Rahmen. An Lehrbüchern gab es zunächst
nur «Deutsches Verfassungsrecht» (2. Aufl. 1936) von Otto Koellreutter, der von München aus die wichtigsten Zeitschriften (AöR,
RVerwBl, VerwArch) steuerte und sich selbst als Führungsfigur des
deutschen Staatsrechts betrachtete. Er schrieb auch eine «Allgemeine Staatslehre» und ein «Deutsches Verwaltungsrecht». Alle
drei Bücher sind nochmals in der frühen Bundesrepublik erschienen[145], in überarbeiteter Form freilich.

Das einzige nennenswerte Buch zum NS-Staatsrecht stammte
von Ernst Rudolf Huber.

Es erschien unter dem Titel «Verfassung» (1937) und in der zweiten Auflage als «Verfassungsrecht des Großdeutschen Reiches»
(1939). Es bot in stark harmonisierter Form die Synthese dessen,
was man aus den staatsrechtlichen Bruchstücken machen konnte,

[144] Hans Wrobel, Otto Palandt zum Gedächtnis 1. 5. 1877 bis 3. 12. 1951, in:
Kritische Justiz 1982, 1 ff.
[145] Otto Koellreutter, Deutsches Staatsrecht, Stuttgart und Köln 1953; ders.,
Staatslehre im Umriß, Göttingen 1955; ders., Grundfragen des Verwaltungsrechts, Köln – Berlin 1955.

sofern man entschlossen war, in ihnen das »Ganze» zu entdecken. Huber schildert den Aufbau der «völkischen Verfassung» bis zum Kriegsausbruch, ordnete den Stoff in «Volk», «Führer», «Die Bewegung», «Die Gliederung des Reiches» und «Die Rechtsstellung des Volksgenossen». Insgesamt zeigte das Buch die Schauseite des Regimes, geschrieben von einem aus der Jugendbewegung zum Nationalsozialismus gekommenen Idealisten und Hegelianer, dessen sprachliche und gestalterische Fähigkeiten sich schon an seinem umfangreichen «Wirtschaftsverwaltungsrecht» bewährt hatten und weiter bewähren sollten, vor allem an seiner nach dem Krieg geschriebenen «Deutschen Verfassungsgeschichte» in acht Bänden.

5. Themenschwerpunkte

Was die staatsrechtliche Debatte oberhalb der Ebene der Grundrisse und Lehrbücher beschäftigte, waren wenige Themenschwerpunkte, die aber auch wieder nach kurzer Zeit ihre Bedeutung verloren. So stritt man anfangs darüber, ob man in herkömmlicher Weise den Staat noch als «juristische Person» bezeichnen könne und solle, oder ob nicht «Gemeinschaft» der zeitgemäße Begriff sei. Dahinter verbarg sich der Kampf zwischen Staat und Partei, Statik und Dynamik, beharrenden Kräften und SS, Letztere vertreten etwa durch Reinhard Höhn. Dessen unermüdliches Plädoyer für ein neues «Gemeinschaftsdenken» hatte freilich keine Konsequenzen, da für alle praktisch denkenden Juristen der Staat als personaler Zurechnungspunkt unentbehrlich schien, sei es als Fiskus, als Verantwortlicher für Verwaltungsakte, oder im Völkerrecht.

Bezeichnend für die Unsicherheit der Lage war auch die am Anfang geführte Debatte, ob der neue Staat noch (in der Art des 19. Jahrhunderts) ein «Rechtsstaat» sei. Die Aktivisten der NSDAP wollten den Begriff loswerden, weil sie angesichts des beginnenden Terrors und der ersten Konzentrationslager das Kritikpotenzial des Begriffs fürchteten. Carl Schmitt erklärte, «Rechtsstaat» bedeute die Zerstörung der politischen Substanz und sei im 19. Jahrhundert Wegbereiter für Liberaldemokratie, Judentum und Marxismus gewesen. Auch die Formeln «nationaler Rechtsstaat» (Koellreutter) oder «nationalsozialistischer Rechtsstaat» seien keine rechte Lösung, weshalb er «der deutsche Rechtsstaat Adolf Hitlers» vorschlage. Diese Debatte endete also in einer Groteske und wurde bald aufgegeben.

Ein relevanter Diskussionspunkt war die rechtsgeschichtlich durchaus zutreffende Diagnose, der klassische Gegensatz von Privatrecht und öffentlichem Recht sei nun «aufgehoben», was immer dieses hegelsche Rätselwort bedeuten sollte. Tatsächlich hatte man im 19. Jahrhundert am schärfsten zwischen dem Recht der bürgerlichen Gesellschaft (Privatrecht, Zivilrecht) und dem öffentlichen Recht (Staats- und Verwaltungsrecht) unterschieden. Für das eine Gebiet war der Vertrag die typische Rechtsfigur, für das andere der hoheitliche Befehl, der Verwaltungsakt. Diese Trennung entsprang der politischen Lage des 19. Jahrhunderts, in der sich eine freiheitsbewusste Gesellschaft vom monarchischen Obrigkeitsstaat abgrenzte. Je mehr aber der Staat ab 1878 in gesellschaftliche Abläufe eingriff, etwa durch die Sozialversicherung, das Arbeitsrecht, das Gesellschafts- und Finanzrecht, je mehr der Staat Industrieförderung betrieb und sich Interessenverbände der Arbeitgeber und Arbeitnehmer, Parteien, Kirchen, Großindustrie in die Gesetzgebung einmischten, desto fragwürdiger wurde die Trennung von Privatrecht und öffentlichem Recht. Mit Ausbruch des Ersten Weltkriegs entstand ein alle bisherigen Trennlinien überspringendes «Gemeinrecht». Es verschwand auch nach Kriegsende nicht mehr, weil man die Privatwirtschaft beibehalten, sie aber durch Begrenzungen, Anreize, Subventionen oder gemischte Betriebe in die Krisenbewältigung einbinden wollte.

Die nationalsozialistischen Juristen funktionierten diesen Befund jedoch in der Weise um, dass sie daraus ableiteten, die Grenzen zwischen Staat und Gesellschaft seien im Führerstaat und in der völkischen Gemeinschaft «überwunden», Grundrechte und Rechtsschutz «gegen» den Staat seien deshalb überflüssig; denn der Wille der geführten Gemeinschaft sei identisch mit dem wahren Willen des Volkes. Privatautonomie gebe es nur in der durch den Gemeinnutz gebundenen Form. Alles Recht sei Gemeinschaftsrecht, hervorgegangen aus dem Willen des Führers und durch diesen legitimiert. Diese Thesen waren eine einzige Kampfansage gegen das Staatsbild der parlamentarischen Demokratie, gegen Gewaltenteilung und Rechtsstaat.

6. Völkerrecht

Wo der Staat sowohl in der Praxis wie in der Theorie zur Diktatur geworden war, stellten sich auch die völkerrechtlichen Beziehungen zum Ausland anders dar. Zunächst war die Völkerrechtslehre an den Universitäten, in den beiden völkerrechtlichen Instituten (Berlin, Kiel) und im Auswärtigen Amt beherrscht vom «Kampf gegen Versailles», der Beendigung der Besetzung des Rheinlands und der Saarfrage, vom Flottenabkommen mit England und dem Reichskonkordat mit dem Hl. Stuhl. In diesem Sinn betonte man, der Lehre in der Weimarer Republik folgend, das Daseinsrecht eines Volkes, die Staatenehre, die Gleichberechtigung der Staaten, das Nichteinmischungsgebot und den Schutz der nationalen Minderheiten im Ausland, Letzteres gelegentlich schon mit drohendem Unterton. Aber eine genuine «nationalsozialistische» Völkerrechtstheorie wurde daraus nicht.

Erst nach den Nürnberger Rassegesetzen von 1935 lassen sich eine Abwendung vom «Staat» und eine Hinwendung zum «Volk» auch im Völkerrecht beobachten. Bald darauf machte sich auch der Gedanke eines «Reichs» im Sinne eines hegemonialen Führungsanspruchs über andere Staaten und Völker bemerkbar[146]. Das waren im Grunde alte Gedankengänge, aber sie erhielten nun erstmals eine rassistische Wendung. Die Bildung von Reichen, so las man es, beruhte auf Rassenkämpfen, überlegene Rassen beherrschten den «Raum» und gaben den von ihnen unterworfenen Völkern «ihr» Völkerrecht.

[146] Beobachtungen von Zeitgenossen etwa bei Lawrence Preuß, National Socialist Conceptions of International Law, in: American Political Science Review XXIX (1935), 504–609; Eduard Bristler (= John H. Herz), Die Völkerrechtslehre im Nationalsozialismus, Zürich 1938; Victoria L. Gott, The National Socialist Theory of International Law, in: American Journal of International Law 32 (1938), 704–718.

Darin steckte eine Absage an den Grundgedanken allen Völkerrechts, die Universalität. Friedrich Berber, Berater des Außenministers von Ribbentrop, erklärte 1939 in der Festschrift für Hitler, das Völkerrecht sollte nicht mehr «Tummelplatz internationalistischer und pazifistischer Ideologien» sein, das westeuropäische und angelsächsische Völkerrecht sollte entlarvt werden und das deutsche Völkerrecht solle «der deutschen Außenpolitik in ihrem Kampf um Freiheit und Größe des deutschen Volkes völkerrechtliche Waffen ... liefern ...»[147]. Die entschiedenen Vertreter eines rassisch gedeuteten Völkerrechts (Höhn, Best, Lemmel) waren klare Gegner des Völkerbundes und der universellen Normen – beides angebliche Erfindungen des internationalen Judentums zur Schwächung der zur Reichsbildung fähigen arischen Rasse. Auch Carl Schmitt polemisierte in seiner seit 1936 verstärkten Zuwendung zum Völkerrecht immer wieder gegen liberale, universelle oder pazifistische Gedankengänge[148]. Im April 1939 sprach er in Kiel über «Völkerrechtliche Großraumordnung mit Interventionsverbot für raumfremde Mächte. Ein Beitrag zum Reichsbegriff im Völkerrecht»[149]. Der Vortrag erregte, als er gedruckt war, sofort Aufmerksamkeit im Ausland, wo man ihn als eine Art deutscher Monroe-Doktrin der Nichteinmischung verstand. Im Inland gab es eine Debatte, die implizit auch eine solche über die Kriegsziele war[150].

Keineswegs alle Völkerrechtler folgten freilich der rassistischen Linie der SS. Selbst Carl Schmitt setzte im Völkerrecht weiterhin auf «Staaten», ebenso der von ihm beeinflusste Gustav Adolf Walz[151]. Erst recht im Auswärtigen Amt, im Kaiser-Wilhelm-Institut für ausländisches öffentliches Recht und Völkerrecht (Berlin)

[147] Friedrich Berber, Deutsche Völkerrechtswissenschaft, in: Deutsche Wissenschaft, Arbeit und Aufgabe, Leipzig 1939, 62 f.
[148] Carl Schmitt, Frieden oder Pazifismus? Arbeiten zum Völkerrecht und zur internationalen Politik 1924–1978, hg., mit einem Vorwort und mit Anmerkungen versehen von G. Maschke, Berlin 2005.
[149] Berlin – Wien – Leipzig 1939, 4. Aufl. 1941.
[150] Mathias Schmoeckel, Die Großraumtheorie. Ein Beitrag zur Geschichte der Völkerrechtswissenschaft im Dritten Reich, insbesondere der Kriegszeit, Berlin 1994.
[151] Gustav Adolf Walz, Völkerrechtsordnung und Nationalsozialismus. Untersuchungen zur Erneuerung des Völkerrechts, München 1942.

und im Oberkommando der Wehrmacht mit seinen Spezialisten des Kriegsvölkerrechts versuchte man, die traditionelle Ausrichtung beizubehalten, schon wegen der Auslandskontakte, aber man verschloss sich auch keineswegs den neuen Tönen. Ob dies Camouflage war oder nicht, sei dahingestellt.

7. Verwaltungsrecht und Verwaltungslehre

Im Verwaltungsrecht wurden aus diesen Prämissen die entsprechenden Konsequenzen gezogen. Eine bruchlose Fortsetzung und Pflege der Verwaltungsrechtswissenschaft schien kaum denkbar. Im neuen Studienplan war die Vorlesung «Verwaltungsrecht» durch «Verwaltung» ersetzt worden. Das konnte man (zutreffend) als Herabstufung des Rechts und als Negierung seines Eigenwerts deuten, aber auch (hoffnungsvoll) als Chance der Einbeziehung der Verwaltungswirklichkeit und als Aufforderung, die fast verschüttete Tradition der Verwaltungslehre wieder aufzunehmen. Zunächst dominierten aber die Kampfansagen: Kampf dem Formalismus, Rechtmäßigkeit statt Gesetzmäßigkeit, Kampf dem subjektiv-öffentlichen Recht, Vorrang der Gemeinschaft vor dem Individuum («Gemeinnutz vor Eigennutz»), Verantwortung nach oben, Führung nach unten.

Anders als das zerfallende Staatsrecht erwies sich jedoch das Verwaltungsrecht als zäh und so stark an die Praxis gebunden, dass es nicht ohne weiteres beiseite geschoben werden konnte. In den ersten beiden Jahren (1933/34) entstand ein Stimmengewirr, in dem schnell verfasste Vorträge und Broschüren den Ton angaben. Ernst Forsthoff schrieb «Der totale Staat» (1933), Ernst Rudolf Huber «Die Gestalt des deutschen Sozialismus» (1934), Werner Sombart «Deutscher Sozialismus» (1934), Theodor Maunz «Neue Grundlagen des Verwaltungsrechts» (1934), Otto Koellreutter «Vom Sinn und Wesen der nationalen Revolution» (1933). In den Jahren 1935 bis 1938 beruhigte sich dann die Diskussion, und es zeichneten sich Gruppierungen ab. Forsthoff erklärte mehrfach, die Verfassungsfrage sei «erledigt», und: «Die vordringlichen Aufgaben öffentlich-rechtlicher Wissenschaft liegen heute auf dem Gebiet der Verwaltung. Der Verfassungsaufbau des nationalsozialistischen Staates ist im Allgemeinen beendet. Die durch das Führertum bestimmte Verfassung stellt die Wissenschaft nicht vor Interpretationsprobleme»[152]. Das hieß im Klartext: Der Führerstaat braucht jedenfalls im Staatsrecht keine Wissenschaft.

Die Wissenschaftler des öffentlichen Rechts, die mitarbeiten wollten, hatten sich also der Verwaltung zu widmen, hatten die neuen, dem autoritären Führungsstil angemessenen Rechtsfiguren zu entwickeln und den Kontakt zur Verwaltungswirklichkeit wieder zu suchen, den das Verwaltungsrecht des Liberalismus angeblich verloren hatte. Diese Schlagworte aufzunehmen und die bislang geltenden Prinzipien zu verabschieden oder doch mit neuen Inhalten zu füllen, bot ehrgeizigen Hochschullehrern die Chance, das neue Terrain zu besetzen. Otto Koellreutter (1883–1972) und Theodor Maunz (1901–1993) legten neue Lehrbücher vor[153], beide in der Absicht, die genannten Parolen fachgerecht für den Unterricht und damit für die kommende Generation nationalsozialistischer «Rechtswahrer» in das Verwaltungsrecht umzusetzen. Maunz, 1935 Extraordinarius und 1937 Ordinarius in Freiburg, schrieb auch den programmatischen Artikel «Das Verwaltungsrecht des nationalsozialistischen Staates» im offiziösen Handbuch «Deutsches Verwaltungsrecht», herausgegeben von Staatsminister Hans Frank, der sich als früher Rechtsberater Hitlers und «alter Kämpfer» Hoffnungen machte, Justizminister zu werden[154]. Der von dem nun emigrierten Hans Nawiasky habilitierte Maunz war es auch, der 1936 auf Einladung von Carl Schmitt einen programmatischen Vortrag «Die Juden und die Verwaltungsrechtswissenschaft» hielt[155].

---

[152] Ernst Forsthoff, Von den Aufgaben der Verwaltungsrechtswissenschaft, in: Deutsches Recht (1935), 398–400 (398); siehe auch ders., Das neue Gesicht der Verwaltung und die Verwaltungsrechtswissenschaft, in: Deutsches Recht (1935), 331–333.
[153] Otto Koellreutter, Deutsches Verwaltungsrecht, Berlin 1936; Theodor Maunz, Verwaltung, Hamburg 1937.
[154] Hans Frank (Hg.), Deutsches Verwaltungsrecht, München 1937 (dort Th. Maunz, Das Verwaltungsrecht des nationalsozialistischen Staates, 27–48).
[155] Der Vortrag scheint verschollen zu sein. Dass er gehalten wurde, belegt der Bericht in DJZ 1936, Sp. 1230.

Die während des Nationalsozialismus veröffentlichten Lehrbücher ordnen sich rückblickend in mehrere Gruppen. Zunächst gab es die Bücher älterer Autoren, die ihre Prägung durch Kaiserzeit und Weimarer Republik behielten und allenfalls einige «zeitgemäße» Formeln einbauten[156]. Andere wollten kompromisshaft den überlieferten Bestand erhalten und sich gleichzeitig auf die Suche nach einer neuen Linie machen. Dies war etwa das Ziel des gedankenreichen Buches von Arnold Köttgen, das versuchte – in Abkehr von Otto Mayer – das Verwaltungsrecht nicht mehr nach Rechtsformen, sondern nach Verwaltungszwecken zu gliedern[157]. An die Spitze setzten sich jedoch die eindeutig im NS-Sinn gehaltenen Bücher (Koellreutter, Maunz) sowie die zahlreichen Repetitorien und Grundrisse, die zwar wissenschaftlich wertlos waren, aber wegen ihres hohen Einflusses auf die Studierenden nicht unterschätzt werden dürfen.

Überblickt man die verwaltungsrechtlichen Publikationen jener Zeit, und zwar sowohl die seltener werdenden Bücher als auch die Aufsätze im Reichsverwaltungsblatt, im Verwaltungsarchiv, im Archiv des öffentlichen Rechts und in den landesrechtlichen Zeitschriften des Verwaltungsrechts, dann stellt man zunächst fest, dass die Masse der Produktion sich im Ton nicht wesentlich von der früherer Zeiten unterschied. Das Verwaltungsrecht war nicht nur ideologischer Kampfplatz, sondern auch Rückzugsort für sachliche Beiträge, wie sie etwa im Staatsrecht nicht mehr möglich waren. Hier konnte man über kommunal- oder steuerrechtliche Themen, Fragen des Bau- und Planungsrechts, Enteignungsrechts oder Gewerberechts noch halbwegs neutral schreiben. Gewiss gab es überall «Einbruchstellen», so bei der Frage der Baufreiheit oder Gewerbefreiheit, die nun strikt dem «Gemeinwohl» im Sinne der NSDAP untergeordnet wurden, bei den Eingriffsrechten der NSDAP im Kommunalrecht, bei den politischen Fragen des Beamtenrechts oder bei der Prüfung der «Gemeinnützigkeit» im Steuerrecht. Aber

---

[156] Ludwig von Köhler, Grundlehren des Deutschen Verwaltungsrechts, Stuttgart – Berlin 1935; Wilhelm Laforet, Deutsches Verwaltungsrecht, München 1937.
[157] Arnold Köttgen, Deutsche Verwaltung, Berlin 1935, 2. Aufl. 1937, 3. Aufl. Berlin 1944; Bodo Dennewitz, Verwaltung und Verwaltungsrecht, Wien 1944.

der Detailreichtum und die Fachlichkeit verwaltungsrechtlicher Arbeit boten doch bis 1939 einen gewissen Schutz. Allen Autoren war klar, dass sie ein Minimum an NS-Vokabular zu verwenden und direkte Kritik am Regime strikt zu unterlassen hatten.

Eine der am häufigsten verwendeten Phrasen zur Bekämpfung des «liberalistischen» Verwaltungsrechts der Vergangenheit war die Behauptung, jenes sei «lebensfremd» gewesen, habe den Kontakt zur Verwaltungswirklichkeit verloren und sei an den Bedürfnissen der Menschen vorbeigegangen. Dieser Vorwurf war seit dem letzten Drittel des 19. Jahrhunderts auch gegen die tradierte Dogmatik des Zivilrechts erhoben worden. Im Verwaltungsrecht forderte man nun die Einbeziehung empirischen Wissens, Lockerung der Dogmatik, Einbeziehung des «Lebens», und dies hieß konkret: Berücksichtigung der Forderungen der NSDAP auf allen Ebenen der Verwaltung.

Diese Ausrichtung auf die «tätige Verwaltung» im Sinne von Lorenz von Stein erweckte große Hoffnungen auf eine Wiederbelebung der im letzten Drittel des 19. Jahrhunderts fast völlig verschwundenen Verwaltungslehre. Sie war seit der endgültigen Durchsetzung der «juristischen Methode» durch Otto Mayer ins Abseits geraten. In der Weimarer Zeit wurde sie kaum noch gelehrt. Erstes Signal einer Wende war dann eine kleine Schrift von Walter Norden «Was bedeutet und wozu studiert man Verwaltungswissenschaft?» (1933). Ihrem Autor, der noch im selben Jahr in die Emigration gezwungen wurde, schwebte ein Fach vor, ähnlich der «public administration» in England und in den USA. Erfolg hatte Norden nicht, zumal seine Schrift nach seiner Emigration auch nicht mehr zitiert wurde. Aber nationalsozialistische Autoren nahmen den Gedanken auf[158]. Sie fanden mehr Resonanz, weil sie alle den «Positivismus» zum Feind erklärten, die Einbeziehung der Lebenswirklichkeit forderten und dies im Lehrplan umsetzen

---

[158] Otto Koellreutter, Die Bedeutung der Verwaltungslehre im neuen Staat, in: Reichs- und Preußisches Verwaltungsblatt (1933), 741–743; Theodor Maunz, Neues Rechtsdenken in der Verwaltung, in: Deutsche Verwaltung (1935), 65 ff.; Franz W. Jerusalem, Das Verwaltungsrecht und der neue Staat, in: Festschr. f. Hübner, Jena 1935, 124 ff.; Edgar Tatarin-Tarnheyden, Grundlagen des Verwaltungsrechts im neuen Staat, in: AöR 63 (1934), 345 ff.

wollten. Erfolgreich waren sie damit aber nicht, zumal die Fakultäten Schwierigkeiten hatten, die Grundausbildung sicherzustellen.

Die parteiamtlichen Bestrebungen gingen jedoch weiter. Man bemühte sich um Mitgliedschaft im Internationalen Institut für Verwaltungswissenschaften in Brüssel, sah sogar für September 1939 einen Kongress in Berlin vor – er fiel wegen des Kriegsbeginns aus – und gründete noch 1942 in Berlin eine «Internationale Akademie für Staats- und Verwaltungswissenschaften»[159]. Auch Autoren wie Hans Peters und Gerhard Wacke (1902–1976) schrieben weiter an Büchern über Verwaltungslehre, ohne dass diese veröffentlicht werden konnten. Als 1941 noch einmal eine Debatte um eine Reform der juristischen Studienordnung entstand, überlegte man, die Verwaltungsausbildung aus der Juristenausbildung auszugliedern. Hintergrund dieser Planungen war der erwartete Bedarf an Verwaltungsfachleuten für die zu erobernden Gebiete in Osteuropa. So herrschte allgemeine Unsicherheit, und das Pendel schlug wieder zurück. Es fehlte an politikwissenschaftlichen und soziologischen Grundlagen, ein vermittelbarer Kanon des Wissens war nicht entstanden. Die Verwaltung selbst war neben der Reichsverwaltung in viele rivalisierende Sonderverwaltungen und in das unzugängliche Imperium der SS zerfallen. Entstanden war die von Hitler teils aus Berechnung, teils aus genereller Aversion gegen «Ordnung» geförderte «Polykratie». Im neuen Studienplan von 1943 kehrte man hinter den Stand von 1934 zurück; die Vorlesung «Verwaltung» war wieder verschwunden.

8. «Daseinsvorsorge» und Bilanz

Eine Bilanz jener Jahre wird unter wohl allen denkbaren Gesichtspunkten zu negativen Ergebnissen führen. Die Verwaltungsrechtswissenschaft war gewiss nicht in so direkter Weise mit den Verbrechen des Regimes verbunden wie Anthropologie und Eugenik oder

[159] Hierzu Hans-Christian Jasch, Die Gründung der Internationalen Akademie für Verwaltungswissenschaften im Jahr 1942 in Berlin, in: DÖV (2005), 709–721.

die Kriegsforschung an Universitäten und Kaiser-Wilhelm-Instituten, die in handgreiflicher Weise dessen Ziele verfolgten. Doch ist die Verwaltungsrechtswissenschaft, wie andere Zweige der Rechtswissenschaft, in einem tieferen Sinn Teil des Systems gewesen, hat in Lehre und Praxis die Funktionsfähigkeit der Verwaltung gestützt, die Normalität einer rechtsförmig verfahrenden und kontrollierbaren Verwaltung suggeriert und auf diese Weise den temporären Pakt zwischen NS-Staat und bürgerlicher Wertewelt befestigt.

Gleichzeitig bewirkte auch die permanente Kritik am Liberalismus eine Öffnung der Perspektiven für die Rolle der Verwaltung in einem Staat, der tatsächlich nicht mehr mit dem des 19. Jahrhunderts verglichen werden konnte. Der NS-Staat verwischte alle Grenzen zwischen Staat und Gesellschaft. Die von ihm gesetzten politischen Zwecke dominierten absolut. Das Individuum war längst nicht mehr autark, sondern abhängig von staatlichen Leistungen. Ernst Forsthoff nannte dies, der älteren Linie von Hegel zu Lorenz von Stein folgend, aber aktuell angeregt von Karl Jaspers, «Daseinsvorsorge»[160]. Die Wissenschaft des öffentlichen Rechts, so sagte er, habe sich nicht nur dem Verwaltungsrecht, sondern der «arbeitenden Verwaltung» im Sinne Lorenz von Steins zuzuwenden[161]. In diesem Sinn betonte er, das moderne Leben sei vom Gegensatz zwischen technischen Möglichkeiten der Mobilität und der Beherrschung des Raums bei gleichzeitiger physischer Abhängigkeit von staatlichen Leistungen (Strom, Gas, Wasser) geprägt. Die Verwaltung arbeite in weiten Teilen als Leistungsverwaltung. Der Bürger müsse um seines Überlebens willen an diesen Leistungen «teilhaben»; das sei gewissermaßen die Achillesferse der modernen Existenz. Diese leistungsstaatliche Seite der Verwaltung ist zu einem wichtigen Thema der frühen Bundesrepublik geworden,

---

[160] Ernst Forsthoff, Die Verwaltung als Leistungsträger, Stuttgart – Berlin 1938. Hierzu grundlegend Florian Meinel, Der Jurist in der industriellen Gesellschaft. Ernst Forsthoff und seine Zeit, Berlin 2011, 154 ff.
[161] Ernst Rudolf Huber, Vorsorge für das Dasein. Ein Grundbegriff der Staatslehre Hegels und Lorenz von Steins, in: Festschr. f. Ernst Forsthoff, 1972, 139–163.

nicht zuletzt durch das von Forsthoff schon während des Krieges begonnene Lehrbuch[162].

So mischten sich Normalität und Terror, tiefere Einsichten und platteste Machtkämpfe zwischen «normaler» Verwaltung, Aufrüstung und «Vierjahresplan», zwischen der SS und den zahlreichen Sonderbeauftragten Hitlers, vor allem während des Krieges. Die häufig vorgenommene Trennung zwischen «normaler» Verwaltung, Kriegsnotwendigkeiten und Holocaust ist jedoch, in apologetischer Absicht jedenfalls, hinfällig. Auch der Verwaltungsbeamte, der sich nach überlieferten Regeln einwandfrei verhielt, gewann im Kontext von Staatskriminalität eine andere Funktion. Sein Verharren an verantwortlicher Stelle schuf Vertrauen und vermittelte dem von jeglichen Hemmungen freien Kern des Systems eine formale Legitimation. Erst recht problematisch ist die Rolle der administrativen Vordenker des Systems. Sie waren beamtete Schreibtischtäter, auch wenn sie über keine Kommandogewalt verfügten. Die Verabschiedung der Grundrechte, die nun als Ausdruck bourgeoisen Misstrauens gegen den Staat ironisiert wurden, der «Kampf gegen das subjektiv-öffentliche Recht», die Rechtfertigung von Unterdrückung durch den «Zweck», die Aufweichung der Gesetzesbindung des Verwaltungshandelns durch eine vage Berufung auf das «Recht der Volksgemeinschaft», die «Überwindung» der Gewaltenteilung, die Planungen für die Verwaltung eroberter Gebiete, die intellektuelle Vorbereitung für den Abbau der Verwaltungsgerichtsbarkeit, etwa durch Ausklammerung «politischer» Fälle oder durch Befestigung der Kategorie «justizloser Hoheitsakt» – alles dies in Rede und Schrift vielfältig begründet und verbreitet zu haben, war aktives und verantwortbares Tun. Insofern hat die Verwaltungsrechtswissenschaft der Gegenwart allen Anlass, sich anhand dieser Beispiele kritisch zu fragen, wo auf heutigen Feldern die weichen Stellen der Adaption an die jeweils interessierten Mächte liegen, zugleich aber auch diese Einsichten produktiv in Handlungsmaximen umzusetzen: Was will eine freie, demokratisch und rechtsstaatlich verfahrende Gesellschaft – und was will sie nicht?

[162] Ernst Forsthoff, Lehrbuch des Verwaltungsrechts. Erster Band, Allgemeiner Teil, München – Berlin 1950.

XIII. Deutschlands Rechtslage, Wiederaufbau, zwei Staaten

1. Stunde Null?

Die Ausgangslage des Jahres 1945 war für alle Betroffenen des Zweiten Weltkriegs auf dem Kontinent und in England katastrophal. Die Deutschen erlebten den Zusammenbruch des NS-Staates, das Land war militärisch besetzt, es herrschte größte materielle Not. Man wusste oder ahnte jedenfalls, dass ein gigantisches Menschheitsverbrechen begangen worden war, die «Vernichtung der europäischen Juden» (Raoul Hilberg) und anderer Opfergruppen. Erst im Laufe der folgenden Jahrzehnte wurden die Dimensionen schrittweise klarer. Rückblickend kann man sehen, wie tief sich dieser «Zivilisationsbruch» (Dan Diner) in die Gründungsgeschichte der nun entstehenden beiden deutschen Staaten, aber auch des neuen Staates Israel eingegraben hat.

Die viel zitierte «Stunde Null» des Jahres 1945 dokumentierte sich zunächst in den Kapitulationsurkunden, in der «Berliner Erklärung» sowie in den Dokumenten der Potsdamer Konferenz (17. Juli bis 2. August 1945)[163]. Sie bildeten den Ausgangspunkt für die nun diskutierte Frage nach der «Rechtslage Deutschlands». Im Übrigen gab es in der Gesellschaft, in Administration und Staat mehr Kontinuitäten als Brüche, sodass die Metapher der «Stunde Null» nur zu einem kleinen Teil zutrifft. Wo sie Kontinuitäten verhüllen soll, ist sie durchaus unangebracht. Für den gleichwohl von vielen geistig Führenden ernsthaft unternommenen Neuanfang ist sie wiederum verwendbar. Mit anderen Worten: Was für die einen Befreiung bedeutete, war für die anderen ein Schock, für viele der Verlust von Heimat und Beruf, für wieder andere ein Anlass, sich unauffällig zu machen und zu schweigen.

---

[163] Ingo von Münch (Hg.), Dokumente des geteilten Deutschland, Bd. I, Stuttgart 1968.

Nach einer ersten Phase der Notverwaltung, der Ingangsetzung der kommunalen Verwaltungen und der Entstehung von «Ländern» mit eigenen Verfassungen[164] sowie deren Zusammenführung im Westen (Bizone, Trizone) zeichnete sich die fundamentale Trennung der Westzonen von der Sowjetischen Besatzungszone ab. Sie schien unvermeidlich angesichts der weltpolitischen Verschiebungen. 1948 funktionierte der Alliierte Kontrollrat nicht mehr, die beiden Seiten bereiteten eigene Verfassungen vor, gaben sich neue Währungen, brachen die Kontakte ab. Hoffnungen auf eine Wiedervereinigung von Ost und West lebten zwar weiter, wurden auch taktisch genutzt, hatten aber angesichts des offenen Stalinismus in der DDR und der Westbindung der Bundesrepublik keine Chance mehr[165].

Die Staats- und Völkerrechtler in Ost und West, auch sie zurückgeworfen an einen idellen Nullpunkt und in vielen Fällen belastet durch ihre eigene Mitarbeit im NS-Staat, interpretierten nun sofort und mit politischer Leidenschaft die «Rechtslage Deutschlands». War Deutschland als Rechtssubjekt untergegangen? Nach der klassischen Lehre, dass ein Staat nicht mehr existiere, wenn er kein Gebiet, keine Staatsgewalt oder kein Volk mehr habe, war dies durchaus vertretbar. Das von deutscher Staatsgewalt beherrschte Gebiet war reduziert, die Staatsgewalt selbst war entweder aufgelöst und von den Besatzungsmächten übernommen worden, oder sie war, wenn doch noch vorhanden, gelähmt und nicht handlungsfähig. Andererseits gab es eine Menge von Gegenargumenten: Das Land war nicht annektiert, die Alliierten hatten nur die «supreme authority» übernommen, es gab nur eine Kapitulation, keinen Friedensvertrag, es gab völkerrechtliche Verpflichtungen Deutschlands sowie Außenstände und Schulden, die nun gewissermaßen subjektlos zu werden drohten. Mit allen Mitteln einer vom Positivismus gelösten Methodologie interpretierte man die Fakten und die Besatzungsdokumente in der Richtung, Deutschland nicht nur geistig,

---

[164] Michael Stolleis, Besatzungsherrschaft und Wiederaufbau 1945–1949, in: Josef Isensee – Paul Kirchhof (Hg.), Handbuch des Staatsrechts, Bd. I, 3. Aufl. Heidelberg 2003, § 7.
[165] Einzelheiten der Nachkriegsentwicklung bei Dietmar Willoweit, Deutsche Verfassungsgeschichte, 6. Aufl. München 2009, §§ 41–43.

sondern auch rechtlich zu bewahren. Politisch kam eine gegen die «Sieger» gerichtete Stimmung hinzu, aber auch diese Sieger waren sich im Ergebnis einig, es sei angesichts des Kalten Krieges besser, die deutsche Frage offen zu halten und von einem fortbestehenden Deutschland auszugehen. Die Untergangsthese setzte sich also nicht durch. Auch in der frühen DDR folgte man zunächst der Fortbestandsthese, weil sie für eine gesamtdeutsche Lösung unter neutralen oder sozialistischen Vorzeichen günstiger war.

Diese erste interne Debatte einer wieder Tritt fassenden Staats- und Völkerrechtslehre hatte auch vielfältige Implikationen für die Politik, wie umgekehrt die Politik die eigentliche Dynamik lieferte. Wenn es Deutschland als Ganzes noch gab, obwohl sich zwei (provisorische) Teilstaaten zu bilden begannen, musste man auch an einer deutschen Staatsangehörigkeit festhalten, Deutschland als Haftungsobjekt anerkennen, es international handlungsfähig machen. So bewahrte man eine politische Fiktion, erhob einen «Allein-vertretungsanspruch» und handelte getrennt im Rahmen des west-lichen oder östlichen Blocks, suchte sich auf internationalem Parkett zu verdrängen (Hallstein-Doktrin) und denunzierte sich wechselseitig. Erst die 1969 einsetzende innerdeutsche Politik «Wandel durch Annäherung», die langsame Entstehung einer Dis-sidentenszene in der DDR, das Brüchigwerden des Ostblocks, die KSZE-Konferenzen und großflächige weltpolitische Verschiebun-gen schwächten die ursprüngliche Konfrontation langsam ab. Es schien aber weiterhin so, als habe man sich auf unabsehbare Zeit mit der parallelen Existenz zweier deutscher Staaten abzufinden.

2. Wiederaufbau der Universitäten

Auch die Universitäten fingen 1945 in einem materiellen Sinn wie-der bei «Null» an, organisierten einen Notbetrieb mit unbelasteten oder von den Besatzungsmächten jedenfalls zugelassenen Lehr-kräften, verbannten die NS-Literatur in den «Giftschrank», verviel-fältigten erste Skripten für den Unterricht und suchten auf brei-ter Front nach einem idellen neuen Anfang. Die Juristen griffen hierzu auf das »Naturrecht» oder auf eine «materiale Wertethik» zurück, ohne dass aber die Umsetzung in die Praxis wirklich gelang. Dort musste man sich in einem Dschungel von (noch) geltendem altem Recht, außer Kraft gesetztem NS-Recht, Besatzungsrecht und neuem Länderrecht orientieren. Die Beschwörung der abendländischen «Wertordnung» und der täglich notwendige Gesetzespositivismus standen sich also gegenüber.

Gleichzeitig liefen die Bemühungen, den Lehrkörper wieder zu vervollständigen. Von den überlebenden NS-Opfern konnten oder wollten nur wenige zurückkehren, wenn man sich überhaupt um sie bemühte. Unbelastete Privatdozenten waren kaum zu finden. Aus der Sowjetischen Besatzungszone drängten Kollegen nach Westen. Viele wenig belastete «Mitläufer» waren noch nicht «entnazifiziert». So bildete sich aus uneingestandener Scham über die Vergangenheit, kollegialen Netzwerken und schierer materieller Not ein für die Westzonen und die frühe Bundesrepublik charakteristisches Muster. Nach wenigen Jahren waren fast alle früheren Professoren und unter ihnen die Öffentlichrechtler wieder auf Lehrstühlen, ausgenommen nur wenige eindeutig Belastete, unter ihnen vor allem Carl Schmitt, Reinhard Höhn, Otto Koellreutter, Ernst Rudolf Huber – durchaus unterschiedliche Personen.

Im Westen gab es den fast unveränderten Bestand an Universitäten (Bonn, Erlangen, Frankfurt, Freiburg, Göttingen, Hamburg, Heidelberg, Kiel, Köln, Mainz, Marburg, München, Münster, Tübingen, Würzburg). In Berlin wurde die im Osten der nun geteilten Stadt liegende Friedrich-Wilhelm-Universität in Humboldt-Universität umbenannt, im Westteil gründete man die «Freie Universität». In Saarbrücken entstand eine deutsch-französische Universität, die nach der Volksabstimmung von 1955 sich wieder an Deutschland orientierte, jedenfalls im öffentlichen Recht. In Speyer begann – ebenfalls unter französischen Auspizien – eine Hochschule für Verwaltungswissenschaften für postuniversitäre Ausbildung. Sie erhielt schrittweise Universitätsrechte.

Im Osten waren die Schwierigkeiten des Aufbaus wesentlich größer. Von den sechs Juristischen Fakultäten (Berlin, Leipzig, Halle, Jena, Rostock, Greifswald) fielen die beiden letztgenannten weg. Auch die verbliebenen vier Fakultäten wurden nun primär Stätten der Ausbildung, während sich Forschung und Funktionärsausbildung auf die nach sowjetischem Vorbild errichtete «Deutsche Akademie für Staats- und Rechtswissenschaft ‹Walter Ulbricht›» in Potsdam Babelsberg konzentrierte[166]. Schließlich entstand noch eine «Juristische Hochschule des Ministeriums für Staatssicherheit» in Potsdam-Golm, die im Laufe der Jahre auch Promotions- und Habilitationsrecht bekam. Die an ihr erstellten Arbeiten waren im Prinzip nicht für die Öffentlichkeit bestimmt. Sie dienten der Agententätigkeit und der Orientierung innerhalb des Geheimdienstimperiums von Erich Mielke (1907–2000)[167].

An den Universitäten wechselten fast alle «bürgerlichen» Professoren in den Westen. Man ersetzte sie durch junge linientreue Dozenten. Die Studienpläne wurden umgestaltet, an die Stelle der Staatsexamina traten ein Diplom und eine Praktikantenzeit, das Fach «Marxismus-Leninismus» war von nun an obligatorisch. Je mehr die Sozialistische Einheitspartei Deutschlands (SED) die Herrschaft ergriff, desto enger wurden die Räume für Staats- und Verwaltungsrecht. Die Verfassung vom 7. Oktober 1949 durfte nicht kommentiert werden, Verwaltungsgerichte waren ab 1952 abgeschafft, und das Verwaltungsrecht blieb – wegen seiner unaufhebbaren liberalen, die Staatsmacht begrenzenden Elemente – ein Gegenstand des Misstrauens. Mit der Babelsberger Konferenz von 1958, die Walter Ulbricht zur Reglementierung der Rechtswissenschaft inszenierte[168], verschwand «Verwaltungsrecht» als Fach gänzlich, wenigstens verbal. Es wurde von da an im «Staatsrecht» untergebracht und erhielt den Namen «Leitungsrecht»[169]. Er sollte ausdrücken, dass es sich um ein Recht der administrativen Steuerung handelte, nicht etwa um ein Recht zur Begrenzung der Staatsmacht.

---

[166] In ihrem langen Namen entfielen mit dem Ende des Personenkults der Name «Walter Ulbricht» sowie mit der Ausbildung der Zweistaatentheorie auch das Adjektiv «Deutsche».

[167] Michael Stolleis, «Feindlich-negative Kräfte» in den Kirchen der DDR, in: Zeitschrift für evangelisches Kirchenrecht 56 (2011), 328–347.

[168] Jörn Eckert (Hg.), Die Babelsberger Konferenz vom 2./3. April 1958, Baden-Baden 1993.

[169] Joachim Hoeck, Verwaltung, Verwaltungsrecht und Verwaltungsrechtsschutz in der Deutschen Demokratischen Republik, Berlin 2003.

3. Institutionen und Zeitschriften

Nach dem Untergang des Nationalsozialismus, der auch die meisten «Standesvereinigungen» abgeschafft oder vereinnahmt und sich unterworfen hatte, mussten auch diese neu aufgebaut werden. Dies geschah durchweg im Jahr 1949, also zugleich mit der Gründung der Bundesrepublik, war aber schon länger vorbereitet worden. So konstituierte sich 1949 erneut die 1917 gegründete und 1933 suspendierte »Deutsche Gesellschaft für Völkerrecht». Auch das Kieler «Institut für Internationales Recht» (heute: Walther Schücking-Institut) begann von neuem und das frühere Berliner Kaiser-Wilhelm-Institut für ausländisches öffentliches Recht und Völkerrecht setzte nun in Heidelberg unter dem Namen «Max-Planck-Institut» seine Arbeit fort. 1949 fand sich der lose organisierte «Deutsche Rechtshistorikertag» zusammen, ebenso der Deutsche Juristentag e. V., Letzterer in Fortsetzung des Deutschen Juristentags von 1860. Die Zivilrechtslehrer begannen mit ihren Tagungen ebenso wie die Strafrechtler[170].

Auch für die Vereinigung der Deutschen Staatsrechtslehrer, gegründet 1923 und in der NS-Zeit nicht zusammengetreten, war 1949 das Jahr der Neugründung. 82 Professoren wurden nach Heidelberg eingeladen, einige eindeutig belastete Mitglieder bekamen eine solche Einladung nicht oder blieben fern. Richard Thoma (Bonn) fungierte als Alterspräsident und sagte, die Vereinigung könne «erhobenen Hauptes» wieder hervortreten. Innere Spannungen der neuen Vereinigung gab es freilich genug, aber man versuchte, sie wenigstens nicht öffentlich zu machen. Man hörte Referate über «Kabinettsfrage und Gesetzgebungsnotstand» sowie über die Rechtsschutzgarantie des Grundgesetzes. Der ortsansässige Walter Jellinek erklärte, es sei eine «wichtige Aufgabe der Staatsrechtswissenschaft von heute», das Bonner Grundgesetz «in seinen

---

[170] Die Tagungen der Zivilrechtslehrer fanden (auf Initiative von Rolf Dietz) ab 1951 im Rhythmus von zwei Jahren, diejenigen der Strafrechtler seit 1952 statt (zu letzteren siehe Thomas Rönnau – Frank Saliger, Materialien zur Geschichte der Strafrechtslehrertagung [1952–2009], Privatdruck der Bucerius Law School, Hamburg 2009).

krisenanfälligen Bestimmungen bis zur größtmöglichen Klarheit zu einer Zeit auszulegen, da noch alle politischen Möglichkeiten im Schoße der Zukunft liegen»[171].

Während auf den ersten Tagungen der Völkerrechtler noch Vertreter aus der Sowjetischen Besatzungszone (SBZ) teilnahmen, brachen diese innerdeutschen Kontakte im nun herrschenden Kalten Krieg ab. Ein gesamtdeutsches Forum für Juristen fehlte seither. Auch eine Vereinigung der Staatsrechtslehrer der DDR gab es nicht. Einzelnen Professoren östlicher Universitäten wurde anfangs noch die Reise erlaubt, und private Kontakte lebten weiter, etwa in der Rechtsgeschichte oder in der Rechtsphilosophie. Aber die Staats- und Verwaltungsrechte des westlichen und des östlichen Teilstaats entwickelten sich von nun an scharf getrennt, zumal eine verbindende Kodifikation des materiellen Rechts wie im Zivilrecht (BGB) und Strafrecht (StGB) nicht vorhanden war. Im Zuge der internationalen Anerkennung der DDR lebte der völkerrechtliche Austausch wieder etwas auf, und es gab vorsichtige Berührungen, etwa über die UN. Insgesamt gilt aber: Eine gesamtdeutsche rechtswissenschaftliche Verständigung in einem offenen, halbwegs entpolitisierten Kontext war zwischen 1947 und 1990 nicht möglich.

Parallel zu diesen Neu- oder Wiedergründungen der Institutionen blühte im Westen auch die Landschaft der juristischen Zeitschriften auf, unter ihnen etwa die «Süddeutsche Juristenzeitung» und die «Deutsche Rechts-Zeitschrift» (beide 1946), die 1951 zur heutigen «Juristenzeitung» (JZ) vereinigt wurden. In der britischen Zone erschien die «Monatsschrift für Deutsches Recht», in Berlin die «Juristische Rundschau», schließlich ab 1947 die «Neue Juristische Wochenschrift» (NJW). Speziell für öffentliches Recht erschien ab 1948 wieder das «Archiv des öffentlichen Rechts» (AöR) mit einer Mischung von alten und neuen Herausgebern. 1951 trat das 1939 eingestellte «Jahrbuch des öffentlichen Rechts» (JöR) wieder ans Licht. Im Verwaltungsrecht dominierte bald das aus dem alten «Reichsverwaltungsblatt» hervorgegangene «Deutsche Verwaltungsblatt» (DVBl), eng verbunden mit dem wiedererstehenden

---

[171] Walter Jellinek, Kabinettsfrage und Gesetzgebungsnotstand nach dem GG, in: VVDStRL 8 (1950), 19 (Leitsatz 1).

«Verwaltungsarchiv». Gewissermaßen deren süddeutsches Pendant war «Die Öffentliche Verwaltung» (DÖV) ab 1948. Ebenso wichtig wie diese übergreifenden Organe, ja in der ersten Phase des Wiederaufbaus noch wichtiger, waren die auf einzelne Bundesländer bezogenen Zeitschriften des Verwaltungsrechts. Als älteste unter ihnen bestehen heute noch die «Bayerischen Verwaltungsblätter».

In der Deutschen Demokratischen Republik (DDR) gab es aus ökonomischen und vor allem politischen Gründen einen solchen offenen Zeitungsmarkt nicht. Vielmehr genügten für einen Staat, der 1952 nicht nur den Föderalismus, sondern auch die Verwaltungsgerichtsbarkeit abgeschafft hatte und eine Verfassungsgerichtsbarkeit nicht zuließ, im Wesentlichen zwei Zeitschriften[172]: Zum einen die vom Justizministerium herausgegebene und vor allem für die Richterinnen und Richter gedachte «Neue Justiz» (NJ) ab 1947, zum anderen ab 1952 die für das öffentliche Recht zentrale Zeitschrift «Staat und Recht». In Letzterer spiegeln sich bis 1991 alle internen und oft verklausulierten Auseinandersetzungen der Rechtswissenschaft der DDR, aber auch diejenigen mit der Bundesrepublik, dem als faschistoid gebrandmarkten «Bonner Separatstaat».

---

[172] Am Rande erwähnt seien noch die beiden Zeitschriften «Vertragssystem» (1957–1969), die dann «Wirtschaftsrecht» hieß, sowie die «Sozialistische Finanzwirtschaft» (1969–1989).

XIV. Die neue «Wertordnung» und die Wiederherstellung des Rechtsstaates

1. Erste Reaktionen auf das Grundgesetz, Kommentare und Lehrbücher

Im Entstehungsprozess der Verfassungen der Länder und vor allem des Grundgesetzes 1945 bis 1949 haben Juristen des Verfassungs- und Verwaltungsrechts zwar überall eine Rolle als Sachverständige gespielt, aber die Verfassungsgebung selbst lag in den Händen der Politik, die ihrerseits die zentralen Vorgaben der Besatzungsmächte zu berücksichtigen hatte. Auf den verschiedenen Stufen dieses Prozesses von den Londoner Empfehlungen vom 7. Juni 1948 über den Verfassungskonvent auf Herrenchiemsee bis zum Parlamentarischen Rat wurden Grundlinien und Details von Demokratie, Rechtsstaat, Grundrechten, Föderalismus, Gewaltenteilung, Gesetzgebungs- und Verwaltungskompetenzen, Finanzverfassung und andere Themen diskutiert. Dabei spielten die Erfahrungen mit der Weimarer Verfassung ebenso eine Rolle wie die Rahmenbedingungen des Kalten Kriegs. Man meinte, angesichts der unsicheren Zukunft nur ein «Provisorium» zu schaffen, und klammerte deshalb auch wichtige Themen aus.

Das schließlich entstandene Grundgesetz der Bundesrepublik Deutschland vom 23. Mai 1949 wurde zwar feierlich verkündet[173], aber es galt in der Öffentlichkeit eher als Provisorium. Für die Deutschen standen die Ernährungslage, die Währungsreform, die Wirtschaft und die Integration der Flüchtlinge im Vordergrund. Überlebt zu haben war wichtiger als ein neuer Staat. Und die Verfassung selbst wurde kritisch gesehen. Je nach Optik war sie den einen zu wenig christlich, den anderen zu wenig sozialistisch,

---

[173] Horst Bredekamp, Politische Ikonologie des Grundgesetzes, in: Stolleis (Hg.), Herzkammern der Republik. Die Deutschen und das Bundesverfassungsgericht, München 2011, 9–35.

den dritten zu sehr justizstaatlich orientiert. Viele waren überhaupt gegen die Gründung eines Teilstaates eingestellt, weil sie sich eine gesamtdeutsche Lösung mit Billigung der UdSSR erhofften, übrigens nicht nur Kommunisten, sondern gerade auch Publizisten mit NS-Vergangenheit. Konservative Staatsrechtslehrer kritisierten eine zu schwach ausgebildete Exekutive, zu viel Föderalismus und Rechtsstaat, zu wenig Vorsorge für den «Ernstfall»[174]. Die Mehrheit aber stellte sich auf das Grundgesetz ein und schrieb auf dieser Rechtsgrundlage Kommentare, Aufsätze und Lehrbücher.

Aus der neuen staatsrechtlichen Literatur sei – abgesehen von den «Taschenkommentaren», die kaum mehr als einen annotierten Text boten – zunächst der «Bonner Kommentar» erwähnt. Er erschien ab 1950 in Loseblattform und wuchs sich zu einem Werk in 15 Ordnern und mit 100 Mitarbeitern aus. Er blieb, obwohl eine Fundgrube guter Kommentierungen, einschließlich solcher des historischen Hintergrunds, zwischenzeitlich liegen, hat sich aber in neuerer Zeit in einem anderen Verlag wieder etabliert. Ebenfalls 1950 begann der Kommentar von Hermann von Mangoldt zu erscheinen. Er war auf drei Bände angelegt, wuchs jedoch unter Mangoldts Nachfolger Friedrich Klein auf geplante 15 Bände und brach dann ab. Erst in der 4. Auflage (1999–2001, 3 Bde.) wurde er durch Christian Starck energisch modernisiert. Daneben gab es ein Nachweiswerk für die neue Rechtsprechung des Bundesverfassungsgerichts (Leibholz-Rinck) und dazu einen praxisnahen Kommentar mittleren Umfangs (Hamann-Lenz). Beherrschend wurde aber der ab 1958 erscheinende Kommentar in Loseblattform «Maunz-Dürig», inzwischen fünf Bände mit 10 000 Druckseiten umfassend. Die «Grundrechts-Architektur», entwickelt aus den ersten drei Artikeln des Grundgesetzes und im Kern auch vom Bundesverfassungsgericht akzeptiert, stammte vor allem von dem Tübinger Staatsrechtler Günter Dürig (1920–1996).

---

[174] So vor allem Werner Weber, Weimarer Verfassung und Bonner Grundgesetz, Göttingen 1949; wesentlich gemäßigter Hans Peter Ipsen, Über das Grundgesetz, Hamburg 1949 (3. Aufl. 1969); Rudolf Laun, Das Grundgesetz Westdeutschlands, Hamburg 1949.

Schließlich spielte in der frühen Bundesrepublik auch das sechsbändige Sammelwerk «Die Grundrechte» von Franz L. Neumann, Hans Carl Nipperdey und Ulrich Scheuner eine große Rolle, weil in den ersten beiden Jahrzehnten besonderer Bedarf an Monographien über die nun unmittelbar geltenden Grundrechte (Art. 1 Abs. 3 GG) bestand.

Führendes Studienbuch zum neuen Staatsrecht wurde zunächst dasjenige von Theodor Maunz (1901–1993), dessen Autor sich nun wieder in den Dienst der Demokratie gestellt hatte. Es informierte knapp und zuverlässig über die Rechtslage in Ost und West sowie in Berlin, erschien von 1952 an nahezu jährlich und gehörte zur Standardausstattung aller Studierenden[175]. Historische, rechtsvergleichende oder rechtstheoretische Vertiefung bot das Buch aber kaum. Es setzte den Staat institutionell voraus und begrenzte seine Tätigkeit durch die Grundrechte. Diese wurden nun aber seit dem Lüth-Urteil des Bundesverfassungsgerichts (BVerfGE 7, 198) aktiviert und sollten gleichermaßen Verwaltungsrecht, Zivil- und Strafrecht «durchdringen». Aber auch innenpolitisch wandelte sich die Szene, eine neue Generation meldete sich an, das Verhältnis zur DDR veränderte sich seit dem Bau der Mauer 1961, und es öffnete sich der Blick auf die parallelen öffentlichen Ordnungen in Westeuropa und in den USA. Damit wuchs auch der Bedarf nach einem methodisch anspruchsvolleren Lehrbuch. Ein solches erschien 1967 unter dem Titel «Grundzüge des Verfassungsrechts der Bundesrepublik Deutschland» von Konrad Hesse (1919–2005) und erreichte bis 1995 zwanzig Auflagen[176]. Wie sein Titel schon andeutete, verstand es die Verfassung als generalisierende Rahmenordnung für eine prozesshafte Vermittlung zwischen den normativen Eckpunkten und den Entscheidungen der Gesetzgebung. Sein Leitbild war nicht mehr der Anstaltsstaat, sondern die staatlich verfasste Zivilgesellschaft, sein methodischer Leitgedanke der harmonisierende Ausgleich textlicher und gesellschaftlicher Spannungen

---

[175] Theodor Maunz, Deutsches Staatsrecht. Ein Studienbuch, München – Berlin 1951. Seit der 27. Aufl. (1988) schrittweise übernommen von Reinhold Zippelius, anschließend von Thomas Würtenberger.

[176] Konrad Hesse, Grundzüge des Verfassungsrechts der Bundesrepublik Deutschland, Heidelberg 1967, 20. Aufl. 1995.

innerhalb des Verfassungsrahmens. Im Grunde war dies auch die Leitlinie des Bundesverfassungsgerichts, dem Hesse 1975 bis 1987 selbst angehörte.

Kurz nach Hesses Buch erschien das klar didaktisch ausgerichtete «Lehrbuch des Staatsrechts» von Ekkehart Stein[177]. Es begann mit dem Staatsorganisationsrecht und ließ erst dann die Grundrechte folgen. Als sein rechtstheoretischer Orientierungspunkt könnte am ehesten Hermann Heller genannt werden. Bei Konrad Hesse waren dies Rudolf Smend und der Freiburger Schüler- und Kollegenkreis, bei Maunz wohl mehr oder weniger die traditionelle Vorstellung einer Dreiheit von Staatsgebiet, Staatsvolk und Staatsgewalt.

2. Das Bundesverfassungsgericht

Stärkste Kraft bei der Fortentwicklung des gesamten öffentlichen Rechts der Bundesrepublik war und ist das Bundesverfassungsgericht. Es gab schon seit langem gewisse Vorformen, etwa die inzidente Kontrolle der formellen, zuletzt sogar der materiellen Verfassungsmäßigkeit eines im Einzelfall anzuwendenden Gesetzes durch das Reichsgericht, es gab auch die Kontrolle von Verwaltungsakten durch die Verwaltungsgerichte seit 1863 (Baden) und seit 1875 (Preußen, Bayern, Österreich). Die Weimarer Republik errichtete einen «Staatsgerichtshof zum Schutze der Republik»[178], allerdings ohne Verfassungsbeschwerde für einzelne Bürger.

Nun, nach den Erfahrungen des Nationalsozialismus, entschloss man sich – wie in den Zwanzigerjahren schon die Tschechoslowakei und die Republik Österreich – zu einer mit breiter Zuständigkeit (Art. 93 GG) ausgestatteten Verfassungsgerichtsbarkeit, die auch gewisse Züge des Supreme Court der USA übernahm. Von jetzt an konnten sich Bürger darauf berufen, ein Verwaltungsakt,

---

[177] Ekkehart Stein, Staatsrecht, Tübingen 1968, weitere 13 Auflagen 1971–1993, seit 2000 bearbeitet von Götz Frank.
[178] Ingo J. Hueck, Der Staatsgerichtshof zum Schutze der Republik, Tübingen 1996.

eine Gerichtsentscheidung, ja ein Gesetz verletze sie in ihren Grundrechten. Richter konnten ein entscheidungsrelevantes Gesetz, an dessen Verfassungsmäßigkeit ernsthafte Zweifel bestanden, dem Bundesverfassungsgericht vorlegen (Art. 100 Abs. 1 GG). Ebenso konnte eine im Bundestag unterlegene Minorität von einem Drittel (seit 2009: einem Viertel) der Mitglieder ein Gesetz überprüfen lassen. Nahezu alle staatsrechtlich relevanten Fragen landeten nun seit 1951 beim Bundesverfassungsgericht. Der «Gang nach Karlsruhe» wurde sprichwörtlich[179].

Gewiss blieb es ein Problem der Demokratietheorie, dass ein vom demokratisch gewählten Gesetzgeber beschlossenes Gesetz, sozusagen das «letzte Wort» des Souveräns, nun noch einmal umgestoßen werden konnte[180]. Aber man verdrängte diese theoretische Frage und folgte einem in vielen Ländern feststellbaren Trend, die fortlaufende Konkretisierung der Verfassung an wechselnden Fällen, letztlich ihre Fortschreibung unter sich wandelnden Verhältnissen, einem qualifizierten und distanzierten Gericht anzuvertrauen. Je öfter sich dieses Gericht in hochpolitischen Fällen als standfest und grundsatztreu erwies, desto mehr stieg sein Ansehen. Es scheint, als ob säkularisierte Gemeinwesen, deren metaphysischer Hintergrund verblasst ist, in besonderer Weise einer Institution bedürfen, die in vertrauenswürdiger Weise den maßgeblichen Text auslegt, aus dem Ruder gelaufene Willensbildungsprozesse wieder einfängt und auf diese Weise «Entschleunigung» und Beruhigung bewirkt. Wo der Verfassungstext offener ist als die ihn umgebende Gesellschaft, kann das Verfassungsgericht auch die

---

[179] Knapp Uwe Wesel, Die Hüter der Verfassung: Das Bundesverfassungsgericht, seine Geschichte, seine Leistungen und seine Krisen, Frankfurt 1996; Jutta Limbach, «Im Namen des Volkes». Macht und Verantwortung der Richter, Stuttgart 1999; umfassend (incl. Statistik) Peter Badura – Horst Dreier (Hg.), Festschrift 50 Jahre Bundesverfassungsgericht, 2 Bde., Tübingen 2001; mit überwiegend nichtjuristischen Autoren Michael Stolleis (Hg.), Herzkammern der Republik. Die Deutschen und das Bundesverfassungsgericht, München 2011; Christoph Möllers – Matthias Jestaedt – Christoph Schönberger – Oliver Lepsius, Das entgrenzte Gericht. Eine kritische Bilanz nach sechzig Jahren Bundesverfassungsgericht, Frankfurt 2011.
[180] So Ingeborg Maus, Zur Aufklärung der Demokratietheorie, Frankfurt 1992, 235 ff. u. ö.

Rolle des Impulsgebers und Modernisierers übernehmen; die Entscheidungen der ersten beiden Jahrzehnte des Bundesverfassungsgerichts geben hierfür reiche Belege, vor allem im Ehe- und Familienrecht sowie im Strafrecht.

Dass nun freilich alle wichtigen parlamentarischen Entscheidungen noch einmal das «Nadelöhr» von Karlsruhe passieren müssen, um volle Legitimität zu erhalten, bleibt bedenklich. Das Parlament hat nicht mehr das «letzte Wort», und zwar einerseits auf der Mikroebene in diffizilen Details des Sozialrechts, Beamten- und Besoldungsrechts, der Eliminierung denkbarer Ungerechtigkeiten des Wahlrechts, bei denen das Gericht Regelungsvorschläge macht, Fristen setzt oder warnend sagt, eine Regelung sei «noch» vereinbar mit dem Grundgesetz. Andererseits wird auf der Makroebene das Regierungshandeln auf Verfassungsmäßigkeit überprüft und an die Mitwirkung des Parlaments gebunden, etwa bei umstrittenen außenpolitischen bzw. europäischen Verträgen, bei Einsätzen der Bundeswehr, bei weiteren Schritten der europäischen Integration oder in Krisen der Währungspolitik.

Das Gericht hat also in der Geschichte der Bundesrepublik die Architektur des Grundgesetzes erheblich verändert. Es ist nicht nur Kontrolleur, sondern ein Akteur geworden, mit dem die klassische Demokratietheorie nicht gerechnet hatte. Es bremst aber die Politik nicht nur, sondern entlastet sie auch in hohem Maße, indem die Verantwortung für unangenehme Entscheidungen nach Karlsruhe weitergereicht werden kann. Diese starke Stellung wird freilich dadurch kompensiert, dass sich das Gericht mit seinen ausführlichen Begründungen und mit der Publikation von Sondervoten seit 1970 der Kritik der Öffentlichkeit und der Wissenschaft stellt[181]. Es hat sich – vor allem wohl dank seiner Kollegialstruktur in der nunmehr etwa dritten Richtergeneration – insgesamt als maßvoll und pragmatisch erwiesen. Seine Wirkung als Vorbild für andere Staaten und Rechtskulturen ist außerordentlich hoch. Auf europäischer Ebene haben sich gewisse Abgrenzungsformeln zum Euro-

---

[181] Alle wesentlichen Informationen bei Klaus Schlaich – Stefan Korioth, Das Bundesverfassungsgericht. Stellung, Verfahren, Entscheidungen, 8. neubearbeitete Aufl. München 2010, Rdnr. 48–50.

päischen Gerichtshof in Luxemburg und zum Straßburger Gerichtshof für Menschenrechte eingespielt[182]. Aber auch hier kann das Gericht durch eine entweder stärker nationalstaatliche oder mehr integrationsfreundliche Linie erheblichen Einfluss auf die Europapolitik gewinnen.

3. Rechtsstaat und Grundrechte

Nach der Niederschlagung des NS-Regimes durch die Alliierten und der vollen Bewusstwerdung der von diesem Regime begangenen Entrechtungen, Vertreibungen und Massentötungen war der Ruf nach dem hergebrachten «Rechtsstaat» eine Selbstverständlichkeit, schon in den Debatten von Exil und Widerstand. Was «Rechtsstaat» bedeutete, war im Kernbestand klar: persönliche und sachliche Unabhängigkeit der Richter, keine Ausnahme- oder Sondergerichte, keine Doppelbestrafung, Schutz vor willkürlicher Freiheitsberaubung, Garantien der Verteidigung, Schutz vor willkürlichem Staatshandeln, vor allem durch Verwaltungsgerichte. Der Staat sollte die Menschen- und Bürgerrechte achten und nur auf gesetzlicher Grundlage und nur insoweit in sie eingreifen dürfen, als er dafür Begründungen aus der Verfassung selbst gewinnen konnte. Das war ein großes, mit dem Pathos der Geste «nie wieder» vorgetragenes Programm der Verrechtlichung der Staatsgewalt[183].

Dieses Programm schlug sich schon in den ersten Verfassungen der Länder nieder, etwa in Hessen, Bayern und Rheinland-Pfalz. Als anschließend das Grundgesetz entstand, war die Wiedererrichtung des Rechtsstaats eine sichere Sache. Man verankerte ihn institutionell in der Justiz auf Länder- und Bundesebene, und zwar nunmehr in fünf Zweigen: Ordentliche Justiz (Zivil- und Strafgerichtsbarkeit), Arbeitsgerichtsbarkeit, Sozialgerichtsbarkeit (neu), Finanzgerichtsbarkeit und Verwaltungsgerichtsbarkeit. Die Richter wurden für unabhängig und für nur «Gesetz und Recht» unter-

---

[182] Schlaich-Korioth (Anm. 181) Rdnr. 347 ff.
[183] Hasso Hofmann, Geschichtlichkeit und Universalitätsanspruch des Rechtsstaats, in: Der Staat 34 (1995), 1–32.

worfen erklärt. Dem neuen Bundesverfassungsgericht blieb es überlassen, nicht nur die aus der früheren Staatsgerichtsbarkeit bekannten Funktionen (Kompetenzkonflikte, Organklagen) wahrzunehmen, sondern nun auch einen Weg zu finden, wie die unmittelbare Geltung der Grundrechte (Art. 1 Abs. 3 GG) umzusetzen sei.

Die Ausgestaltung des Rechtsstaats in der Bundesrepublik war ein arbeitsteiliger Prozess mit vielen Mitwirkenden. Zunächst waren es die einfachen Gerichte, die schon während der Besatzungszeit (1945–1949, Erlangung der Souveränität 1955) prozessuale und materiellrechtliche Fragen klärten und erste Direktiven gaben. Dann schalteten sich zunehmend die obersten Bundesgerichte ein. Im öffentlichen Recht waren das Bundessozialgericht und der Bundesfinanzhof, vor allem aber das Bundesverwaltungsgericht für die ersten richtungweisenden Entscheidungen verantwortlich. Seit 1951 entwickelte sich dann das Bundesverfassungsgericht und wurde, trotz vielfältiger gegenteiliger Bekundungen, so etwas wie eine «Superrevisionsinstanz», vor allem durch ausgiebige Nutzung des Grundrechts auf «rechtliches Gehör» (Art. 103 Abs. 1 GG).

Neben den Gerichten war der Gesetzgeber unermüdlich tätig, das öffentliche Recht gesetzlich zu fixieren, alte Materien auszubauen und neue zu schaffen. Kaum ein anderer Komplex des geltenden Rechts ist so massiv angewachsen wie das öffentliche Recht. Erstmals gab es nun eine einheitliche Verwaltungsgerichtsordnung (1960), erstmals auch eine Teilkodifikation des Allgemeinen Teils des Verwaltungsrechts (Verwaltungsverfahrensgesetze des Bundes und der Länder, 1976). Trotz einer im Prinzip marktwirtschaftlichen Ordnung intervenierte der Staat ständig, sei es um eine bestimmte Klientel zu gewinnen oder zu erhalten (Landwirtschaft), um Überkapazitäten abzubauen (Mühlen), strukturschwache Gebiete zu stützen (Zonenrand), neue Industrien wettbewerbsfähig zu machen oder um neuartige Probleme zu bewältigen (Datenschutz). Gleichzeitig wurde der Sozialstaat ausgebaut und – mit der Rentenreform von 1957 – sogar prinzipiell umgestaltet. All dies führte zu permanenten Balanceakten zwischen freiheitlichen und intervenierenden Impulsen. Ihren sinnfälligsten Ausdruck fand diese ambivalente Politik im «Gesetz zur Förderung der Stabilität und des Wachstums der Wirtschaft» vom 8. Juni 1967, das in einem «magi-

schen Viereck» Preisstabilität, Vollbeschäftigung, außenwirtschaft-
liches Gleichgewicht und Wachstum miteinander in Harmonie zu
bringen suchte – vergeblich, wie man bald darauf ab 1973 erfahren
sollte.

Die Rolle der Wissenschaft des öffentlichen Rechts hat sich durch
diese Politik erheblich verschoben. Schon die Tatsache, dass die Gerichte und die Gesetzgeber – von der kommunalen Ebene über die
Länder und den Bund bis zur Europäischen Wirtschaftsgemeinschaft – permanent Rechtsstoff lieferten, der kommentiert und ver-
arbeitet werden musste, beanspruchte einen großen Teil der Kapazitäten. Die Wissenschaft des Verwaltungsrechts, einst gemeinsam mit
der Rechtsprechung alleine verantwortlich für die Herausbildung
einer Systematik und leitender Begriffe, verlor ihre frühere Funktion. Trotz eindringlicher Appelle nimmt sie ihre steuernde Wirkung durch Erarbeitung einer verbindlichen Dogmatik immer weniger wahr[184]. Das mag auch daran liegen, dass eine so genannte
«Abwägungsjurisprudenz» sich nicht selten über dogmatische Ge-
und Verbote hinwegsetzt, um neue Problemlagen zu bewältigen.
Auch im Staatsrecht hat sich die Relevanz wissenschaftlicher Aussagen – jenseits der vielfach missbrauchten Floskel «das ist verfas-
sungswidrig» – vermindert. Es hat sich eingebürgert, dass in allen
irgendwie relevanten Fragen staatsrechtliche Gutachter auftreten.
Die Praxis allseitiger Verfügbarkeit aus einem reichen Angebot hat
zu dem Eindruck einer gewissen Beliebigkeit beigetragen. Jede Partei pflegt «ihre» Gutachter zu haben. Da sich die Zahl der Mitglieder
der Vereinigung der Staatsrechtslehrer in sechzig Jahren etwa ver-
zehnfacht hat[185], entsteht eine solche Vielstimmigkeit von Äußerungen, dass eine umfassende und auf einzelne Fragen konzentrierte
Debatte kaum noch möglich ist. Entsprechend ist von einer «Entthronung der Staatsrechtslehre» gesprochen worden[186].

[184] Eberhard Schmidt-Aßmann, Das Allgemeine Verwaltungsrecht als Ordnungsidee. Grundlagen und Aufgaben der verwaltungsrechtlichen Systembildung, 2. Aufl. Berlin – Heidelberg 2004.
[185] Das Verzeichnis enthält 2012 insgesamt 714 Namen, einschließlich der
Schweiz und Österreichs.
[186] Bernhard Schlink, Die Entthronung der Staatsrechtswissenschaft durch die
Verfassungsgerichtsbarkeit, in: Der Staat 28 (1989), 161 ff.

Für die bis etwa 1960 reichende Aufbauphase der Bundesrepublik wäre eine solche Feststellung freilich noch nicht zutreffend gewesen. In der damals relativ übersichtlichen Szene des Staatsrechts spielten die Äußerungen bekannter Staatsrechtler eine gewichtige Rolle. In Bonn waren es etwa Ernst Friesenhahn und Ulrich Scheuner, in Tübingen Günter Dürig und Otto Bachof, in Freiburg Konrad Hesse, in Hamburg Hans Peter Ipsen, in Göttingen Rudolf Smend und Werner Weber, in München Theodor Maunz, in Münster Friedrich Klein und Hans Julius Wolff, in Köln Hermann Jahrreiß und Hans Peters, in Berlin Karl August Bettermann, in Heidelberg Hermann Mosler, Ernst Forsthoff und Hans Schneider, die den Ton angaben und deren Äußerungen beachtet wurden.

Was sie zum Rechtsstaat beitrugen, war im Grunde wenig kontrovers. Über die Notwendigkeit der Komplettierung des Rechtsschutzes, über die Relevanz der Grundrechte und die institutionellen Sicherungen des Rechtsstaats bestand mehr oder weniger Einigkeit. Vor allem im Verwaltungsrecht und Verwaltungsprozessrecht gab es im Wechselspiel von Theorie und Praxis wichtige Neuerungen, die inzwischen zum festen Repertoire gehören und teilweise auch ihren Weg in die Gesetzgebung gefunden haben. Genannt seien die Präzisierungen der Klagebefugnis bei «Nachbarklagen» oder «Konkurrentenklagen», die Fragen der Rechtswege bei «gemischten» Streitigkeiten (Enteignungen, Subventionen, Verträge mit öffentlichrechtlicher Beteiligung), die Herausarbeitung der typischen Klageformen des Verwaltungsgerichtsprozesses, die Feststellung der Angreifbarkeit einzelner Planungsentscheidungen, die präzisere Unterscheidung von unbestimmten Rechts- und Ermessensbegriffen samt der Ermessenskontrolle, die Einordnung des geforderten «Vorverfahrens» (§ 68 VwGO) oder die wichtige Frage der richterlichen «Kontrolldichte» von Abwägungsentscheidungen der Verwaltung.

Dahinter standen Grundsatzfragen der Gewaltenteilung: Sollen die Spielräume der Politik und der Verwaltung weiter durch «Verrechtlichung» verengt werden? Gibt es eine «Hyperthrophie des Rechtsstaats», die das Handeln von Verwaltung und Regierung lähmt? Ist es vor allem richtig, dem Bundesverfassungsgericht derart viele Kompetenzen zu geben, dass es mit Hilfe der aktivierten Grundrechte das einfache Gesetzesrecht aushebeln und über die Verfassungsbeschwerde gegen letztinstanzliche Gerichtsurteile schließlich doch zu einem alles beherrschenden Obergericht werden kann? Zu diesen Debatten haben viele Wissenschaftler und Praktiker beigetragen, und man konnte dabei auch noch Untertöne aus den Dreißigerjahren vernehmen mit der Botschaft, dass sich politische Entscheidungen weder im Gerichtssaal noch im Parlament fällen ließen.

Scharf zugespitzt wurde aber vor allem die Frage, ob Rechtsstaat und Sozialstaat gleichrangige Verfassungsziele seien. Aufsehen und Widerspruch erregte die These von Ernst Forsthoff aus dem Jahr 1953, der Rechtsstaat sei «nach der Ordnung des Grundgesetzes der primäre und mit allen Rechtsgarantien ausgestattete Wert. Eine Verbindung von Rechtsstaat und Sozialstaat unter Kürzung der rechtsstaatlichen Verfassungselemente ist durch das Grundgesetz ausgeschlossen»[187]. Der begrenzende und bewahrende Rechtsstaat gehöre, so Forsthoff, auf die Verfassungsebene, der verteilende Sozialstaat dagegen sei Sache der beweglichen Verwaltung. Mehr als eine soziale Staatszielbestimmung könne die Verfassung nicht leisten. Die Wortverbindung «sozialer Rechtsstaat», obwohl im Verfassungstext enthalten (Art. 28 Abs. 1 GG), sei in sich widersprüchlich und daher «kein Rechtsbegriff».

Diese These wurde mehrheitlich abgelehnt, nicht nur weil die Verfassung, wie ihre Entstehungsgeschichte zeigt, gerade die Verbindung beider Elemente wollte, sondern weil die Verdrängung des Sozialstaats von der Verfassungsebene auch politisch die falsche Botschaft zu sein schien. Im Zeichen des Wirtschaftswunders und der entstehenden Mittelstandsgesellschaft wollte die Mehrheit das soziale Element gerade auf der Verfassungsebene «entfalten» und den klassischen Rechtsstaat mit dem sozialen Element verbinden[188], und zwar ohne die traditionelle Schutzfunktion des Rechtsstaats zu beschädigen. Da das Grundgesetz aber den Sozialstaat nur punktu-

---

[187] Ernst Forsthoff, Begriff und Wesen des sozialen Rechtsstaates, in: VVDStRL 12 (1954), Leitsatz IV.
[188] So, wenige Jahre später, Hans F. Zacher, Sozialpolitik und Verfassung im ersten Jahrzehnt der Bundesrepublik Deutschland (1961), publiziert Berlin 1980.

ell und vage verankert hatte[189], stellte sich die Frage, wie das «Sozialstaatsgebot» des Grundgesetzes in die Gesetzgebung, Verwaltung und Justiz eingebracht werden könne. Dies geschah im Wesentlichen dadurch, dass aller Normsetzung und Normanwendung die Prämisse vorgeschaltet wurde, sie seien an «die mit dem Grundgesetz fixierte Wertordnung» gebunden, und diese enthalte nun einmal das Sozialstaatsgebot. Dass das Sozialstaatsgebot zur Herstellung relativer materieller Gleichheit auch einen direkten Bezug zur Demokratie habe, wie Wolfgang Abendroth in jener Debatte von 1953 betonte, nahm man damals kaum wahr.

Die Debatte berührte damit auch einen der wesentlichen Punkte der frühen Verfassungsinterpretation, nämlich die im Grundgesetz enthaltene – oder ihm unterlegte – «Wertordnung». Dieses Wort erlebte nun eine beispiellose Konjunktur. Die Berufung auf eine extrajudizielle, aber gleichzeitig auch im Rechtssystem verankerte oder zu verankernde «Wertordnung» war aus drei Gründen fast unausweichlich:

(1) Sie schloss an die Wertphilosophie der Zwanzigerjahre an und bot auf diese Weise einen allgemein akzeptierten Wertehorizont, den man nun, nach 1945, noch dringender brauchte als nach den Erschütterungen des Ersten Weltkriegs, sei es als Bollwerk gegen Wertrelativismus oder gegen «falsche» Werte. Dabei neigte die katholische Seite eher zum Rückgriff auf das Repertoire des Naturrechts, während die evangelische Seite die Wertphilosophie in der Nachfolge von Max Scheler und Nicolai Hartmann bevorzugte.

(2) Sie bot dem Juristen, der nun dem traditionellen Gesetzesgehorsam abschwören musste, einen geistigen Halt, den der pure Gesetzestext nicht geben konnte. Der allgemein akzeptierte «Antipositivismus», der übrigens methodisch demjenigen der Jahre nach

---

[189] Neben den Gleichheitssätzen des Art. 3 GG siehe Art. 14 Abs. 2, 15, 20 Abs. 1, 28 Abs. 1 GG; «Einheitlichkeit der Lebensverhältnisse», Art. 72 Abs. 2 Nr. 3 GG a. F.; Art. 74 Nr. 7, 12 GG «öffentliche Fürsorge», «Arbeitsschutz», «Arbeitsvermittlung sowie die Sozialversicherung einschließlich der Arbeitslosenversicherung»; Art. 87 Abs. 2 GG a. F. «soziale Versicherungsträger»; Art. 120 Abs. 1 «Zuschüsse zu den Lasten der Sozialversicherung mit Einschluss der Arbeitslosenversicherung und der Arbeitslosenhilfe».

1933 zum Verwechseln ähnlich sah, erschien nur akzeptabel, wenn er durch ein «Wertsystem» gestützt wurde.

(3) Das hierbei geforderte «System» verhieß Wissenschaftlichkeit in der Tradition wissenschaftlicher Systembildung. Juristen schätzten ein «System» umso mehr, als sie schon immer das Recht systematisch zu ordnen versuchten, ja darin ihre eigentliche Berufung erkannten – eine in Deutschland besonders ausgeprägte Tradition, die auf die Naturrechtssysteme des 17. und 18. Jahrhunderts sowie auf die idealistische Philosophie des 19. Jahrhunderts zurückgeht.

Gelang es also, nicht nur die Werte zu benennen, sie als rechtsverbindlich auszuweisen und sogar noch ein in sich widerspruchsfreies System zu bilden, dann schien ihre Unwiderstehlichkeit gesichert. Die Staatsrechtler und Verfassungsrichter der jungen und innerlich noch instabilen Bundesrepublik griffen nach dieser «Wertordnung», fanden sie ohne Schwierigkeiten auch im Grundgesetz, das demselben Denkmilieu entstammte, und operierten mit ihr als einer zu Verfassungsrecht geronnenen festen Formel. Das Lüth-Urteil des Bundesverfassungsgerichts von 1958[190] bündelte die schon älteren Tendenzen und entschied, die gesamte Rechtsordnung müsse der Wertordnung des Grundgesetzes entsprechen. Als hierfür nutzbare offene Stellen der Rechtsordnung galten «wertausfüllungsbedürftige Begriffe» und «Generalklauseln», über deren «Drittwirkung» auch das gesamte Privatrecht an jenes Wertsystem angeschlossen werden könne. Das Grundgesetz, so das Gericht, sei eben keine «wertneutrale» Ordnung, sondern habe in seinem Grundrechtsabschnitt neben der Abwehrfunktion der Grundrechte «auch eine objektive Wertordnung aufgerichtet». Dieses Urteil öffnete damit die Türen für eine Durchdringung der gesamten Rechtsordnung mit dem «Wertsystem» des Grundgesetzes.

Das war gewiss als Orientierungsmarke für die Rechtsordnung gut gemeint und entsprach auch inhaltlich dem Erwartungshorizont einer rechtsstaatlichen und freiheitlichen demokratischen

---

[190] BVerfGE 7, 198 ff. Hierzu eingehend Thomas Henne – Arne Riedlinger (Hg.), Das Lüth-Urteil aus (rechts-)historischer Sicht. Die Konflikte um Veit Harlan und die Grundrechtsjudikatur des Bundesverfassungsgerichts, Berlin 2005.

Ordnung. Es schuf jedoch eine Reihe bisher unbekannter methodischer Probleme; denn schon über die Werte selbst gab es keinen zweifelsfreien gesellschaftlichen Konsens. Erst recht ergaben sich Schwierigkeiten bei der Umsetzung in das verwaltungs-, steuer- oder strafrechtliche Detail – ganz zu schweigen von der Schwierigkeit, der Privatautonomie sittliche Grenzen zu ziehen, etwa durch die Figur eines neutralen Beobachters[191]. Wenn die Gesetzgebung den wertorientierten gesellschaftlichen Meinungsstreit entschieden hatte, wurde das Ergebnis nun am Wertsystem des Grundgesetzes gemessen. Um der dabei auszubildenden grundrechtlichen Dogmatik mehr Festigkeit zu geben, suchte man also in den relativ abstrakt formulierten Grundrechten ein «System». Vor allem Günter Dürig (1920–1996) entwickelte aus dem Text der Verfassung eine Trias von «Menschenwürde» als oberstem Konstitutionsprinzip und den obersten Grundrechten Freiheit (Art. 2 GG) und Gleichheit (Art. 3 GG)[192]. Dieser Trias folgten die speziellen Grundrechtsgarantien sowie andere «Werte» von Verfassungsrang, die nun abwägend miteinander in Beziehung gesetzt wurden. Diese der einfachen Gesetzesanwendung vorgeschaltete Positionierung innerhalb des «Wertsystems» entwertete tendenziell das einfache Gesetzesrecht. Bevor man es anwendete, war zu prüfen, ob es verfassungsmäßig regelgerecht zustande gekommen war, vor allem aber ob es inhaltlich jenem Wertsystem entsprach.

Auf diese Weise sind unter erheblicher Mitwirkung der Wissenschaft des öffentlichen Rechts modernisierende Interpretationen des älteren Gesetzesrechts durchgesetzt worden. Andere Normen wurden als nicht mit dem Grundgesetz vereinbar aufgehoben. Das war ein insgesamt notwendiger und begrüßenswerter Modernisierungsschub für eine Rechtsordnung, deren Normen zum großen

---

[191] Elena Barnert, Der eingebildete Dritte. Eine Argumentationsfigur im Zivilrecht, Tübingen 2008.

[192] Günter Dürig, Der Grundrechtssatz von der Menschenwürde. Entwurf eines praktikablen Wertsystems der Grundrechte aus Art. 1 Abs. 1 in Verbindung mit Art. 19 Abs. II des Grundgesetzes, in: AöR 81 (1956), 117 ff. – Dieser Artikel muss im Zusammenhang mit den Kommentierungen Dürigs von Art. 1 Abs. 1, 2 Abs. 1 und 3 Abs. 1 GG im Kommentar von Maunz – Dürig – Herzog gesehen werden.

Teil noch der Kaiserzeit, der Weimarer Republik oder dem Nationalsozialismus entstammten. Gleichzeitig aber griff die damit verbundene Verflüssigung der Rechtsordnung die Fundamente des Rechts selbst an. Was geltendes Recht war, konnte immer weniger den Gesetzestexten als vielmehr den Entscheidungen des Bundesverfassungsgerichts entnommen werden. In aggressivem Ton sprach Ernst Forsthoff von einer «Umbildung des Verfassungsgesetzes»[193] und, hieran anknüpfend, Carl Schmitt gar von einer «Tyrannei der Werte»[194]. Beide betonten die Eigenständigkeit der gesetzgeberischen Entscheidung und kritisierten die von den Richtern beanspruchte oder ihnen zugewachsene Deutungsmacht. Darin lag, neben methodisch Bedenkenswertem, auch viel Ressentiment gegen die Orientierung der frühen Bundesrepublik bei Carl Schmitt und speziell gegen das Bundesverfassungsgericht bei Ernst Forsthoff.

Seither hat sich sehr viel verändert. Das Bundesverfassungsgericht hat «diskreten Abschied von den Wertformeln der frühen Jahrzehnte» genommen[195], aber seinen pragmatischen Kurs mit wachsender Offenheit gegenüber gesellschaftlichen Entwicklungen fortgesetzt. Rechtsstaat und Sozialstaat haben sich sehr wohl auf Verfassungsebene verbinden lassen. Die schroffe Entgegensetzung beider Prinzipien entspricht nicht der Problemlage. Der Rechtsstaat verwirklicht sich nicht nur in der formalen Abwehr von rechtswidrigem staatlichem Handeln, sondern muss auch eine soziale Komponente enthalten, indem er vor Rechtsverletzungen schützt, die das Individuum aus eigenen Kräften nicht abwehren kann. Seine materiale Seite zeigt er dort, wo schon die faktischen (sozialen oder technischen) Voraussetzungen für die Verteidigung von «Privatheit» fehlen. Auch kann angesichts rasanter Verände-

---

[193] Ernst Forsthoff, Die Umbildung des Verfassungsgesetzes, in: Festschr. f. Carl Schmitt zum siebzigsten Geburtstag, 1959, 35 ff. – Dagegen Alexander Hollerbach, Auflösung der rechtsstaatlichen Verfassung? Zu Ernst Forsthoffs Abhandlung «Die Umbildung des Verfassungsgesetzes» in der Festschrift für Carl Schmitt, in: AöR 85 (1960), 241 ff.
[194] Carl Schmitt, Die Tyrannei der Werte, 3. korrigierte Aufl. mit einem Nachwort von Christoph Schönberger, Berlin 2011.
[195] Schönberger (Anm. 194), 77.

rungen der Lebenswelt von einer dauerhaften «Erfüllung» der Postulate des Rechtsstaats keine Rede sein.

Außerdem hat sich seit den Fünfzigerjahren der Kontext des Rechtsstaats dadurch verschoben, dass auf europäischer Ebene neue Institutionen entstanden sind. Der seit 1959 arbeitende Europäische Gerichtshof für Menschenrechte in Straßburg (EGMR) hat sich seit 1998 zu einem von Bindungen an die Mitgliedstaaten des Europarats gelösten allgemeinen Gerichtshof für Bürgerbeschwerden wegen Verletzungen der Europäischen Konvention für Menschenrechte der 47 Mitgliedstaaten entwickelt. Seine Bedeutung für die Realisierung des «Europäischen Rechtsstaats» wächst[196] weiter.

Der Europäische Gerichtshof in Luxemburg, 1952 für die Europäische Gemeinschaft für Kohle und Stahl geschaffen, ist seit 1957 für alle europäischen Gemeinschaften (heute Europäische Union und EurAtom) zuständig. Er hat durch zwei spektakuläre Entscheidungen das Europarecht aus dem Völkerrecht gelöst und zu einer eigenständigen Rechtsordnung gemacht («Van Gend & Loos», 1963), die sogar den Vorrang vor nationalem Recht beanspruchen kann («Costa/ENEL», 1964).

Seither hat es zwar gewisse Spannungen zwischen diesen beiden Gerichten und dem Bundesverfassungsgericht gegeben, was Vorrang und Effektivität des Grundrechtsschutzes angeht. Aber diese Spannungen wurden, wie gesagt, in pragmatischer Weise beigelegt.

Im historischen Rückblick kann man sehen, wie differenziert sich die Durchdringung der gesamten Rechtsordnung unter den Flaggen der Postulate «Rechtsstaat» und «Grundrechtsschutz» vollzog. Zunächst ging man von der wörtlich genommenen unmittelbaren Geltung der Grundrechte (Art. 1 Abs. 3 GG) ohne eine Transmission durch den Gesetzgeber aus, bedurfte dazu aber einer konkretisierenden Hilfe durch das Bundesverfassungsgericht. Den Durchbruch der «Drittwirkung» der Grundrechte über Generalklauseln und andere wertausfüllungsbedürftige Formeln brachte das oben genannte Lüth-Urteil von 1958. Weiter konnte man

[196] Ed Bates, The Evolution of the European Convention on Human Rights: From its Inception to the Creation of a Permanent Court of Human Rights, Oxford 2011.

Lücken im Grundrechtsschutz dadurch schließen, dass man die allgemeine Handlungsfreiheit des Art. 2 Abs. 1 GG als «Auffangnorm» nutzte und generell die Grenzlinie, wann überhaupt ein «Eingriff» in einen grundrechtsrelevanten Bereich vorliege, nach vorne verschob. Die strenge Textbindung an das Grundgesetz wurde sodann mit Hilfe der Metaphern «Ausstrahlungswirkung» nicht direkt involvierter Grundrechte sowie mit dem Allerweltswort «Spannungsfeld» verlassen. Aus der «Zusammenschau» unterschiedlicher Grundrechte konnten neue entwickelt werden, etwa beim postmortalen Ehrenschutz, beim Persönlichkeitsrecht und der «informationellen Selbstbestimmung», ja ein «Grundrecht auf Sicherheit» wurde erwogen. Insgesamt hielt man sich an die frühe Maxime von Richard Thoma, die Grundrechte sollten ihre «juristische Wirkkraft» möglichst «effektiv» entfalten[197], sollten untereinander in «praktische Konkordanz» gebracht und möglichst schonend untereinander ausgeglichen werden (Richard Bäumlin, Konrad Hesse, Peter Lerche). Dieser Ausgleich geschah nun durch «Abwägung», d. h. durch eine oft nur intuitive und ergebnisbezogene Gewichtung, was immer wieder zu rechtstheoretischer Kritik führte[198]. Ebenso ungenau blieben die Maßstäbe für die Anwendung des fundamentalen Prinzips der «Verhältnismäßigkeit»; was einst für die sachgemäße Dosierung des polizeilichen Eingriffs entwickelt wurde, vergrößerte sich nun zu einem fundamentalen, für alle grundrechtsrelevanten Eingriffe geltenden Prinzip des Rechtsstaates[199]: Möglichste Begrenzung der als notwendig anerkannten Eingriffe in die Freiheitssphäre. Bei der dazu notwendigen Abwägung sollte – dem Modell des liberalen Rechtsstaats entsprechend – die Freiheit der leitende Wert bleiben, gemäß der Maxime «in dubio pro libertate» (Peter Schneider).

---

[197] Richard Thoma, Die juristische Bedeutung der grundrechtlichen Sätze, in: Hans Carl Nipperdey (Hg.), Die Grundrechte und Grundpflichten der Reichsverfassung, Erster Band, Berlin 1929, 9.
[198] Ernst Wolfgang Böckenförde, Grundrechtstheorie und Grundrechtsinterpretation, NJW (1974), 1529.
[199] Grundlegend BVerfGE 7, 377 ff. – Apothekenurteil.

Die schon 1932 von Carl Schmitt hervorgehobenen institutionellen Verbürgungen im Grundrechtsteil der Weimarer Verfassung[200] wurden unter der Geltung des Grundgesetzes erneut aufgenommen, um bestimmten privatrechtlichen Instituten (Ehe, Familie, Eigentum) einen «objektiven» Charakter und damit Unangreifbarkeit zu verleihen. Ebenso konnte man Institutionen einen gewissen änderungsfesten Kern zusprechen (Privatschule, Hochschulen und Forschung, Rundfunk, Sozialversicherung etc.). Hieraus konnten dann «Schutzpflichten» des Staates abgeleitet werden, die wiederum in Forderungen nach einer finanziellen Mindestausstattung münden konnten. Solche Schutzpflichten konnten freilich auch klassische Grundrechte flankieren; wenn der faktische Raum für ihre Betätigung zu klein geworden war, sollte der Staat diesen Raum durch Sozialleistungen oder Subventionen wieder vergrößern. Die Schutzpflichten sollten greifen, wenn ein (schwer bestimmbares) «Untermaßverbot» unterschritten war.

Alle diese von Wissenschaft und Rechtsprechung in einem wechselseitigen Zusammenwirken hervorgebrachten und durch Entscheidungen verfestigten Veränderungen von «Rechtsstaat» und «Grundrechten» haben sich vor allem in den Jahrzehnten von 1950 bis etwa 1975 vollzogen, also in einer Phase wachsender wirtschaftlicher Prosperität, in der man die Frage nach den «Kosten des Rechtsstaats» meinte vernachlässigen zu können[201]. Erst mit dem Ende des Wirtschaftswunders, datierbar auf die «kleine Krise» von 1967 oder auf das Ende des Wachstums ab 1973, setzten die Überlegungen ein, ob es nicht doch Obergrenzen und sachgemäße Abstufungen des Rechtsschutzes geben müsse, ob auch die «Finanzierbarkeit» eine immanente Schranke der Entfaltung von Grundrechten darstelle. Das bedeutete zugleich, den Blick stärker von der dogmatischen Konsequenz eines Standpunkts auf die Funktionalität eines Arguments und auf die Folge- und Nebenwirkungen zu

<hr />

[200] Carl Schmitt, Die Grundrechte und Grundpflichten des deutschen Volkes, in: Gerhard Anschütz – Richard Thoma (Hg.), Handbuch des Deutschen Staatsrechts, Zweiter Band, Tübingen 1932, § 101, III 5–7.
[201] Fritz W. Scharpf, Die politischen Kosten des Rechtsstaats. Eine vergleichende Studie der deutschen und amerikanischen Verwaltungskontrollen, Tübingen 1970.

richten. Letzteres regte zugleich dazu an, auch die empirischen Sozialwissenschaften stärker zu Rate zu ziehen. Die Betonung der objektiven «institutionellen» Elemente der Grundrechte ließ erkennen, dass die Hochphase der individualistischen Sicht der Rechtsstaatsnutzung und der Grundrechtsentfaltung seit der Mitte der siebziger Jahre überschritten war. Die stärkere Objektivierung der Grundrechte kann als ökonomische Frage des Grenznutzens der für Rechtsschutz und Grundrechtsentfaltung eingesetzten Mittel gedeutet werden, etwa bei der Frage der Steuerung des Zugangs zur Hochschulausbildung (Art. 12 Abs. 1 S. 1 GG)[202]. Sie lässt sich aber auch politisch als konservativer Rückschlag in den Jahren der Großen Koalition und der sozialliberalen Regierungspolitik ab 1969 deuten. Dabei wurde das Argument der Kosten benutzt, aber es stellte wohl nicht die primäre Ursache dar. Mit anderen Worten: Die nun erkennbaren «Grenzen des Wachstums», der «Ölschock» (1973) und die steigende Staatsverschuldung jener Jahre zeigten Rückwirkungen auch im Bereich der Grundrechtsdogmatik und wurden als Mahnung verstanden, nicht jeden gerichtlich geltend gemachten Wunsch zu erfüllen. Beispiele hierfür liefern die staatliche Unterstützung von Privatschulen, der Ausbau der Hochschulen, die Regelsätze der Sozialhilfe, die Begrenzung der Leistungen von Krankenkassen, der Ausbau der Kindertagesstätten und viele andere Felder, auf denen grundrechtlich gestützte Ansprüche zurückgeschnitten wurden.

4. Demokratie

Im Vergleich mit der Entwicklung des Rechtsstaats und der Entfaltung der Grundrechte nach 1949 fiel es den Deutschen und ihren Juristen erheblich schwerer, ein positives Verhältnis zur parlamentarischen Demokratie zu gewinnen. Die historischen Erfahrungen mit ihr waren nicht gut. Die Revolution von 1848/49 war missglückt. Im Kaiserreich gewann der Reichstag erst langsam an Profil und galt als Hindernis für eine Politik der Tat, gar als «Affenhaus»,

[202] BVerfGE 33, 303 (330 ff.) Numerus Clausus I.

wie Kaiser Wilhelm II. sich auszudrücken beliebte. Die Weimarer parlamentarische Demokratie wurde von rechts und links vielfach geschmäht und blockierte sich am Ende selbst. Das NS-Regime war vollends antidemokratisch; seine Propaganda hatte den Deutschen eingehämmert, die wahre Demokratie werde im Führerstaat verkörpert. Nach dessen Zusammenbruch wollte man verständlicherweise erst einmal «Rechtsstaat» und «Freiheitsrechte» wiederherstellen. Deshalb stand nicht die Staatsform an der Spitze der neuen Verfassung, sondern das Bekenntnis zur Menschenwürde und zu den Grundrechten. Die Installierung der Demokratie war politisch zwar selbstverständlich, aber man versah sie im Grundgesetz mit vielen Sicherungen: Alle Formen direkter Demokratie waren auf Bundesebene ausgeschlossen[203], zentrale Inhalte der Verfassung wurden dem Mehrheitswillen entzogen (Art. 79 Abs. 3 GG), Hüter der Verfassung wurde das Bundesverfassungsgericht mit seiner Befugnis, parlamentarisch beschlossene Gesetze für nichtig zu erklären, weiter stärkte man die Rolle des Bundeskanzlers gegen das Parlament (konstruktives Misstrauensvotum) und hielt Splitterparteien vom Parlament fern (5%-Klausel). Außerdem wurde um die Ausarbeitung von Regelungen für den parlamentarischen «Notstand» eine ganze Generation lang gerungen. Unermüdlich betonte man, die Demokratie müsse «wehrhaft» sein, sie dürfe ihren Feinden keine Freiheit gewähren[204]. Das hatte konkrete Folgen bei der Bestimmung des Parteibegriffs, bei der Parteienfinanzierung, bei der Auslegung der besonderen Stellung der Abgeordneten (Art. 38 Abs. 1 GG), vor allem aber bei der Bekämpfung der – unterschiedlich definierten – Gegner der Demokratie, sei es auf der Ebene der Parteien und des Parlaments, sei es beim Zugang zum öffentlichen Dienst oder beim Verfassungsschutz. Es

[203] Als kleine Ausnahme wurde nur die Neugliederung des Bundesgebietes erlaubt (Art. 29 GG a. F.).
[204] Erhard Denninger (Hg.), Freiheitlich demokratische Grundordnung. Materialien zum Staatsverständnis und zur Verfassungswirklichkeit in der Bundesrepublik, 2 Bde., Frankfurt 1977. Zusammenfassend Jürgen Becker, Die wehrhafte Demokratie des Grundgesetzes, in: Handbuch des Staatsrechts, hg. v. J. Isensee – P. Kirchhof, Bd. VII, Heidelberg 1992, § 167.

gab dann zwei Parteiverbote (Art. 21 Abs. 2 GG)[205], eines 1952 gegen die Sozialistische Reichspartei, eine Nachfolgepartei der NSDAP, eines 1956 gegen die KPD, dem eine Kette von Strafverfahren folgte[206].

Nimmt man dies alles zusammen, erkennt man eine tiefe, nur historisch zu erklärende Traumatisierung, eine Aversion gegen «Parteiengezänk» und Parlamentarismus generell, daneben aber auch direkte Auswirkungen der Lage der Bundesrepublik im Kalten Krieg. Dessen Frontlinie verlief mitten durch Deutschland. Seit der Berlin-Blockade von 1948, dem Volksaufstand vom 17. Juni 1953 und dem Mauerbau von 1961 lagen die Nerven bloß. Wenn allzu große Liberalität die Stabilität gefährdete, musste die Liberalität weichen. «Wehrhaftigkeit», «Verfassungstreue», «Verfassungsfeind», «Grundrechtsverwirkung», «Berufsverbot» und «Parteiverbote» wurden geläufige Vokabeln. In Österreich und in der Schweiz gab es derlei weder auf gesetzlicher Ebene, noch wurden vergleichbare wissenschaftliche Energien dafür eingesetzt[207].

Die Ausgangspunkte der Reaktion auf den Nationalsozialismus auf der einen Seite, auf den Kalten Krieg auf der anderen, wurden jedoch seit den Sechzigerjahren schrittweise verlassen. Westdeutschland integrierte sich in Europa, eine neue Generation von Soziologen, Politologen und Juristen kam mit Studienerfahrungen aus den USA zurück, innenpolitisch verschoben sich die Gewichte. Mit dem Godesberger Programm (1959) wurde die SPD zu einer für die bürgerliche Mitte wählbaren Alternative. Zugleich begann eine neue Phase der Aufarbeitung von NS-Verbrechen, 1961 bewegte der Eichmann-Prozess in Jerusalem die ganze Welt, 1962 ereignete sich die Spiegel-Affäre, ein spektakulärer Eingriff der Bonner Regierung in die Pressefreiheit, der auch zum Ausscheiden von vier Ministern der FDP aus der Regierung führte. 1963 trat Ade-

---

[205] BVerfGE 2, 111 (SRP); 5, 85 ff. (KPD).
[206] Alexander von Brünneck, Politische Justiz gegen Kommunisten in der Bundesrepublik Deutschland 1949–1968, Frankfurt 1978.
[207] Siehe die Diskussionsbeiträge von Walter Haller und Siegbert Morscher, in: VVDStRL 37 (1979).

nauer zurück. 1965 gab es erste Ringvorlesungen über die Rolle der Universitäten im Nationalsozialismus[208].

So heterogen diese Ereignisse scheinen mögen, so sehr signalisieren sie doch ein Ende der Nachkriegszeit und die um sich greifende Aufbruchstimmung in der Zivilgesellschaft. Sie wollte Mitbestimmung, suchte nach neuen Formen demokratischer Partizipation, organisierte sich mehr und mehr in Bürgerinitiativen, fragte nach der NS-Vergangenheit und wagte wegen des Vietnam-Kriegs erste Kritik an der bisher dankbar verehrten Schutzmacht Nordamerika. Vor allem das Wort «Demokratie» wurde nun zum Kristallisationspunkt. «Mehr Demokratie» forderte der soeben gewählte Bundespräsident Heinemann im Juli 1969, und der neue Bundeskanzler Brandt nahm dies im September 1969 auf: «Mehr Demokratie wagen». So wurde im Fluss einer allgemeinen Neuorientierung der Bundesrepublik das Wort «Demokratie» ein überall genutztes Losungswort. Es begleitete den Abschied des patriarchalischen Familienmodells samt neuen Rollenbildern der Frauenbewegung und dem Ideal einer «antiautoritären Erziehung», die Durchsetzung der betrieblichen Mitbestimmung[209], die innerkirchlichen Debatten um «Mitarbeitervertretungen», die Schülerselbstverwaltung, die Neuordnung der Hochschulleitungen («Drittelparität»), die Kandidatenaufstellung in den politischen Parteien. Mit anderen Worten: Die Forderung nach mehr Demokratie wurde überall dort eingesetzt, wo es Hierarchien und etablierte Machtverhältnisse gab. Das war einerseits ein notwendiger Modernisierungsschub in Richtung auf größere Durchlässigkeit und Transparenz, andererseits gab es aber auch erhebliche Negativeffekte bei denjenigen Sachfragen, die nicht durch Mehrheit entschieden werden konnten oder bei

---

[208] München: Die deutsche Universität im Dritten Reich, 1966; Tübingen: A. Flitner (Hg.), Deutsches Geistesleben und Nationalsozialismus, 1965; Berlin: Nationalsozialismus und Deutsche Universität, 1966; Gießen: in Kritische Justiz (1968/69). Weitere Veranstaltungen in Münster, Frankfurt, Göttingen und Kiel folgten. Siehe Michael Stolleis, Recht im Unrecht. Studien zur Rechtsgeschichte des Nationalsozialismus, Frankfurt 1994 (mit einem neuen Nachwort 2005) 15.
[209] Mitbestimmungsgesetz vom 4. Mai 1976, BGBl I, 1153. Hierzu BVerfGE 50, 290–381.

denen faktische Ungleichheiten durch die geforderte Beteiligung «aller an allem» verwischt wurden. Das zur identitären Demokratie tendierende Wort «Basisdemokratie» hatte einen idealistischen Klang, wurde aber durch taktische Verwendung zur Durchsetzung egoistischer Ziele bald verschlissen. Ebenso verbrauchte sich die Forderung nach «Öffentlichkeit» in dem Maß, in dem sich zeigte, dass schrankenlose Öffentlichkeit zu Verletzung von Persönlichkeitsrechten oder zu «Fensterreden» führte, während die eigentlichen Entscheidungen sich wieder in Arkanbereiche verlagerten.

Für die Staatsrechtslehre war diese Entwicklung eine Herausforderung; denn bis dahin war es ihr vor allem um den Rechtsstaat und um die Durchdringung der Rechtsordnung mit den Grundrechten und dem in ihnen enthaltenen «Wertsystem» gegangen. Gewiss hatte sie die Themen des Wahlrechts, des Parlamentsrechts, der Parteiverbote und der «wehrhaften Demokratie» keineswegs vernachlässigt, aber es dominierte doch der Abwehrgestus: Bonn sollte nicht «Weimar» werden, also keine gescheiterte Demokratie. Folglich beschäftigte man sich mehr mit ihrer Umzäunung als mit ihrem eigentlichen Inhalt. Nur eine Minderheit der Staatsrechtslehrer war bereit, das Demokratieprinzip aus der Begrenzung auf die Wahlvorgänge zum Bundestag, zu den Länderparlamenten und den kommunalen Vertretungsorganen zu entlassen und als allgemeines Organisationsprinzip der Gesellschaft anzuerkennen.

Aber nun verbreitete sich eine neue Sichtweise. Die aus dem 19. Jahrhundert überlieferte Trennung von Staat und Gesellschaft, schon seit dem Ersten Weltkrieg faktisch überholt, wurde jetzt auch theoretisch angezweifelt. Der Staat erschien nicht mehr als die der Gesellschaft übergeordnete und dem Gemeinwohl verpflichtete neutrale Macht, sondern als ein von der Gesellschaft selbst ausgebildetes Subsystem mit spezieller Aufgabenstellung und Finanzierung. Gesetzgebung war inhaltlich nichts als der zu Rechtsnormen geronnene Mehrheitswille, «Gemeinwohl» nicht mehr ein fester, von den ethischen oder politischen Eliten definierter «Wert», sondern das Ergebnis des pluralen Willensbildungsprozesses in Gesellschaft und Staat. Gemeinwohl war, was sich im Parallelogramm der Kräfte auf prozeduralem Weg als «public interest» herausbildete. Damit verlor auch die bisherige Aversion der Staatsrechtslehre gegen die gesellschaftlichen Kräfte ihren theoretischen Rückhalt. Sie waren Teil der Willensbildung, in der auch die Parteien eine wesentliche Rolle spielten, und die garantieren sollte, dass der Staat, demokratisch auf Zeit besetzt, sich sowohl institutionell als auch geistig immer wieder erneuerte. Der Staat, so lautete die Botschaft, ist die Gesellschaft selbst, aus einer speziellen Perspektive betrachtet.

Diese Entwicklung wurde vom Bundesverfassungsgericht nachhaltig gefördert, wenn es immer wieder auf den für die Demokratie lebensnotwendigen Prozess der freien und öffentlichen Willensbildung hinwies. Zahlreiche Entscheidungen ergingen zu Presse- und Rundfunkfreiheit, zur Freiheit der Kunst, schließlich auch zur Versammlungs- oder Demonstrationsfreiheit des Art. 8 GG[210]. Unzählige Gerichtsentscheidungen zu Demonstrationen und Gegendemonstrationen, Sitzblockaden und anderen Mitteln zur Erregung öffentlicher Aufmerksamkeit gingen dem voraus oder folgten. Ihnen lag die bereits beschriebene Vorstellung zugrunde, Grundrechte müssten so ausgelegt werden, dass sie ihre Wirkungen möglichst breit und effizient entfalten könnten. Das lag auf der Linie des sorgsam ausgebauten Individualrechtsschutzes. Zugleich aber verband sich mit dieser Vorstellung diejenige einer offenen Bürgergesellschaft, die nicht von einer Obrigkeit beherrscht wurde, sondern ihren «Staat» auf demokratische Weise selbst bildete, kurz eine pluralistische «Zivilgesellschaft». Dass die Zahl der in Bürgerinitiativen organisierten Menschen bald die der Mitglieder in politischen Parteien übertraf, war hierfür signifikant.

Eine gewisse institutionelle Trägheit der Staatsrechtslehre zeigt sich hierbei an der Tatsache, dass es nur eine einzige der vielen Jahrestagungen seit 1949 gab, die sich explizit mit dem Thema «Das demokratische Prinzip im Grundgesetz» beschäftigte. Dies geschah 1970 in Speyer, unmittelbar nach den durch das Jahr 1968 verursachten Turbulenzen an den Hochschulen und in der Gesellschaft. Als Referenten waren der ehemalige Diplomat und Europarechtler Werner von Simson und der Kölner Staatsrechtslehrer Martin Krie-

[210] BVerfGE 69, 315 (342 ff.) – Brokdorf.

le[211] gebeten worden. Bald darauf (1974) gab es eine zweite Tagung, die das «parlamentarische Regierungssystem» behandelte[212]. Auf beiden Tagungen herrschte Einigkeit darüber, dass das Demokratieprinzip in Staat und Gesellschaft unterschiedlichen Anforderungen unterliege, wohl aber als verbindender Grundgedanke dieser eng verflochtenen Sphären gelten müsse. Ebenso wurde deutlich gemacht, dass es keine wirkliche Alternative zum repräsentativen parlamentarischen System gebe, wohl aber Lockerungen der in der Nachkriegszeit allzu streng aufgefassten Sperren gegen unmittelbare Demokratie, etwa auf Länderebene oder im kommunalen Bereich.

So kann man in Gesellschaft, Politik und in der Staatsrechtslehre sowohl rein deskriptiv, aber auch affirmativ wertend von einem gelungenen Lernprozess auf dem Weg zur Demokratie sprechen. Die aus der Weimarer Zeit und aus dem Nationalsozialismus überkommenen antidemokratischen und antiparlamentarischen Vorbehalte wurden schrittweise abgebaut, je mehr sich die Praxis der Demokratie festigte und auch den Test von Koalitions- und Regierungswechseln überstand. Die politische Verankerung der «Bonner Demokratie» in Westeuropa ließ die alten Vorbehalte gegen Frankreich und England schwinden, wie umgekehrt auch dort Deutschland als gelingende Demokratie wahrgenommen wurde. Die USA wurden damals ohnehin als hilfsbereite und großzügige Nation bewundert. Positive Erfahrungen im politischen Betrieb, Serien von «demokratiefreundlichen» Entscheidungen des Bundesverfassungsgerichts und ein Wandel der Stimmung in der Rechtswissenschaft trafen zusammen.

Letzteres hat wohl auch generationsspezifische Ursachen. Die nach 1933 berufenen Hochschullehrer wurden im Jahrzehnt zwischen 1960 und 1970 emeritiert. Ihre Schüler waren akademisch schon in der frühen Bundesrepublik aufgewachsen und identifizierten sich nicht nur mit dem Rechts- und Sozialstaat, sondern

[211] Werner v. Simson – Martin Kriele, Das demokratische Prinzip im Grundgesetz, in: VVDStRL 29 (1971), 3 ff., 46 ff.
[212] Thomas Oppermann – Hans Meyer, Das parlamentarische Regierungssystem, in: VVDStRL 33 (1975), 7 ff.

auch mit der Demokratie. So unterschiedlich die Hochschullehrer jener Zeit denken mochten, sie waren alle überzeugte Demokraten – das war der entscheidende Unterschied zur Weimarer Republik.

5. Von der Allgemeinen Staatslehre zur Verfassungslehre

Die Schritt für Schritt zu beobachtende Wandlung eines aus einer Diktatur aufsteigenden und militärisch vernichtend geschlagenen Landes zu Rechtsstaat, Sozialstaat und Demokratie lässt sich an der Entwicklung von Staatstheorie, Allgemeiner Staatslehre oder Verfassungslehre nachvollziehen. In den ersten beiden Jahrzehnten war die klassische «Allgemeine Staatslehre» nahezu verstummt. Außer kleinen Reprisen aus der Weimarer Zeit (Rudolf Laun, Friedrich Giese, Hans Helfritz, Richard Thoma, Otto Koellreutter, Ernst von Hippel) gab es lediglich eine größere «Allgemeine Staatslehre» von Hans Nawiasky, die von 1952 bis 1958 erschien. Die Nachdrucke von Rudolf Smends «Verfassung und Verfassungsrecht» und Carl Schmitts «Verfassungslehre» von 1928 präsentierten jene einstmals so leidenschaftlich diskutierten Texte. Fast eine Neuentdeckung der späten Sechzigerjahre war die «Staatslehre» von Hermann Heller, die 1934, in Deutschland unbeachtet, in den Niederlanden erschienen war. So war das Tableau der Dreißigerjahre wieder vollständig verfügbar, bezeichnenderweise aber ohne die «Allgemeine Staatslehre» von Hans Kelsen (1925), die in der frühen Bundesrepublik dezidiert als «überwunden» galt, während sie in Österreich nahezu kanonischen Charakter erlangte.

Die Zeit war der Neubegründung einer Allgemeinen Staatslehre oder einer demokratischen Verfassungslehre nicht günstig. Noch immer verstand sich die Bundesrepublik als «Provisorium», als amputierter Gesamtstaat, der seit 1961 nun auch offiziell durch verschärfte Grenzanlagen geteilt war. Das gesamte Deutschland war nicht handlungsfähig. West- und Oststaat bestritten sich gegenseitig ihre Existenzberechtigung. Die große «Allgemeine Staatslehre» von Herbert Krüger (1964) wurde zwar als gelehrtes Werk respektiert, aber in ihrer Grundeinstellung als antiquiert angesehen. Immerhin stand sie den Verbänden nicht feindlich gegenüber, sondern modelte sie geradezu zu öffentlichen Organen um. Die intellektuelle Hauptströmung erreichte Herbert Krüger jedoch nicht, ebenso wenig wie die etwas spätere «Allgemeine Staatslehre» des Österreichers Felix Ermacora (1970).

Inzwischen begann jedoch in Freiburg (Arnold Bergstraesser, Wilhelm Hennis), Berlin (Otto Heinrich von der Gablentz, Ernst Fraenkel, Ossip Flechtheim, Otto Suhr), Hamburg (Siegfried Landshut), Heidelberg (Carl Joachim Friedrich, Alexander Rüstow, Dolf Sternberger), Köln (Ferdinand A. Hermens), Frankfurt (Max Horkheimer, Theodor W. Adorno, Carlo Schmid, Iring Fetscher) und München (Karl Loewenstein, Eric Voegelin, Kurt Sontheimer, Hans Maier) die Politische Wissenschaft wieder Fuß zu fassen und verschiedene «Schulen» zu bilden[213]. 1965 publizierte der Soziologe Ralf Dahrendorf (1929–2009) sein berühmtes Buch «Gesellschaft und Demokratie in Deutschland». Mehr oder weniger intensiv waren alle ihre Vertreter von amerikanischen oder englischen Erfahrungen geprägt, von einer Szene also, die keine «Staatslehre» kannte, sondern eher das komplexe «government», die plurale Willensbildung, welches «decision-making» und Wahlrechtsfragen akzentuierte. An die Stelle des «Gemeinwohls», das sowohl durch die NS-Rhetorik belastet als auch in der katholischen Soziallehre konfessionell besetzt schien, traten nun die nüchternen «öffentlichen Interessen», die sich gegen andere «Interessen» durchzusetzen hatten. Weiter kam die Parteien- und Wahlforschung in Gang, die Meinungsforschung wurde ein gewichtiger Faktor und das Fernsehen zur «Vierten Gewalt».

Entsprechend regten sich nun auch in der Staatsrechtslehre neue theoretische Interessen. Ernst Forsthoff schrieb 1971 ein viel gelesenes, resignatives Buch «Der Staat der Industriegesellschaft», einen Abgesang auf den klassischen Staat[214]. Zugleich aber meldete sich eine neue Generation. So erschienen 1971 eine «Allgemeine

---

[213] Wilhelm Bleek – Hans J. Lietzmann (Hg.), Schulen in der deutschen Politikwissenschaft, Opladen 1999; Wilhelm Bleek, Geschichte der Politikwissenschaft in Deutschland, München 2001.
[214] Kritisch Peter Häberle, Retrospektive Staats-(rechts-)lehre oder realistische Gesellschaftslehre?, in: Zeitschrift für Handelsrecht 136 (1972), 425 ff.

Staatslehre» von Roman Herzog und 1975 eine «Einführung in die Staatslehre» von Martin Kriele. Das waren maßvolle, reformkonservative Bücher mit einer liberalen, aber im Kern vom Staat, nicht von der Verfassung ausgehenden Grundstruktur[215]. Setzte man auf Konstituierung und nicht nur Begrenzung des Staates durch seine Verfassung, musste man konsequenterweise eine «Verfassungslehre» schreiben. Dann schrumpfte der Staat auf den potenziellen Ausnahmezustand; aber auch dieser wurde 1968 verfassungsrechtlich eingehegt. Dem Bürger gab man, ebenfalls auf Verfassungsebene, ein Widerstandsrecht (Art. 20 Abs. 4 GG). Notstands- und Widerstandsfall ragten gewissermaßen aus dem extrakonstitutionellen Raum herein und wurden in Verfassungsrecht übersetzt. Beide Formen der Krisenbewältigung sind bisher keiner ernsthaften Prüfung unterzogen worden – glücklicherweise.

Zwischen 1965 und 1975 erwachte mit der Studentenbewegung auch ein theoretisches Interesse an älterer revolutionärer, demokratietheoretischer oder allgemein rechtstheoretischer Literatur. Vieles wurde «ausgegraben», neu übersetzt, im Raubdruck vervielfältigt. Marx und Lenin sowie die im Stalinismus untergegangenen sowjetischen Theoretiker wurden wieder gelesen. Auch ein «Trotzkismus» erstand neu, vor allem durch den belgischen Theoretiker Ernest Mandel (1923–1995). Auf untergründige Weise berührten sich antiliberale Strömungen von rechts und von links. Die so genannte Außerparlamentarische Opposition nahm antiparlamentarisches Gedankengut der Zwanzigerjahre wieder auf, setzte Hoffnungen auf «Räte» mit rotierender Besetzung, auf Kontakt mit der Basis und Demokratisierung aller Entscheidungen. «Widerstand» artikulierte sich auf vielerlei Weise, nicht zuletzt in der für einen Rechtsstaat unhaltbaren Unterscheidung von Gewalt gegen Sachen und Gewalt gegen Menschen. Die juristischen Beiträge zu dieser Debatte sammelten sich vor allem in der 1968 gegründeten Zeitschrift «Kritische Justiz». Doch versiegten auch dort ab etwa 1972 die staatstheoretischen Beiträge. Andere Themen schienen in der

---

[215] Peter Häberle, Allgemeine Staatslehre, demokratische Verfassungslehre oder Staatsrechtslehre?, in: AöR 98 (1973), 119–134 (und in: ders., Verfassung als öffentlicher Prozess, 2. Aufl. Berlin 1996, 271 ff. mit Nachbemerkung, 289).

Tagespolitik wichtiger; eine nennenswerte und dauerhafte Staatstheorie ist so nicht entstanden. Zeitweise gerieten auch die linksliberalen gegenüber den orthodox marxistischen Kräften ins Hintertreffen, jedenfalls bis ab etwa 1985 die ersten Risse im Gebäude der Sowjetunion sichtbar wurden.

Langfristig von größerer Bedeutung war die Wiederentdeckung der modernen Wissenschaftstheorie und der Analytischen Philosophie, soweit sie sich sprachlich-normativen Problemen widmete. Auf diesem Feld war vieles wieder zu entdecken, was in Österreich und Deutschland untergegangen war, so die Wiener Schule der Wissenschaftstheorie (Moritz Schlick, Rudolf Carnap, Otto Neurath, Hans Hahn), der geniale Einzelgänger Ludwig Wittgenstein, die Werke von Alf Ross, Herbert L. A. Hart sowie vor allem das Werk von Hans Kelsen. Letzteres war zwar in Österreich präsent geblieben, aber auch in einem Normpositivismus dogmatisiert worden. Dies alles zusammengenommen ergab eine Absage an die philosophischen Prämissen der unmittelbaren Nachkriegszeit. Man erkannte und würdigte den Gewinn an sprachlicher Präzision und Rechtsstaatlichkeit im Vergleich zu den der Gesetzesauslegung häufig untergeschobenen ontologischen Voraussetzungen, Wesensargumenten und Wertordnungstopoi. Die alte Einsicht Kelsens, dass parlamentarische Demokratie, Rechtspositivismus und erkenntnistheoretischer Relativismus sich gegenseitig stützten und dass dabei Textbindung, Rationalität der Auslegung und Offenlegung der Bewertungskriterien zusammengehörten, wurde wieder lebendig. Es war kein Zufall, dass 1970 auch eine neue Zeitschrift «Rechtstheorie» erschien und so ein neues Fach neben der Rechtsphilosophie etablierte. Auch die Juristische Logik und die Methodenlehre traten nun aus ihrem Schattendasein wieder hervor.

Das neue Interesse an Philosophie und Theorie kam auch den Grundproblemen von Staat und Verfassung zugute. Schon durch die mit der Rechtsprechung des Bundesverfassungsgerichts permanent verbundene Frage nach der «Verfassungsmäßigkeit» oder «Verfassungswidrigkeit» von Hoheitsakten leitete semantisch über vom Staat auf die Verfassung. Verfassungsdenken überlagerte das Staatsdenken. Auch wenn die Mehrheit der Staatsrechtslehre nicht

Kelsens Identifikation von Staat und Rechtsordnung folgen wollte, so bestand doch kein Zweifel an der allgemeinen Dominanz des Verfassungsdenkens. Mahnende Stimmen sprachen deshalb schon von «Staatsvergessenheit» und warnten davor, den Staat nur als Reserve für den Fall des Zusammenbruchs der Verfassungsordnung, also des Notstands zu sehen[216]. Der Übergang von «Staatsrecht» zu «Verfassungsrecht» lag also gewissermaßen in der Luft, zumal bei Autoren, die aus dem Ausland kamen. Ehemalige Deutsche mit amerikanischen Erfahrungen publizierten früh «Verfassungslehren» (Carl Joachim Friedrich, Der Verfassungsstaat der Neuzeit, 1953; Karl Loewenstein, Verfassungslehre, 1959; Ferdinand A. Hermens, Verfassungslehre, 1965), während Autoren in der deutschen Tradition unverändert weiter «Allgemeine Staatslehren» schrieben (Herbert Krüger, 1964; Felix Ermacora, 1970; Thomas Fleiner, 1980; Reinhold Zippelius, 1969; Roman Herzog, 1971; Martin Kriele, 1975, Hans Herbert von Arnim, 1984; Karl Doehring, 1991; Burkhard Schöbener – Matthias Knauff, 2009).

Nur wenige wagten das durch die Verfassungslehre von Carl Schmitt (1928) ambivalent besetzte Terrain zu betreten und ihre Bücher ebenfalls «Verfassungslehre» zu nennen (Peter Häberle, Verfassungslehre als Kulturwissenschaft, 1982; Görg Haverkate, Verfassungslehre, 1992; Peter Häberle, Europäische Verfassungslehre, 2006; Philippe Mastronardi, Verfassungslehre: Allgemeines Staatsrecht als Lehre vom guten und gerechten Staat, 2007). In dieser zögernden Umstellung stecken nicht nur semantische Probleme. Es geht vielmehr um Sein oder Nichtsein des klassischen Staates als Lebensform. Wer auf Staat, Staatsrecht und Staatslehre beharrt, steht heute tendenziell in einer Verteidigungsposition gegen Übergangs- oder Auflösungstendenzen des alteuropäischen Staatsmodells in einem europäischen Staatenbund oder einem Gebilde eigener Art, das als «Europäische Union» einige Staatsfunktionen übernommen hat, aber selbst (noch) kein Staat ist. Wer das Wortfeld «Verfassung» bevorzugt, kann mit viel weniger theoretischen Skrupeln über den hergebrachten Staat hinweg zu neuen

---

[216] Nachweise bei Christoph Möllers, Der vermisste Leviathan. Staatstheorie in der Bundesrepublik, Frankfurt 2008.

Formen «offener Staatlichkeit» und einem staatsähnlichen europäischen Verbund aufsteigen, ja eine vor allem menschenrechtlich geprägte Konstitutionalisierung der Weltordnung erwägen. Sowohl die tatsächliche politische Entwicklung als auch die theoretische Reflexion sind in dieser entscheidenden Frage noch offen.

XV. Sozial- und Interventionsstaat der Bundesrepublik

1. Sozialstaat und «Sozialrecht»

Nach dem militärischen und materiellen Zusammenbruch des NS-Regimes brachte man die noch halbwegs funktionsfähigen Teile der Sozialversicherung, der kommunalen Fürsorge und der Wohlfahrtsverbände unter größten Schwierigkeiten auf Landesebene wieder in Gang. Nach der Währungsreform von 1948, der Gründung der Bundesrepublik 1949 und mit dem wirtschaftlichen Aufschwung erholten sich auch die sozialen Sicherungssysteme wieder. Von da an wurden sie kontinuierlich ausgebaut (zunächst vor allem Kriegsopferversorgung, Lastenausgleich, Wohnungsmarktregulierung, Fürsorge, Sozialgerichtsbarkeit). Seit 1957 nahmen dank der grundlegenden Umstellung der Altersrenten auf das Umlageverfahren und die Dynamisierung auch die Rentner am allgemeinen Wohlstand teil[217]. 1961 wurde die alte «Fürsorge» durch die moderne und leistungsfähigere Sozialhilfe ersetzt, und das neue Jugendhilferecht trat an die Stelle des Reichsjugendwohlfahrtsgesetzes von 1923[218]. Diese Expansionsbewegung war materiell möglich auf der Grundlage des «Wirtschaftswunders», wurde aber auch unterstützt durch eine insoweit konsensual angelegte Politik im Schatten der deutschen Teilung. Die Expansionsphase reichte bis etwa 1973. Seither wird der schwerfällige Tanker des Sozialstaats, dessen Budget 2010 über 760 Milliarden Euro betrug, mit Hilfe von Anpassungsgesetzen gesteuert und, so hofft man, auch fähig gemacht, die heraufziehende demographische Krise im Zei-

---

[217] Hans G. Hockerts, Sozialpolitische Entscheidungen im Nachkriegsdeutschland. Alliierte und deutsche Sozialversicherungspolitik 1945 bis 1957, Stuttgart 1980; Michael Stolleis, Geschichte des Sozialrechts in Deutschland, Stuttgart 2003, 260 ff.
[218] Christa Hasenclever, Jugendhilfe und Jugendgesetzgebung seit 1900, Göttingen 1978.

chen der Alterung der Bevölkerung zu bewältigen. Renten und Pensionslasten sowie wachsende Kosten der Krankenversicherung werden den jüngeren Berufstätigen auferlegt werden müssen. Seit 1994 ist eine eigenständige Pflegeversicherung als «fünfte Säule» hinzugekommen, aber auch sie wird die künftige Alterslast nur teilweise tragen können.

Die Entfaltung des im Grundgesetz zwar grundsätzlich, aber doch nur punktuell festgelegten Sozialstaats (Art. 20 Abs. 1; 28 Abs. 1; 14 Abs. 2) hat sich mittels einer alle Legislaturperioden begleitenden Sozialgesetzgebung vollzogen. Stets wurde das Sozialleistungssystem ausgebaut oder umgebaut, begrenzt oder an engere Voraussetzungen gebunden, um es insgesamt als eines der effektivsten, aber auch teuersten Systeme der Welt zu verbessern oder zu erhalten[219]. Diese Gesetzgebung wurde von der dreistufigen Sozialgerichtsbarkeit mit dem Bundessozialgericht an der Spitze präzisierend begleitet. Ihre Richter, die häufig auch mit den Praktikern der Sozialverwaltungen in Bund und Ländern kooperieren, sind vielfach als Autoren und Kommentatoren des Sozialrechts hervorgetreten.

Das Sozialrecht ist daher lange Zeit eine Domäne der Rechtspraxis geblieben und ist es zum großen Teil auch heute noch. Die heterogenen Teile der öffentlichen und privaten «Fürsorge» (Sozialhilfe), der Kinder- und Jugendhilfe, der Kriegsopferversorgung sowie der große beitragsfinanzierte Block der Sozialversicherung fügten sich erst spät zu einem halbwegs geschlossenen «Sozialrecht» zusammen. Rückte man das Arbeitsverhältnis in den Mittelpunkt, dann erschien die Sozialversicherung als dessen Annex, sodass eher das Arbeitsrecht als Teil des Zivilrechts zuständig schien. Betonte man den Zwangscharakter der Sozialversicherung, dann passte sie eher zum öffentlichen Recht, unterschied sich aber wegen des Versicherungscharakters grundsätzlich von allen steuerfinanzierten Leistungen. An der Universität galt das Sozialrecht als typisches Nebengebiet. Erst in den Sechzigerjahren des 20. Jahrhunderts wurde es üblich, von einem Sozialrecht im umfassenden Sinn

[219] Manfred G. Schmidt, Der Deutsche Sozialstaat. Geschichte und Gegenwart, München 2012, 62 ff.

zu sprechen. Es wurde nun als von elementaren Zwecken zusammengehalten angesehen. Diese Zwecke waren die Vorsorge für die Zukunft, der solidarische Ausgleich unterschiedlicher Lebenslagen und die Garantie des Existenzminimums im Namen der «Menschenwürde». Die verschiedenen Sozialleistungen wuchsen langsam zu einem Ganzen zusammen, gefordert von der Verfassung, ausbuchstabiert durch die Rechtsprechung und befördert von der Politik, die jetzt auch begann, eigene Sozialbudgets aufzustellen. Diese neue Sicht drängte zur Kodifikation, zu dem 1976 begonnenen und eine Generation später abgeschlossenen «Sozialgesetzbuch». Unübersehbar – auch für die öffentliche Meinung – gehörte nun das Sozialleistungssystem zum Zentrum der Gesellschaft, es war ein Zwilling der produktiven Volkswirtschaft, ein Garant des inneren Friedens und der Stabilität. Da es aber auch besonders kostenintensiv ist, wird es von der ständigen Sorge begleitet, ob es in Zeiten demographischer Verschiebungen seine Standards auch halten könne.

Die Rechtswissenschaft nahm seit den Siebzigerjahren an diesem Prozess teil, sei es vom Privatrecht (Gitter, v. Maydell, Eichenhofer), sei es überwiegend vom öffentlichen Recht her kommend (Zacher, Rüfner, Ruland, Becker, Schnapp u. a.). Lehrstühle für Sozialrecht wurden eingerichtet, Lehrbücher erschienen, die Prüfungsordnungen reagierten. Parallel zur europäischen Integration bildete sich auch ein «europäisches Sozialrecht» aus[220]. Aber diese Entfaltung verlief nicht linear, sondern im Auf und Ab der tatsächlichen oder propagierten gesellschaftlichen Bedürfnisse. Letztlich entscheidet das geistige Klima darüber, ob bei der Einrichtung eines neuen Lehrstuhls dem Sozialrecht oder dem internationalen Bankrecht der Vorzug gegeben wird. Im Zeichen des ökonomischen Neoliberalismus stand das Sozialrecht wieder auf der Schattenseite. Im Zeichen der Finanzkrise und einer in mehreren Ländern der Europäischen Union grassierenden Jugendarbeitslosigkeit ändert sich dies erneut. Sozialleistungen sind zwar nicht primär geeignet, die Wirtschaft zu unterstützen, aber sie überbrücken Krisenzeiten und

[220] Eberhard Eichenhofer, Geschichte des Sozialstaats in Europa. Von der «sozialen Frage» bis zur Globalisierung, München 2007.

vermeiden durch ihre Wirkung der Umverteilung gefährliche gesellschaftliche Zuspitzungen. Sie sichern vor allem ein menschenwürdiges Leben der Generation im Rentenalter.

2. Intervention auf Dauer

Das Sozialrecht ist nur ein Beispiel für einen viel umfassenderen Vorgang, den wir mit dem recht ungenauen Wort «Interventionsstaat» umschreiben. Gemeint ist die im ausgehenden 19. Jahrhundert zu beobachtende Abwendung von den Glaubenssätzen des ökonomischen Liberalismus. Diese Glaubenssätze (freie Entfaltung der persönlichen, politischen und ökonomischen Kräfte, Freihandel) waren in Deutschland nie vollständig zum Tragen gekommen. Die Stellung des eingreifenden Staates war seit dem fürsorglich-autoritären Wohlfahrtsstaat des 18. Jahrhunderts traditionell stark, und sie blieb es auch in der ersten Hälfte des 19. Jahrhunderts. Nach der Wirtschaftskrise um 1873, dem so genannten Gründerkrach, bahnte sich eine erneute Zuwendung zu staatlicher Steuerung von gesellschaftlichen Abläufen an, vor allem über die Gesetzgebung des Reichstags. Es begann mit der Schaffung der Sozialversicherungen der Arbeiterschaft gegen Krankheit (1883), Unfall (1884), Erwerbsunfähigkeit und Alter (1889), griff dann aber auf das allgemeine Wirtschaftsleben über, etwa durch die breite Gesetzgebung zum Gesellschaftsrecht, zum Recht des geistigen Eigentums, zur Bankenaufsicht, zur Kontrolle des Handwerks und gewerblicher Tätigkeit, zur Abwehr der von der Industrie ausgehenden Gefahren (Technische Überwachungsvereine) und zum Schutz der neuen Zielgruppe der «Verbraucher» (Konsumenten), etwa bei Lebensmitteln. Aber auch die staatliche Wissenschaftsförderung durch Großforschungseinrichtungen (Kaiser-Wilhelm-Gesellschaft, 1911) griff nun gezielt in die bisher selbstverwaltete Universitätsforschung ein. Ebenso legten die Wissenschaftsakademien vermehrt generationenübergreifende Langzeitprojekte auf, mit denen wissenschaftliche Kapazitäten zugleich gefördert und gebunden wurden.

Einen gewaltigen Schub erfuhr dieser zunächst noch überschaubare «Interventionismus» durch den Ersten Weltkrieg. Sofort entstanden bisher unbekannte Mischformen privaten und öffentlichen Rechts, gerichtet auf Förderung und Kontrolle aller irgendwie kriegswichtigen Güter. Nach dem Weltkrieg mussten Millionen Menschen versorgt und wieder in Brot und Arbeit gebracht werden. Das Krisenmanagement der Weimarer Republik ließ keine Rückkehr zur «Nichtintervention» mehr zu. Erst recht galt dies für den auf autoritäre Lenkung angelegten Nationalsozialismus, der sofort den Agrarmarkt mit dem Regelwerk des «Reichsnähr-stands» überzog und für Arbeitsbeschaffung, Aufrüstung und Kriegsbedürfnisse stufenweise und bedenkenlos die noch verbliebenen Freiheitsräume beschnitt. Nun regierte, wie im Sowjetstaat, der «Plan», die Zielvorgabe für Investitionen, Forschung und Ausstoß von Gütern aller Art, jedoch in der Weise, dass Privateigentum und Unternehmertum erhalten blieben.

Nach 1945 standen alle vier Besatzungszonen erneut vor den Problemen der Kriegsschäden, der Beschaffung von Arbeit und Wohnraum, der Versorgung von Kriegsopfern und des Wiederaufbaus der Institutionen. Nichts schien möglich ohne Hilfe «von oben», sei es durch den Marshall-Plan oder durch die langsam wieder handlungsfähig werdende öffentliche Hand der Länder. Zunächst wurden alle lebenswichtigen Güter direkt zugeteilt, der Markt funktionierte nur unter extern gesetzten restriktiven Bedingungen. Erst als sich die Wirtschaftslage besserte, wurde die Bewirtschaftung der meisten Güter aufgehoben, sehr spät allerdings im Fall des Wohnungsmarkts. Umgekehrt ging der Agrarmarkt bald wieder zur Doppelsteuerung von Subventionierung und (ebenfalls subventionierter!) Restriktion über – nun auf europäischer Ebene. Kohle- und Stahlproduktion wurden in der EGKS «europäisiert», europäische Außenzölle schützten vor Billigimporten aus Entwicklungsländern. Die nationalen und europäischen Institutionen, die sich verbal immer zu «Freiheit» und «Freiheiten» bekannten, regulierten de facto weite Bereiche des gesellschaftlichen Lebens, steuerten auch indirekt durch Sozialrecht, Steuerrecht, Gesundheitsrecht, Verbraucherrecht einschließlich des Urheberrechts, durch Gewerbekontrolle und Umweltrecht das Verhalten der Gesellschaft. Entscheidende Indikatoren waren die europäischen Export- und Importinteressen, Rücksichten auf die

Landwirtschaft, aber auch konsensfähige Nahziele, so bei der Verkehrssicherheit, der Gesundheitspolitik oder der Energieeinsparung (etwa Anschnall- und Helmpflicht, Rauchverbot, Glühlampen neuen Typs). Was im komplexen Willensbildungsprozess zwischen den nationalen Regierungen und «Brüssel» konsensfähig ist, wird gefördert, eingeschränkt oder verboten. Nahezu alle marktgängigen Produkte und Dienstleistungen werden heute von hoheitlicher Zulassung und Kontrolle erfasst.

Für Recht und Rechtswissenschaft haben diese Vorgänge insofern zentrale Bedeutung, als sie Verfassungs- und Verwaltungsrecht zwangen, ihre Fundamente eingehend zu überprüfen und mit jenen der europäischen Nachbarn zu vergleichen. Das Grundmodell des demokratisch verfassten Rechtsstaats beruhte auf der Trennung der Sphären von Staat und Gesellschaft, wie sie in der Verfassung niedergelegt war. Ihre Distanz wird durch die Grundrechte bestimmt; jeder Eingriff der Exekutive in die Grundrechte bedarf eines Parlamentsgesetzes, das Anlass und Tiefe des Eingriffs genau bestimmt. Ist ein solcher Eingriff umstritten, entscheiden unabhängige Gerichte, die ebenfalls an Gesetz und Recht gebunden sind, darüber, ob eine gültige Rechtsgrundlage vorlag und ob die Verwaltung sie in Übereinstimmung mit geschriebenem und ungeschriebenem höherem Recht, also dem Rechtsstaat gemäß, angewendet hat. Vor allem ist zu prüfen, ob der Eingriff notwendig, geeignet und im Verhältnis zum angestrebten Erfolg nicht «übermäßig» war.

Dieses Grundmodell ist keineswegs verschwunden; es wird in den Alltagsfällen des Polizei-, Gewerbe-, Bau- oder Enteignungsrechts wie eh und je angewendet. Die klassische «Gefahrenabwehr» ist im Kernbereich staatlicher Tätigkeit unverzichtbar. Aber das Umfeld der Verwaltungspraxis und diese selbst haben sich in vielen Punkten verändert.

Spätestens seit der zweiten Hälfte des 20. Jahrhunderts ist der Staat weit über die «Gefahrenabwehr» hinausgewachsen und hat sich dabei fast überall gesellschaftlicher Kräfte bedient. Im Bereich der Sozialleistungen ruht das System nicht nur auf den großen öffentlichrechtlichen Sozialversicherungen und der staatlichen und kommunalen Sozialverwaltung, sondern wesentlich auch auf den Institutionen der Kirchen und Verbände, der freien Vereine und

Privatunternehmen. Sozialhilfe, Kinder- und Jugendhilfe, Krankenhauswesen, Behinderteneinrichtungen, Altenpflege und vieles andere könnten ohne die Kooperation mit solchen nichtstaatlichen Einrichtungen gar nicht funktionieren.

Schon seit dem 19. Jahrhundert wurde auch erkannt, dass sich die großen Versorgungs- und Infrastruktureinrichtungen für elementare Leistungen (Energie, Wasser und Abwasser, Post, Verkehrsanlagen, Feuerwehr und Katastrophenschutz) nicht ohne Kooperation von Staat und Gesellschaft aufbauen und halten ließen. Ernst Forsthoffs «Daseinsvorsorge» von 1938 beschrieb, wie bereits gesagt, das Phänomen der Abhängigkeit des Einzelnen von elementaren Versorgungsleistungen, eine Abhängigkeit, die – in einem dezidiert antidemokratischen Kontext – durch ein Recht auf Teilhabe gemildert werden sollte. In den nachfolgenden Debatten weitete sich das Spektrum solcher Vorsorgeleistungen auf alle zur «Infrastruktur» gehörenden Leistungen aus[221], umfasste aber auch hinreichende Versorgung mit Kindergärten, Schulen, Bildungs- und Kultureinrichtungen aller Art, ja die Schaffung einer schadensfreien Lebens- und Arbeitswelt «für alle». Auch wenn Letzteres ein nie ganz erfüllbares Ziel sein mag, so bedeutete schon die Idee, dass der Staat ständig aktiv intervenierend tätig sein und dass er auf allen Ebenen mit gesellschaftlichen Akteuren kooperieren müsse. Letzteres war und ist meist nur auf der Grundlage des privat- oder öffentlichrechtlichen Vertrags möglich, aber auch durch informelle Kooperation und faktische Ergänzung. Weiter erhalten Bürgerinnen und Bürger aufgrund von Gesetzen eine Vielzahl von «Leistungen», und zwar nicht nur solche des Sozialrechts, sondern auch solche der Wirtschaftsförderung, des Ausgleichs für Reduzierung von Anbauflächen oder für die Pflege von Almweiden, zur Verringerung von Kapazitäten, für Innovationen in alternative Energien oder sonstige Zukunftstechnologien, insgesamt eine unüberschau-

---

[221] Georg Hermes, Staatliche Infrastrukturverantwortung, Tübingen 1998. – Dass der Bundesgerichtshof in einem Grundsatzurteil vom 25. Januar 2013 (Az: III ZR 98/12) Schadensersatz beim Ausfall des Internets gewährte, soweit der Betreiber dies zu vertreten hat, deutet in die Richtung, dass künftig alle gesamtgesellschaftlich genutzten Einrichtungen zivilrechtlich haften. Dann unterliegen sie jedoch auch Grundrechtsbindungen, unabhängig von ihrer Rechtsform.

bare Zahl von Anreiz- oder Kompensationsleistungen. Damit entstand ein neues «Leistungsverwaltungsrecht», das mit dem herkömmlichen «Eingriffsverwaltungsrecht» vielfach verschränkt ist. Das eine ist ohne das andere nicht mehr denkbar.

3. Veränderungen des Verwaltungsrechts

Die Dogmatik des Verwaltungsrechts musste hierauf in vielen Punkten reagieren. Sie widmete sich zunächst – neben dem archetypischen eingreifenden oder belastenden Verwaltungsakt – der Figur des begünstigenden Verwaltungsakts, der freilich auch belastende Nebenwirkungen für Dritte haben konnte. Weiter trat neben den Einzelakt das auf Dauer gestellte «Verwaltungsrechtsverhältnis», vergleichbar etwa dem zivilrechtlichen «Dauerschuldverhältnis», aus dem nun auch Regeln über Leistungsstörungen in das öffentliche Recht übernommen wurden. Zur Erfassung von Subventionen musste man den begünstigenden Verwaltungsakt als Leistungsgrund vom zivilrechtlichen Erfüllungsgeschäft, etwa bei einer Kreditgewährung durch eine Bank, unterscheiden (Zwei-Stufen-Theorie), aber auch rein öffentlichrechtliche Konstruktionen, die einheitlichen Rechtsschutz gewährleisteten, boten sich an. Bei jeder Zuwendung an Einzelne traten zudem Gleichheitsfragen auf, wenn in ähnlich gelagerten Fällen Andere leer ausgingen oder etwa gleich qualifizierte Beamte nicht befördert wurden (Konkurrentenklage). Im Kampf um öffentliche Aufträge entwickelte sich ein eigenes nationales und europäisches Vergaberecht, um solche Aufträge gerecht zu verteilen und Korruption zu verhindern.

Wesentliche Veränderungen in Praxis und Wissenschaft gab es auch bei lang gestreckten Genehmigungsverfahren mit vielen Beteiligten, also bei Flughafen- oder Autobahnbauten, Errichtung von Bahntrassen und sonstigen Eingriffen in dichte Besiedelung oder in die Natur. Die vom Gesetzgeber entwickelten Beteiligungsformen bei Planungen machten die ursprünglich verwaltungsintern verlaufenden Planungen zu öffentlichen Angelegenheiten mit zahlreichen Beteiligten, ja sie boten Möglichkeiten für Formen direkter Demokratie auf lokaler Ebene. Weit über die alten «Pläne» hinaus

(Haushaltsplan, Bebauungsplan) gehörten nun Verkehrs-, Landschafts- und Raumplanung, Sozialpläne, Jugendpläne, Schul- und Hochschulpläne zum Alltag der Verwaltung. Bis in die Sechzigerjahre des 20. Jahrhunderts wurde dies im Rahmen der Marktwirtschaft nicht sehr betont, zumal man die Parallelen zu den Vierjahresplänen des Nationalsozialismus und insbesondere zur Planwirtschaft des Ostblocks nicht gerne sah. Aber das Faktum war unbestreitbar und fand langsam wissenschaftlichen Widerhall[222]. Planung stieg zum «Schlüsselbegriff unserer Zukunft» auf (Joseph H. Kaiser). In den kommunalen Gebietsreformen (1967–1978) wurde mit Enthusiasmus und oft auch an der Realität vorbei geplant. In der ersten Wirtschaftskrise der Jahre 1966/67 empfahl sich vorausschauende Globalsteuerung. Im Kanzleramt entstand unter Horst Ehmke eine zentrale Planungsabteilung. Planungsrecht wurde Prüfungsfach im Jurastudium. Nachdem die Euphorie aber abgeklungen war und zahlreiche Fehlplanungen zutage traten, ließen ab 1976 die Anstrengungen wieder nach. Nur im klassischen gesellschaftspolitischen Experimentierfeld des Schul- und Hochschulwesens wurde permanent weiter «geplant» und «reformiert».

Die Wissenschaft des öffentlichen Rechts reagierte auf alle diese Veränderungen durch Ausdifferenzierung. Sie bildete neue Lehrveranstaltungen, Lehrstühle, Zeitschriften, Schriftenreihen und Fachkongresse aus. Zu dem schon während der Weimarer Zeit entstandenen öffentlichen Wirtschaftsrecht[223] traten nun Sozialrecht[224], Umweltrecht[225], Raumplanungs- und Fachplanungsrecht[226], Wis-

---

[222] Max Imboden – Klaus Obermayer, Der Plan als verwaltungsrechtliches Institut, in: VVDStRL 18 (1960), 113–215.
[223] Reiner Schmidt, Öffentliches Wirtschaftsrecht. Allgemeiner Teil, Berlin – Heidelberg 1990; ders. (Hg.), Öffentliches Wirtschaftsrecht. Besonderer Teil, 2 Bde., Berlin – Heidelberg 1995, 1996; ders. – Thomas Vollmöller, Kompendium Öffentliches Wirtschaftsrecht, Berlin – Heidelberg 1998, 2004.
[224] Ivana Mikešić, Sozialrecht als wissenschaftliche Disziplin, Tübingen 2002.
[225] Michael Kloepfer, Umweltrecht, 3. Aufl. München 2004; Reiner Schmidt – Wolfgang Kahl, Umweltrecht, 8. Aufl. München 2010; Rudolf Steinberg, Der ökologische Verfassungsstaat, Frankfurt 1998; Sparwasser – Engel – Vosskuhle, Umweltrecht, 5. Aufl. Heidelberg 2003.
[226] Rudolf Steinberg – Martin Wickel – Henrik Müller, Fachplanung, 4. Aufl. Baden-Baden 2012.

senschaftsrecht[227], Medien- und Telekommunikationsrecht[228], Energierecht[229], Datenschutzrecht[230], Technikrecht[231]. Man suchte diese Gebiete, die eher Konglomerate verschiedenster Normen als systematisch angelegte Neuschöpfungen waren, pragmatisch voneinander abzugrenzen und jeweils eigene Leitgedanken zu entwickeln. Die dadurch entstehende Unübersichtlichkeit des modernen Verwaltungsrechts, die sich auch in der Spezialisierung der Wissenschaftlerinnen und Wissenschaftler und der Publikationsorgane, aber auch bei den Gerichten in ihren Zuständigkeitsbereichen zeigt, wächst sich zu einem Problem moderner Rechtsordnungen aus, der «Multinormativität».

Auf der einen Seite konnte man sich lange damit zufrieden geben, dass in der Rechtsformenlehre den seit Otto Mayer 1895 entwickelten Grundbausteinen nur wenig hinzuzufügen war. Es werden weiterhin belastende und begünstigende Verwaltungsakte erlassen, heute zunehmend in elektronischer Form, es werden öffentlichrechtliche Verträge geschlossen, Pläne entwickelt und als Satzungen beschlossen, man unterscheidet Körperschaften, Anstalten und Stiftungen. Das auf Dauer angelegte Verwaltungsrechtsverhältnis ist hinzugekommen, ohne freilich scharfe dogmatische Konturen zu gewinnen. Auf der anderen Seite täuscht aber der Blick auf die Rechtsformen im Kernbereich. Nicht nur die scheinbar gleich bleibenden Rechtsformen verändern unter anderen Umständen ihre Bedeutung – nicht anders als Sprechakte in variierenden Kontexten. Auch Verwaltung und Verwaltungsrecht haben sich in den letzten Jahrzehnten grundlegend gewandelt, parallel zu den Verschiebungen zwischen Staat und Gesellschaft. Wir leben in sozialer und

---

[227] Eberhard Schmidt-Aßmann, Wissenschaftsrecht im Ordnungsrahmen des öffentlichen Rechts, in: JZ (1989), 205 ff.

[228] Joachim Scherer, Telekommunikationsrecht und Telekommunikationspolitik, Baden-Baden 1985.

[229] Hans-Peter Schneider – Christian Theobald, Recht der Energiewirtschaft – Praxishandbuch, 3. Aufl. München 2011.

[230] Spiros Simitis (Hg.), Bundesdatenschutzgesetz, 7. Aufl. Baden-Baden 2011.

[231] Udo Di Fabio, Instrumente des Technikrechts, in: Klaus Vieweg (Hg.), Techniksteuerung und Recht, Köln u. a. 2000, 9–21; Miloš Vec, Kurze Geschichte des Technikrechts, in: Martin Schulte – Rainer Schröder (Hg.), Handbuch des Technikrechts, 2. Aufl. Heidelberg 2011, 455 ff.

technischer Hinsicht in einer Phase hoher Beschleunigung. Naturwissenschaftliche Probleme werden weltweit und in schärfster Konkurrenz mit hohem Einsatz von staatlichen oder industriellen Mitteln erforscht. Die Abstände, in denen Wissen veraltet, werden immer kürzer, zumal jede Neuerung sogleich elektronisch verfügbar ist.

Wo also stehen wir heute? Ortsbestimmungen sind bekanntlich schwierig, wenn man sich selbst mit hoher Geschwindigkeit bewegt. Deshalb mag man diskutieren, ob wir nach der Epoche der Landwirtschaft (primärer Sektor) und der darauf folgenden Industrialisierung (sekundärer Sektor) in ein postindustrielles Zeitalter der Dienstleistungen eingetreten sind (tertiärer Sektor)[232]. Es ist jedenfalls nicht zweifelhaft, dass das Recht der Verwaltung einerseits sein Anwendungsgebiet enorm ausgeweitet, andererseits aber auch seine herkömmlichen Konturen und die Verlässlichkeit seiner Dogmatik verloren hat.

Zunächst bedeutete die Entfaltung der Verwaltung im Kontext des grundrechtsbetonten Rechts- und Sozialstaats der Nachkriegszeit, dass das gesamte Verwaltungsrecht sich auf das neue Verfassungsrecht umzustellen hatte. Verwaltungsrecht wurde nun tatsächlich «konkretisiertes Verfassungsrecht» (Fritz Werner). Das hieß zunächst Verfeinerung und Komplettierung des Grundrechtsschutzes im Verwaltungsrecht einschließlich des überall zu beobachtenden Grundsatzes der «Verhältnismäßigkeit» von Eingriffen, Entwicklung neuer Schutzgüter und staatlicher Schutzpflichten[233], verfassungskonforme Interpretation des überlieferten Verwaltungsrechts, Umstellung von einer hoheitlich verfahrenden Verwaltung auf eine kooperierende Verwaltung mit neuen Umgangsformen und mit der Übernahme zivilrechtlicher Vertragsformen.

Auf der Tagung der Staatsrechtslehrer in Regensburg von 1972 zog Otto Bachof (1914–2006) eine Bilanz dieser Veränderungen. Er

---

[232] Überzeugende Gegenargumente bei Jürgen von Kruedener, Von der Dienstleistungsgesellschaft zur Industrial Society, in: Karl Hardach (Hg.), Internationale Studien zur Geschichte von Wirtschaft und Gesellschaft, Frankfurt u. a. 2012, 533–550.
[233] Entwickelt vor allem in BVerfGE 39 (1975), 1–95 – Schutzpflicht des Staates gegenüber dem werdenden Leben.

wies auf die Durchdringung des Verwaltungsrechts mit den rechts- und sozialstaatlichen Vorgaben der Verfassung hin, auf die Verfeinerung der rechtstaatlichen Kontrolle des Verwaltungshandelns sowie auf die Erweiterung der Rechtsformen durch das Leistungsverwaltungsrecht. Eine prinzipielle Erneuerung der verwaltungsrechtlichen Dogmatik hielt er nicht für erforderlich. Der deutlich jüngere Winfried Brohm (1932–2012) setzte stärker modernisierende Akzente, etwa auf neue Beteiligungsformen bei der Planung, genauere parlamentarische Kontrolle der Exekutive, Ausbau der «Verwaltungsrechtsverhältnisse» und eines entsprechenden öffentlichrechtlichen Rechts der «Leistungsstörungen».

Nur vier Jahre später, 1976, gab es erstmals eine umfassende gesetzliche Regelung des Verwaltungsverfahrens, zeitgleich in verschiedenen Gesetzen für Bund und Länder, verbunden mit einer gesetzlichen Festschreibung unstrittiger Teile des materiellen Allgemeinen Verwaltungsrechts[234]. Das war der gesetzgeberische Abschluss von Bemühungen, die bis in die Dreißigerjahre des 20. Jahrhunderts zurückreichten. Von nun an konnte man sich direkt auf das Gesetz und begleitende Kommentare stützen. Lehrbücher, die bisher die maßgeblichen Autoritäten waren, traten zurück. Veränderungen des Verfahrensrechts waren Sache der Gesetzgebung. Diese reagierte auf die Bedürfnisse der Praxis, aber auch auf die größer werdende Durchlässigkeit der Grenzen zwischen öffentlichem Recht und Privatrecht sowie auf das Postulat der «Demokratisierung». Nun gab es Auskunfts- und Anhörungsrechte, die Massenverfahren wurden geregelt (§ 17–19 VwVfG), die elektronische Kommunikation hielt Einzug ins Gesetz (§ 3 a VwVfG)[235], der längst praktizierte öffentlichrechtliche Vertrag fand Aufnahme (§§ 54–62 VwVfG). Komplizierte Verwaltungsverfahren wurden in Abschnitte zerlegt, um sie prozessual handhabbar zu machen,

---

[234] Verwaltungsverfahrensgesetz i. d. F. v. 23. 1. 2003 (BGBl I, 102), zuletzt geändert durch Ges. v. 5. 5. 2004 (BGBl I, 718) sowie entsprechend für die Bundesländer.

[235] Hierzu Martin Schulte, Wandel der Handlungsformen der Verwaltung und der Handlungsformenlehre in der Informationsgesellschaft, in: Wolfgang Hoffmann-Riem – Eberhard Schmidt-Aßmann (Hg.), Verwaltungsrecht in der Informationsgesellschaft, Baden-Baden 2000, 333–348.

zugleich suchte man der Verlangsamung aller Prozeduren entgegenzuwirken (§§ 71 a–71 e VwVfG).

Die genannten Veränderungen sind im Prinzip auch heute noch mit den gewohnten Rechtsformen und mit den entsprechenden Verfahren zu bewältigen. Es werden jedoch neue Veränderungen der Gesamtlage sichtbar. Zunächst ist es die Zunahme der Regelungsdichte, und zwar auf der kommunalen Ebene, derjenigen der Länder, des Bundes sowie in Europa und teilweise im Völkerrecht, soweit es über internationale Verträge Standards festschreibt (Umweltschutz). Je nach konkreter Zielvorgabe oder Gefahrenlage verwendet man dabei die herkömmlichen Mittel des öffentlichen Rechts (Aufsicht, Genehmigungsvorbehalte, Verbote), steuert aber auch indirekt über Abgaben oder finanzielle Anreize. Je umfangreicher die Vorhaben sind, desto mehr Regelwerke sind einschlägig, und desto größer werden auch die Chancen von Opponenten, regulär oder irregulär bremsend zu wirken. Der Eindruck festigt sich, dass die modernen Industriegesellschaften, die eine immer ausgefeiltere und im Ergebnis auch erfolgreiche Sicherheitsprävention betrieben haben, mit ihrer «Verrechtlichung» an Grenzen stoßen. Zugleich mit der Steigerung der Sicherheitsvorkehrungen sinkt der Grenznutzen, und die Kosten der Prozeduren steigen.

Die genannte «Multinormativität» bereitet auch insofern Probleme, als es immer schwieriger wird, die komplexen Regelungsstrukturen auf einer einzigen Entscheidungsebene, derjenigen der Entscheidung eines Rechtsstreits, abzubilden. Das Prozessgeschehen um größere Bauvorhaben der öffentlichen Hand kann heute ohne weiteres ein Jahrzehnt in Anspruch nehmen, ebenso wie Schadensersatzprozesse zwischen Konzernen und Banken oder Versicherungen oder die strafrechtliche Aufarbeitung von menschlichen «Fehlern».

Die Verwischung der Grenzen zwischen öffentlichem Recht und Privatrecht kommt hinzu. Eine kategoriale Zweiteilung der Rechtsordnung, wie sie im 19. Jahrhundert Wille und Vorstellung war, gibt es heute kaum noch. Nur in der Zuweisung der verschiedenen Rechtswege hat sie ihr Refugium. Der intervenierende Staat, der sein Monopol hoheitlicher Steuerung heute sowohl mit privatrechtlich organisierten Institutionen (solchen der öffentlichen

Hand als auch von Privaten) teilen muss, nutzt die Rechtsformen des öffentlichen Rechts ebenso wie solche des Gesellschaftsrechts, das seinerseits wieder vom Steuerrecht abhängig ist, um «Wirkungen» zu erzielen. Die Durchdringung der gesamten Rechtsordnung mit «Zwecken» ließ die Frage nach den Rechtsformen sekundär werden. Freilich bleibt die Frage aktuell, wie zivilrechtlich agierende Akteure auf den Freiheitsschutz durch Grundrechte verpflichtet werden können.

Dadurch entstehen regulative «Mischgebiete», die von einem meist verfassungsrechtlich begründeten «Schutzzweck» geleitet werden (Anlegerschutz, Umweltschutz, Verbraucherschutz, Schutz von Kindern und Familien, Gleichstellung der Geschlechter, Schutz von Minderheiten usw.). Diesem Schutzzweck ordnen sich dann Normenkomplexe zu, ohne aber eine innere Einheit oder ein «System» zu bilden. Auf vielen Gebieten wird hoheitlich reguliert, auf anderen setzt man auf «Selbstregulierung», die ihrerseits wieder fürsorglich «reguliert» werden muss, sodass auch hier Mischungen von Gewährenlassen und Kontrolle entstehen. Entsprechend schwach ist deshalb auch überall die Ausbildung «Allgemeiner Teile», die sich entlastend und strukturierend zwischen die Verfassungsnormen und die konkreten Regelungen stellen ließen. Die wesentlichen Steuerungsleistungen gehen heute von den Bezugnahmen auf Verfassungsnormen, von sich ausbildenden «Prinzipien» sowie von Ketten «gefestigter» Rechtsprechung aus. Deshalb gab es einerseits den begründeten Appell, den systematisch ausgebildeten Kern des Verwaltungsrechts zu bewahren, um die Entwicklung eines Dschungels von Sonderdogmatiken auf verschiedenen Regulierungsebenen und -feldern zu verhindern[236]. Andererseits geht das moderne Verwaltungsrecht gerade auf Distanz zum älteren Verwaltungsrecht, das in der Tradition Otto Mayers auf die verbindende Funktion der Rechtsformen im Rechtsstaat Wert legte. Verwaltungsrecht wird nun viel stärker von seiner Funktion der

---

[236] Eberhard Schmidt-Aßmann, Das allgemeine Verwaltungsrecht als Ordnungsidee. Grundlagen und Aufgaben der verwaltungsrechtlichen Systembildung, 2. Aufl. Heidelberg 2004; ders., Verwaltungsrechtliche Dogmatik. Eine Zwischenbilanz zu Entwicklung, Reform und künftigen Aufgaben, Tübingen 2013.

«Steuerung» her gesehen und klassifiziert[237]. Als wichtigste Tendenzen werden heute «Privatisierung, Ökonomisierung, Digitalisierung, Europäisierung und Internationalisierung» genannt, denen neben der vom Rechtsstaat herkömmlich geforderten Gesetzesbindung nun die neuen Ziele der «Effizienz, Akzeptabilität, Kooperationsbereitschaft, Flexibilität oder Implementierbarkeit» entsprechen sollen[238].

In der Tat ändern sich unter diesen Stichworten die Aufgaben der Verwaltung und ihre Stellung zum Recht. Je stärker dieses «Recht» funktional gesehen wird, desto mehr wird es seinen Eigenwert verlieren und durch andere «zielführende» Mittel ersetzt werden können. Diese Austauschbarkeit der Rechtsformen oder auch der Verzicht auf sie im Namen der «Selbstregulierung» machen es zunehmend schwer, an die Steuerungswirkung einer Dogmatik zu glauben, die in einem «Allgemeinen Teil» verdichtet ist. Die Spezialregelungen werden heute oft – und wohl zunehmend – unter Überspringung eines Allgemeinen Teils direkt an die verfassungsrechtliche Legitimationsgrundlage angebunden. Letztere scheint auch wegen möglicher verfassungsgerichtlicher Überprüfungen größere Sicherheit zu bieten als eine konsentierte Dogmatik.

Eine historische Überlegung, die freilich nichts «beweist», könnte dies plausibel machen.

Als die «Allgemeinen Teile» des Strafrechts (1871), des Bürgerlichen Gesetzbuchs (1896), der Reichsversicherungsordnung (1911) und der Reichsabgabenordnung (1919) von der Gesetzgebung geschaffen wurden, waren diese Teilrechtsordnungen auf Steuerung durch einen «vor die Klammer» gezogenen Teil angewiesen. Das damalige Verfassungsrecht (Reichsverfassung, Landesverfassungen) kam dafür nicht in Frage, teils weil es keine inhaltliche Orientierung durch Grundrechte bot (Reichsverfassung), teils weil es an einer unmittelbaren Geltung der Grundrechte fehlte. In dieser Situation entstand auch der Allgemeine Teil des Verwaltungsrechts,

---

[237] Wolfgang Hoffmann-Riem – Eberhard Schmidt-Aßmann – Andreas Voßkuhle (Hg.), Grundlagen des Verwaltungsrechts, Bde. I–III, München 2006–2009; 2. Aufl. 2012/13.
[238] A.a.O. Vorwort zu Bd. I der ersten Aufl. 2006.

wesentlich durch Otto Mayer (1895). Er präparierte diejenigen Figuren heraus, die allem Verwaltungshandeln zugrunde lagen. Das ermöglichte es Gerichten oder der Wissenschaft, sie im konkreten Fall wiederzuerkennen und rechtsstaatlichen Ordnungsprinzipien zu unterwerfen. In diesem Sinne konnte man sagen «Verfassungsrecht vergeht, Verwaltungsrecht besteht» (Otto Mayer, 1924), weil nicht das verwaltungsrechtliche Detail, sondern die elementaren Grundfiguren gemeint waren. Wenn nun allerdings die zentrale Steuerung eines vielgestaltig gewordenen Verwaltungsrechts vom Allgemeinen Teil auf Verfassung und Verfassungsrechtsprechung übergeht, wird die Steuerungsleistung eines Allgemeinen Teils entwertet. Mit anderen Worten: Die Allgemeinen Teile des Strafrechts, Zivilrechts und öffentlichen Rechts um 1900 erfüllten eine Funktion, die in den Jahrzehnten der Bundesrepublik immer stärker von der «Wertordnung des Grundgesetzes» übernommen worden ist. Wer heute eine Rechtsposition bekräftigen will, tut dies in der Regel nicht mehr unter Berufung auf einen Satz der Dogmatik, sondern weist darauf hin, sein Ergebnis entspreche der Verfassung, insbesondere den Grundrechten.

Das hat den Vorteil größerer Plausibilität und Öffentlichkeitswirkung, aber den klaren Nachteil der Wolkigkeit und Ausdeutbarkeit verfassungsrechtlicher Sätze, oder institutionell gesprochen: Es stärkt die Position der institutionellen Hüter des Verfassungstextes, der Richterinnen und Richter des Bundesverfassungsgerichts. Die Rolle der Rechtswissenschaft, in deren Schoß die Allgemeinen Teile entstanden sind und gepflegt wurden, hat entsprechend an Gewicht verloren.

4. Expansion der Universitäten

Ein wesentlich auf qualifizierte Arbeitskräfte angewiesenes Industrieland muss ständig in den Bildungssektor investieren und diesen steuern. Es muss soziale Zugangsbarrieren beseitigen, die Ausbildung von Frauen fördern, die Bildungseinrichtungen entsprechend dem gesellschaftlichen Bedarf justieren und Jahrgangsschwankungen ausgleichen. Diesen Aufgaben wurde das Hochschulwesen der

Sechzigerjahre nicht mehr gerecht. 1964 wurde «Die deutsche Bildungskatastrophe» ausgerufen[239], und von da an kam vieles in Bewegung.

Zwischen 1965 und 1975 dominierte im öffentlichen Bewusstsein vor allem die «Studentenbewegung». Sie wurde vorbereitet durch Vorlesungsreihen zur NS-Vergangenheit der Hochschulen, nahm die Kritik an den USA wegen des Vietnam-Kriegs in sich auf, ebenso den allgemeinen Umbruch des Lebensstils, der Geschlechterbeziehungen und des an vielen Indikatoren ablesbaren «gefühlten» Endes der Nachkriegszeit. Ein radikaler werdender Seitenzweig dieser Bewegung mutierte zu einer terroristischen Gruppe (RAF), während die Mehrheit dieser politisierten Generation reformerische Impulse weitertrug. Dass sie selbst nicht nur auflockernde, sondern auch verhärtende Wirkungen einer wieder konservativeren Folgegeneration hervorbrachte, gehört wohl zur generell zu beobachtenden Dialektik gesellschaftlicher Entwicklungen.

1960 bis 1980 stiegen die Zahlen der Studierenden steil an, vor allem auch der Studentinnen, die Hochschulen wurden ausgebaut und expandierten in singulärer Weise durch 24 Neugründungen zwischen 1963 und 1978. Juristische Fakultäten bzw. Fachbereiche entstanden nun in Bochum, Mannheim, Gießen, Konstanz, Regensburg, Bielefeld, Trier-Kaiserslautern, Augsburg, Bremen, Hannover, Osnabrück, Hamburg, Bayreuth und Passau. Ein Jahrzehnt besonders intensiver Reformen und Reformversuche folgte. 1971 bis 1984 wurde an einigen Universitäten eine «Einstufige Juristenausbildung» erprobt, aber dann, obwohl sie erfolgreich war, wieder eingestellt. Man unterrichtete «Grundzüge» und «Wahlfächer» – der Grundgedanke hat sich bis zur Gegenwart erhalten. Viele Reformansätze gingen jedoch unter in den Bedingungen der Massenuniversitäten. Die erwartete Entlastung durch juristische Ausbildungsangebote der Fachhochschulen trat kaum ein. Vor allem die von vielen Hoffnungen begleitete Integration von Theorie und Praxis einerseits sowie die Integration der Sozialwissenschaften in die Juristenausbildung andererseits erreichten nicht den Status einer

---

[239] Georg Picht, Die deutsche Bildungskatastrophe. Analyse und Dokumentation, Freiburg 1964, 2. Aufl. München 1965.

dauerhaften Kanonisierung in den Lehrplänen, blieben persönlichen Interessen überlassen und versandeten deshalb ab etwa 1974. So ist die «Studienreform» unter schwierigeren äußeren Bedingungen, insbesondere in finanzieller Hinsicht, ein Dauerthema geblieben. In der jüngsten Vergangenheit trieben Politik und Wirtschaft eine klare Ausrichtung auf den ökonomischen Nutzen voran. Die Qualität von Forschung wird zunehmend nach der Höhe der eingeworbenen «Drittmittel» beurteilt. Ein bundesweites (und oft dilettantisch und von interessierter Seite betriebenes) «Ranking» treibt die Hochschulleitungen zum nationalen Wettbewerb um «Exzellenz». Die Bedingungen der Forschung mögen dadurch in manchen Sektoren verbessert worden sein. Insgesamt hat sich jedoch das Niveau von Forschung und Lehre nach dem fast einmütigen Urteil der Beteiligten nicht verbessert, eher im Gegenteil. Die Grundlagenfächer (Rechtsphilosophie, Rechtstheorie, Rechtsgeschichte, Rechtsvergleichung) leiden, der Druck zur Beschleunigung des Studiums und die damit verbundene Verschulung führen zur «Verfachhochschulung». Die ehemals hohe Attraktivität des deutschen Studienmodells für ausländische Juristen schwindet[240].

Für das öffentliche Recht bedeutete die Expansion der Universitäten eine Vervielfachung des Lehrpersonals, ablesbar an den Mitgliederzahlen der Vereinigung der Deutschen Staatsrechtslehrer, sowie eine ebensolche Vervielfachung des gedruckten Materials, vor allem der Kommentare und der Lehrbücher. Eine deutliche Profilbildung der einzelnen Richtungen des öffentlichen Rechts innerhalb der Universitäten kam nicht wirklich zustande oder wurde nach guten Anfängen durch den Massenbetrieb wieder abgeschliffen.

---

[240] Die bereits oben erwähnten Empfehlungen des Wissenschaftsrats «Perspektiven der Rechtswissenschaft» vom 9. November 2012 raten zu einer energischen Stärkung der Grundlagenfächer, sowohl im Hinblick auf die internationale Attraktivität der deutschen Juristenausbildung, als auch in Sorge um die Erhaltung des wissenschaftlichen Charakters der Universitätsausbildung.

XVI. Staatsrecht, Völkerrecht und Verwaltungsrecht der DDR

1. Die politische Grundstruktur

Das Staats- und Verwaltungsrecht sowie das Völkerrecht der DDR waren von Anfang an engstens an die Vorgaben der Staatspartei SED gebunden. Die Einhaltung der Parteilinie wurde auf allen Ebenen kontrolliert, durch die politisch gesteuerte Vorauswahl der Studierenden, durch die Besetzung der Lehrstühle, durch die Studienpläne und die Lehrbücher samt den Examina. Eine Verwaltungsgerichtsbarkeit gab es nicht mehr, eine Verfassungsgerichtsbarkeit war schon ideologisch durch die – fiktive – Identität von Volkswillen und Gesetzgebung ausgeschlossen. Auch eine freie Kommentierung der Verfassung, die zu divergierenden Ansichten hätte führen können, war nicht bekannt. So müssen Nuancen der wissenschaftlichen Meinungsbildung, die es durchaus gab, durch aufmerksame Lektüre der beiden Zeitschriften «Staat und Recht» sowie «Neue Justiz» rekonstruiert werden.

Besonders gravierend für die Praxis war, wie bereits erwähnt, das faktische Verschwinden des Verwaltungsrechts aufgrund der Angriffe der Parteispitze auf der Babelsberger Konferenz von 1958. Es war dies sozusagen der Schlusspunkt der Epoche von Walter Ulbricht, geprägt vom Ost-West-Gegensatz, von der Furcht vor Volkaufständen (17. Juni 1953; aber auch Polen und Ungarn). 1961 bewirkte der Bau der Mauer und der Grenzanlagen, mit denen die Flucht der Menschen in den Westen verhindert werden sollte, eine gewisse innere Entspannung. Im Frühjahr 1968 trat eine neue eigenstaatliche DDR-Verfassung in Kraft, die im Grundrechtsteil einige Hoffnungszeichen setzte, welche aber schon im August 1968 mit der Niederschlagung des «Prager Frühlings» wieder verschwanden.

Mit dem Wechsel von Walter Ulbricht zu Erich Honecker im Mai 1971 verbanden sich zunächst kleine Lockerungen und Verbesserungen, die auf innere Stabilisierung zielten. Außenpolitisch ließ sich die DDR auf die KSZE-Konferenzen ein, wohl in der Hoffnung, eine dadurch eventuell entstehende Dissidentenszene beherrschen zu können. Das Schlussdokument von Helsinki (1975), die Ausbürgerung von Wolf Biermann (1976), Rudolf Bahros Buch «Die Alternative» (1977) und die polnische Solidarność-Bewegung ab 1980 zeigten jedoch, dass das System dem Druck von unten auf die Dauer nicht gewachsen war. Die ökonomischen Schwierigkeiten, die durch den westdeutschen Milliardenkredit von 1983 nicht behoben, sondern nur zeitweise gelindert wurden, kamen hinzu. Als schließlich die Sowjetunion ab 1985 zur Glasnost- und Perestroika-Politik überging und damit ihr eigenes Ende einläutete, trug die wichtigste Stütze der SED-Herrschaft nicht mehr.

Im Staatsrecht gab es seit 1969 eine zweibändige Dokumente- und Kommentarpublikation zur Verfassung. Das erste Lehrbuch des Staatsrechts der DDR war 1977 erschienen, eine zweite Auflage kam 1984. Beide Werke waren selbstverständlich «parteilich» kontrollierte Kollektivarbeiten. In ihnen war auch der Übergang von der gesamtdeutschen Politik aus den frühen Jahren zur Zweistaatentheorie vollzogen. Alle Erinnerung an die deutsche Nation war getilgt. Der Duktus des Ganzen entsprach der Lage der in die Jahre gekommenen Diktatur: Kämpferische Passagen als Einleitung, deskriptiver Positivismus für das eigentliche Lehrbuch, keine Kritik am eigenen System.

Als Kontrast hierzu wurde an den Universitäten der DDR auch «Staatsrecht bürgerlicher Staaten» gelehrt. Dieses Fach hatte sensibel auf Veränderungen der Außenpolitik zu reagieren, sollte aber im Kern darstellen, wie und warum die Welt des Kapitalismus dem Untergang geweiht sei. Geschickte Autoren konnten durch ihre Schriften auf diesem Gebiet aber auch Einrichtungen schildern, die sie im eigenen Bereich gerne realisiert gesehen hätten. Außerdem genossen sie das Privileg, die sonst nur schwer erreichbaren Bücher des «Feindes» studieren zu können.

Ähnlich bot das Völkerrecht einen Blick in die Welt, wie er der Bevölkerung der DDR nicht gestattet war. Es begleitete zunächst die Politik der SED im Kalten Krieg. Für den Unterricht genügte zunächst die Übersetzung eines russischen Lehrbuchs «Völkerrecht» (1967). Als dann aber der Grundlagenvertrag mit der Bundesrepublik (1972) eine neue Basis bot und die internationale Anerkennung mit der Aufnahme in die Vereinten Nationen erreicht war (1973), belebte sich auch das Völkerrecht und gewann Anschluss an die westliche Debatte. 1973 erschien ein eigenes Lehrbuch des Völkerrechts, 1981 in zweiter Auflage. Unverändert in der Grundlinie, aber flexibel in der Reaktion auf die politischen Veränderungen, ist es ein nunmehr historisches Dokument eigener Art.

Besonders notleidend war das im Alltag unverzichtbare Verwaltungsrecht. Nachdem es zunächst seit der Babelsberger Konferenz von 1958 als Lehrgegenstand verschwunden schien, tauchte es – jetzt dem Staatsrecht eingegliedert – unter der Bezeichnung «Leitungsrecht» wieder auf. In der Sache war ein Rechtsgebiet dieser Art unverzichtbar für die Planung und die hoheitliche Steuerung der DDR-Wirtschaft mit ihren landwirtschaftlichen oder handwerklichen Produktionsgenossenschaften sowie mit dem Recht der Volkseigenen Betriebe und Kombinate. Um dieses Rechtsgebiet der «sozialistischen Planwirtschaft» (Art. 3 DDR-Verfassung 1968) wieder lehrbar zu machen, folgte man 1972 den Stimmen der Praxis und gab erneut ein Lehrbuch in Auftrag. 1977 wurde die Vorlesung «Verwaltungsrecht» zugelassen, und 1979 erschien dann das Lehrbuch «Verwaltungsrecht» im Staatsverlag und herausgegeben von der Akademie für Staats- und Rechtswissenschaften der DDR. Sein Stoff war nun ganz auf die Bedürfnisse der Verwaltungen der DDR zugeschnitten. Die individualrechtliche Seite blieb ausgeblendet, und man betonte, auch weiterhin keine Verwaltungsgerichtsbarkeit zu benötigen[241]. Das «Eingabewesen», also das Recht jedes DDR-Bürgers, sich mit Wünschen und Beschwerden an Behörden und Parteistellen zu wenden[242], reiche aus. Dennoch hielten einige Autoren an der Idee der gerichtlichen Kontrolle der Verwaltung fest (Karl Bönninger, Wolfgang Bernet)[243].

---

[241] Anders in der zweiten Auflage des Buchs von 1988, in der die Bedeutung des Rechtsschutzes für den Bürger unterstrichen und indirekt eine Verwaltungsgerichtsbarkeit gefordert wurde.

[242] Gesetz über die Bearbeitung der Eingaben der Bürger vom 19. Juni 1975.

[243] Joachim Hoeck, Verwaltung, Verwaltungsrecht und Verwaltungsrechtsschutz in der Deutschen Demokratischen Republik, Berlin 2003, 217 ff.

2. Institutionen und Zeitschriften

Während sich im Westen schrittweise wieder ein Nebeneinander von Universitätsausbildung und institutionalisierter Grundlagenforschung des Rechts etablierte, vor allem und zunächst durch die Max-Planck-Institute für ausländisches öffentliches Recht und Völkerrecht (Heidelberg), für ausländisches und internationales Privatrecht (Hamburg), für europäische Rechtsgeschichte (Frankfurt) und für ausländisches und internationales Strafrecht (Freiburg), war der Dualismus zwischen der Akademie für Staat und Recht (Babelsberg) und den Juristischen Fakultäten von Berlin, Halle, Jena und Leipzig schärfer ausgeprägt. An den Universitäten wurde primär Ausbildung betrieben, im öffentlichen Recht etwa durch je eine Lehrkraft für Staats-, Verwaltungs- und Völkerrecht sowie Staatsrecht bürgerlicher Staaten. Die Lehrkräfte wuchsen in der Regel an ihren Heimatuniversitäten auf; einen Wettbewerb der Universitäten durch Bewerbungen und Wegberufungen wie im Westen gab es in der Regel nicht, allerdings durchaus Wechsel zwischen Akademie, Universitäten und Außenministerium, Letzteres etwa im Völkerrecht. Wer lehrte, war meistens Mitglied der SED, aber auch eine Mitgliedschaft in anderen «Blockparteien» erschien akzeptabel.

Die «Deutsche Akademie für Staats- und Rechtswissenschaft Walter Ulbricht» verkürzte ihren Namen 1971 auf «Akademie für Staats- und Rechtswissenschaft der DDR». Weder Ulbricht noch das Wort «deutsch» waren mehr gelitten. Die Akademie war eine «Hochschule für Staatsfunktionäre», denen kontinuierlich Lehrgänge geboten wurden, vor allem aber eine Forschungsstätte für die Zwecke des Zentralkomitees der SED. Letzterem war die Akademie auch unterstellt.

Die Debatte von Rechtsfragen innerhalb des von der SED zugelassenen Rahmens fand, wie gesagt, vor allem in zwei Zeitschriften statt. 1952 bis 1991 erschien die Zeitschrift «Staat und Recht», die den Grundlagendebatten Raum gab. Dort wurden die Kämpfe um die «Parteilinie», um die Stellung zum Ausland und zur Bundesrepublik oder um die heikle Frage des historischen «Erbes» ausgefochten, es erschienen aber auch Rezensionen der wichtigsten Neuerscheinungen, stets eingehegt von offiziellen Grußworten und streng gefiltert durch die Redaktion. Im Vergleich hierzu war die Zeitschrift «Neue Justiz» (1946/47–1990) stärker an der Praxis der Justiz orientiert. Sie bediente vor allem Gerichte, Staatsanwaltschaften und Anwaltschaft. Als Spiegel des öffentlichen Rechts ist sie weniger ergiebig als «Staat und Recht».

Mit der Wiedervereinigung von 1989/90 brachen für die Rechtswissenschaft der DDR die Fundamente zusammen. Vor allem das gesamte Staats- und Verwaltungsrecht dieses Staates wurde funktionslos. Von ganz wenigen Ausnahmen abgesehen, bestand kein Anlass mehr, es als geltendes Recht anzusehen. Auch die spezifischen Elemente eines auf die DDR bezogenen Völkerrechts wurden geschichtlich. Nichts schien weiter verwendbar, ausgenommen solide rechtshistorische oder philosophiehistorische Arbeiten. Für historische Rückblicke auf die gesellschaftlichen Verhältnisse werden auch empirische Arbeiten der Rechtssoziologie interessant bleiben oder aber als «zeitbedingt» dem Vergessen anheimfallen. Dem entsprechend verwandelte sich ein Großteil der Fachbücher in Makulatur. Das Lehrpersonal wurde evaluiert und zum großen Teil entweder pensioniert oder entlassen[244]. Die Juristischen Fakultäten, nun wieder oder neu in Rostock und Greifswald, Potsdam, Frankfurt/Oder, an der Humboldt-Universität zu Berlin, in Jena, Erfurt und Dresden, übernahmen nur wenige Lehrkräfte aus der Zeit der DDR und versorgten sich ganz überwiegend mit jüngeren Kräften aus dem Westen.

[244] Inga Markovits, Die Abwicklung. Ein Tagebuch zum Ende der DDR-Justiz, München 1993; dies., Gerechtigkeit in Lüritz. Eine ostdeutsche Rechtsgeschichte, München 2006.

XVII. Europarecht und Völkerrecht

Europarecht ist das nach 1945 durch verschiedene politische Impulse hervorgebrachte supranationale Recht der in Westeuropa (Brüssel, Straßburg, Luxemburg) entstehenden Institutionen mit «europäischen» Aufgaben[245]. Es folgte nicht einem vorgängigen Bauplan, sondern der durchweg kompromisshaften Politik. Nach zwei verheerenden Weltkriegen, in deren Mittelpunkt Deutschland gestanden hatte, traten die schon seit Jahrhunderten virulenten Ideen eines europäischen Zusammenschlusses in die Phase der Realisierung ein. Der von den USA kräftig unterstützte Wiederaufbau Westeuropas («Marshall-Plan») trieb zu gemeinsamem Handeln an. Die junge Bundesrepublik, zunächst gänzlich mit der Beseitigung der Kriegsfolgen, mit dem Besatzungsstatut und mit der Auseinandersetzung um die deutsche Teilung beschäftigt, wirkte an den europäischen Zusammenschlüssen stufenweise mit und wurde 1957 in den «Römischen Verträgen» eines der wichtigen Gründungsmitglieder der Europäischen Wirtschaftsgemeinschaft.

Die bis dahin verwendeten Rechtsfiguren, die zu einem «Europa als Rechtsgemeinschaft» (Walter Hallstein) führten, stammten aus dem traditionellen Staatsrecht und vor allem dem Völkerrecht, aber auch aus dem Internationalen Wirtschaftsrecht, Kartell- und Wettbewerbsrecht. Die großen Verträge waren jedenfalls völkerrechtliche Verträge souveräner Staaten, die über Art. 59 Abs. 2 GG in Staatsrecht transformiert wurden. Je länger desto mehr sah man aber ein, dass Europarecht einen Normtypus eigener Art bil-

---

[245] Es handelt sich zunächst um die Organisation für Europäische Wirtschaftliche Zusammenarbeit 1948 (OEEC), die Internationale Ruhrbehörde (1949), den Europarat (1949), die Europäische Zahlungsunion (1950), die Montanunion (1951–2002) und das Allgemeine Zoll- und Handelsabkommen (GATT) von 1951, die Westeuropäische Union (WEU), die Europäische Verteidigungsgemeinschaft (1952–1954) und die Europäische Wirtschaftsgemeinschaft (EWG) von 1957.

dete[246]. Die Vereinigung der Staatsrechtslehrer wandte sich 1959 und 1964 dem Thema zu, und die Stimmen mehrten sich, die Europarecht als eigene Disziplin der Juristenausbildung empfahlen.

Hans Peter Ipsen ging mit einer großen Darstellung voran, andere folgten[247]. In den juristischen Ausbildungsgesetzen der Bundesländer kam Europarecht gemeinsam mit Allgemeiner Staatslehre und Völkerrecht in eine Wahlfachgruppe. Dissertationen und Habilitationen folgten, europarechtliche Zeitschriften erschienen in großer Zahl. Innerhalb eines Jahrzehnts war ein neues Fach entstanden. Es verzweigt sich heute in Subdisziplinen, in denen jeweils die staatstheoretischen, staatsrechtlichen, subventions-, polizei-, datenschutz- und kommunikationsrechtlichen Fragen diskutiert werden. Jedes nur denkbare Thema des staatlichen Rechts, etwa Verbraucherschutz, Sozial- und Gesundheitspolitik, Kriminalpolitik und Strafprozess, Verkehrswesen, Energiewirtschaft bis hin zum Religionsrecht, hat «europäische» Bezüge und kann ohne Kenntnisse des Europarechts nicht mehr angemessen behandelt werden. Über die Rechtsetzung in Brüssel und Straßburg sowie vor allem über die Rechtsprechung des Europäischen Gerichtshofs in Luxemburg verfestigen sich Institutionen und normatives Netzwerk weiter. Man beobachtet eine Eigendynamik von Homogenisierungsprozessen, die im Kontext der politischen Großwetterlagen relativ kontinuierlich wirkt. Homogenisierung senkt die Transaktionskosten und eröffnet denen, deren Standards sich durchsetzen, neue Märkte.

Die Europäische Union ist kein Staat im herkömmlichen Sinn, sondern eine vielgestaltige Staatengemeinschaft mit sehr unterschiedlichen Sprachen und Kulturen, eine Gemeinschaft allerdings, die – trotz aller gegenläufigen Strömungen – mehr und mehr staatsähnlich zu werden scheint. Mit Parlament, Exekutive und Judikative verfügt sie über die institutionelle Grundstruktur, seit dem

---

[246] Umfassend Anna Katharina Mangold, Gemeinschaftsrecht und deutsches Recht. Die Europäisierung der deutschen Rechtsordnung in historisch-empirischer Sicht, Tübingen 2011.

[247] Hans Peter Ipsen, Europäisches Gemeinschaftsrecht, Tübingen 1972; Albert Bleckmann, Europarecht, Köln 1976; Leontin-Jean Constantinesco, Das Recht der Europäischen Gemeinschaften, Baden-Baden 1977.

2009 in Kraft getretenen Vertrag von Lissabon[248] auch über eine Verfassung, die zusammen mit der Charta der Grundrechte (2000) auch klassische Erwartungen an einen Prozess der «Konstitutionalisierung» erfüllt. Die Europäische Union hat eigene Rechtspersönlichkeit, sie verfolgt eine eigene Außen- und Verteidigungs-, Wirtschafts- und Sozialpolitik. Vieles ist unerfüllt oder unerfüllbar, vieles ist im Werden und muss noch in langen Verhandlungen konkretisiert werden. Die wirtschaftlichen und sozialen Probleme neuer Mitgliedsländer sind evident und können nur in jahrzehntelanger Anstrengung behoben werden. Das ganze System ist schwerfällig und erfordert erhebliche Mittel. Auch dass einige Mitgliedstaaten, voran Griechenland, eine Finanzkrise ausgelöst haben, die das Vertrauen in die gemeinsame Währung erschüttert, machte nur deutlich, dass eine Währungsunion ohne entsprechenden institutionellen Unterbau, der nur durch Souveränitätsverzichte errichtet werden kann, nicht funktioniert, dass also insofern erheblicher Nachbesserungsbedarf besteht.

Die Wissenschaft des öffentlichen Rechts aller europäischen Länder hat sich mit den geschilderten Vorgängen intensiv beschäftigt. Mit einer Fülle einprägsamer Formeln versucht sie deutlich zu machen, dass es sich mit dem heutigen Europa weder um einen «völkerrechtlichen Verein» (Staatenbund) noch um einen klassischen Bundesstaat handelt, wie er schon früh nach dem Modell der «Vereinigten Staaten» skizziert wurde. Vielmehr geht es meist um Zwischenformen neuen Inhalts, etwa wenn von «Integrationsverband», «föderalem Verbund», «Staatsverbund» oder «Verfassungsverbund» die Rede ist. Auch die noch weiter gefassten Formeln wie «Integrationsgemeinschaft», «supranationaler Föderalismus», «offener Verfassungsstaat» oder «werdender Konstitutionalismus» zeigen nur die angestrengte Suche nach passenden Worten, um etwas zu erfassen, für das es in der langen europäischen Geschichte kein Vorbild gibt.

Angesichts der grundsätzlichen Fragen, welchen Weg die europäischen Staaten in Zukunft einschlagen sollen, ist es nicht verwunderlich, dass sich gegensätzliche Positionen der wissenschaftlichen

[248] Hierzu eingehend BVerfGE 123, 267.

Debatte herausbilden. Die eine ist grundsätzlich europafreundlich, betont die Notwendigkeit weiterer Integrationsschritte und entsprechender Verzichte auf Elemente der nationalen Souveränität. Die andere betont stärker die nationalstaatlichen Vorbehalte, den Vertragscharakter der Europäischen Union und die Traditionslinien des Verfassungsstaates. Das Bundesverfassungsgericht hat bisher eher integrationsfreundlich entschieden, aber auch konsequent darauf geachtet, dass dabei die Rechte des Bundestages gewahrt bleiben. Dass es letztlich immer noch das vom Volk gewählte Parlament sein soll, das wesentlichen Veränderungen der politischen Form zustimmen muss, ist demokratietheoretisch konsequent. Unzweifelhaft ist aber auch, dass Veränderungen in rechtlicher Form stattfinden können, wenn die politischen Mehrheiten dies entscheiden. Solche Veränderungen können nicht mit dem Hinweis auf eine unveränderliche «Souveränität» eines Einzelstaates aufgehalten werden; denn «Souveränität» war seit dem 16. Jahrhundert ein Schlüsselbegriff bei der Entstehung des modernen Staates, mit dem man völkerrechtliche Kompetenzen, Dienstherreneigenschaft, Währungshoheit und andere Kernelemente fürstlicher Herrschaft griffig veranschaulichen konnte[249]. Dieser Begriff ist historisch wandelbar und hat im Zeitalter der supranationalen Zusammenschlüsse und der Globalisierung seine herkömmlichen Funktionen fast ganz verloren. Insbesondere in Europa, das bereits supranationale «Staatsgewalten» ausgebildet hat sowie über Außengrenzen, Binnenmarkt und eigene Währung verfügt, kann man die Augen vor einem grundsätzlichen Wandel nicht verschließen.

Die hier skizzierte Entstehung eines «Europarechts» und der europäischen Institutionen kam ursprünglich aus dem Kontext des Völkerrechts, entfernte sich aber von diesem seit den Siebzigerjahren. Das Völkerrecht selbst, eine Disziplin, die sich nach 1945 ihrerseits von der Bindung an die NS-Außenpolitik und an das Kriegsvölkerrecht erst langsam befreien musste, war unmittelbar mit der

---

[249] Helmut Quaritsch, Souveränität. Entstehung und Entwicklung des Begriffs in Frankreich und Deutschland vom 13. Jahrhundert bis 1806, Berlin 1986; ders., Souveränität, in: Historisches Wörterbuch der Philosophie, Bd. 9 (1996), 1104–1109; ders., Souveränität, in: Handwörterbuch zur Deutschen Rechtsgeschichte, 4. Bd. 1990, 1714–1725.

Potsdamer Konferenz von 1945 vor die Frage gestellt, ob Deutschland als völkerrechtliches Subjekt noch existierte. Die ersten Tagungen der Völkerrechtler unter der Leitung des Hamburger Völkerrechtlers Rudolf Laun (1882–1975) drehten sich um diese existenzielle Frage. Überwiegend optierte man für die These vom «Fortbestand des Reichs» im westlichen deutschen Teilstaat, um das Vertragsvölkerrecht zu erhalten und generell international handlungsfähig zu bleiben, um Aktiva und Passiva des Reichs zu übernehmen und um den Anspruch auf Wiedervereinigung nicht zu verlieren. Zudem wollte man sich gegenüber den Besatzungsmächten auf eine zwar «außer Gefecht» gesetzte, aber immer noch existierende juristische Person des öffentlichen Rechts berufen können, etwa bei der Interpretation des alliierten Besatzungsstatuts, das die Souveränität der Bundesrepublik bis 1955 beschränkte.

Was dagegen gesetzt wurde, die Zerstörung der Staatsgewalt, eines zentralen Elements der Allgemeinen Staatslehre, die Aufteilung des Territoriums und die Übernahme der «supreme authority» durch die Sieger, wog gegen den Willen zur Aufrechterhaltung eines juristischen Anknüpfungspunkts wenig. Erst recht wurden die Argumente der DDR-Juristen nicht akzeptiert, der westdeutsche Teilstaat maße sich einen «Alleinvertretungsanspruch» an, indem er das «Reich» gewissermaßen okkupiere.

Zunächst war man also mit der «Deutschlandfrage» vollauf beschäftigt. Die wichtigsten Institutionen (das völkerrechtliche Institut in Kiel und das Kaiser-Wilhelm-Institut in Berlin, nun Max-Planck-Institut in Heidelberg) kamen wieder in Gang, erste Grundrisse für den Unterricht wurden gedruckt, und alle Völkerrechtler hatten wieder ihre Arbeitsplätze gefunden, teils auf Lehrstühlen, teils als Berater des Auswärtigen Amts oder in diesem selbst.

Um 1960 hatte sich die Lage aber verändert. Die Deutschlandfrage war zwar weiter ungelöst, aber die Bundesrepublik trat jetzt als allseits anerkannter souveräner Staat auf, sodass man das ganze Völkerrecht wieder in den Blick nehmen konnte. Das europäische Völker- und Wirtschaftsrecht der Nachkriegszeit wandelte sich nun zum «Europarecht eigener Art» und fand selbständige Darstellungen. So konnten dann um 1960 nahezu gleichzeitig neue umfas-

sende Lehrbücher des Völkerrechts[250] und ein dreibändiges völkerrechtliches Lexikon[251] erscheinen. Besonders in Letzterem stellte
sich die internationale Vernetzung des Fachs wieder her. Von da an
begann es Standard der Juristenausbildung zu werden, dass in jeder
Fakultät ein oder zwei Lehrstühle dem Europa- und Völkerrecht
gewidmet waren. Die Zahl der Lehrbücher wuchs entsprechend an,
zumal in der Phase der Neugründungen von Universitäten ab 1970,
die auch eine rein numerische Vergrößerung des Fachs bewirkte.

Dieser scheinbar glatte Weg der «Normalisierung» wurde aber
auch in der Doktrin des Völkerrechts weiterhin von der Deutsch-
landpolitik bestimmt. Die DDR schloss 1961 ihre Grenzen, um die
andauernde Flucht ihrer Bevölkerung zu unterbinden, und es begann der langsame Abschied von der auf eine internationale Isolie-
rung der DDR zielende Hallstein-Doktrin, bis schließlich die DDR
ihre weitgehende Anerkennung als eigener Staat erreichte und die
gesamtdeutschen Verbindungen durchtrennte. Mit der neuen Ost-
politik der Bundesrepublik ab 1969, dem Grundlagenvertrag sowie
den Verträgen mit Polen, Russland und der Tschechoslowakei
bildete sich ein neuer Knotenpunkt der wissenschaftlichen Beschäf-
tigung. Ein weiterer, entstanden aus der Mitgliedschaft in den Vereinten Nationen und deren Unterorganisationen, kam hinzu. Dies
wiederum führte zu mannigfachen Rechtsfragen der Beteiligung an
Blauhelm- und NATO-Einsätzen, zumal nach der Wiedervereinigung von 1989/90.

Rückblickend sieht man, dass das Völkerrecht immer in doppelter Weise auf die jeweiligen Zeitumstände reagiert hat. Seit dem
16. und 17. Jahrhundert war es Ort theoretischer Reflexion in enger
Verbindung mit Naturrecht, Staatstheorie und Politikwissenschaft,
zugleich aber eminent praxisorientierter Ratgeber für die Außenpolitik. Das ist auch in den folgenden Jahrhunderten so geblieben.
Die deutsche Völkerrechtslehre, seit dem Ausklingen des Natur-

[250] Georg Dahm, Völkerrecht, 3 Bde., 1958, 1960, 1961; F. A. Frhr. v. d. Heydte,
Lehrbuch des Völkerrechts, 2 Bde., 1958, 1960; Friedrich Berber, Lehrbuch des
Völkerrechts, 3 Bde., 1960–1964; Wilhelm Wengler, Völkerrecht, 2 Bde., 1964;
Eberhard Menzel, Völkerrecht. Ein Studienbuch, München 1962.
[251] Karl Strupp – Hans-Jürgen Schlochauer (Hg.), Wörterbuch des Völkerrechts,
Berlin 1960–1962.

rechts oft mit dem «philosophischen» Strafrecht verbunden, ordnete ihr Fach seit dem ausgehenden 19. Jahrhundert verstärkt dem öffentlichen Recht zu, ja verstand es teilweise sogar als «Außenstaatsrecht». Nach dem Ersten Weltkrieg sah die Mehrheit ihre Aufgabe darin, Deutschland gegen die Auflagen und Restriktionen des Versailler Vertrags zu schützen und Grenzprobleme zu bereinigen. Während des Nationalsozialismus und in der DDR galt es als selbstverständliche Pflichtaufgabe, die eigene Regierung völkerrechtlich zu unterstützen. In der Bundesrepublik war die Wissenschaft zwar in jeder Hinsicht frei, solchen Wünschen zu folgen oder sie abzuwehren. Wegen immer weiter gehender Spezialisierung und Vermehrung des Stoffs hat allerdings eine gewisse Entkoppelung von Rechtstheorie, Geschichte des Völkerrechts und Politikwissenschaft von der Lehre des geltenden Völkerrechts stattgefunden.

XVIII. Wiedervereinigung

1. Äußerer Ablauf

Staatsrecht und Völkerrecht hatten die Entwicklung im geteilten Deutschland aus unterschiedlichen Perspektiven verfolgt. Im Osten gab es die verbindliche Parteilinie der SED, die allenfalls kleine Varianten zuließ. Im Westen entwickelte sich die Debatte in voller Breite, unzensiert, aber ohne Zweifel auch im Sog der jeweiligen politischen Mehrheitsmeinung. Zunächst standen sich die Lager im Kalten Krieg unversöhnlich gegenüber, dann waren seit der Mitte der Sechzigerjahre mehr vermittelnde Töne zu hören, die schließlich zum Grundlagenvertrag führten. Seither fand man sich im Westen langsam mit der Zwei-Staaten-Theorie ab und setzte mehr auf Wandel durch Annäherung. Die politischen Eliten beider Seiten, so fremd sie sich waren, richteten sich innerlich darauf ein, die territoriale und die ideologische Trennung werde für unabsehbar längere Zeiträume erhalten bleiben.

Dass der Zusammenbruch der DDR in den Jahren 1989/90 so rasch folgen würde, hatte auch die Mehrheit der Wissenschaftler in Ost und West nicht erwartet. Doch war einigen aufmerksamen Beobachtern schon länger klar, dass das SED-Regime sich nicht würde halten können, wenn das Sowjetimperium sich insgesamt auflöste. Im Innern war die sozialistische Planwirtschaft dem Wettbewerb mit dem kapitalistischen Westen nicht gewachsen; das Staatsdefizit wurde nur mühsam verschleiert. Gleichzeitig wuchs die schon lange aktive Dissidentenszene in kirchlichen Kreisen, bei Friedensaktivisten und Umweltschützern sowie Künstlern und Schriftstellern, zumal seit der Ausbürgerung von Wolf Biermann (1976). Die von der DDR gebilligte Schlussakte der KSZE-Konferenz von Helsinki (1975) bot Argumente gegen die Versagung von Grundrechten. Die ständig wiederholte Behauptung von der Verelendung und der Verschärfung der Klassenkonflikte in Westdeutschland wurde nicht mehr geglaubt. Das «Westfernsehen» lieferte täglich andere Bilder. Schließlich waren im Zuge des «Wandels durch Annäherung» auch die innerdeutschen Grenzen etwas durchlässiger geworden. Die ohnehin schwache Legitimation des Regimes war aufgebraucht. Die Ungeduld der Menschen wuchs.

2. Aufgaben des Staats- und Völkerrechts

Die Stufen des raschen Niedergangs der SED und der westdeutschen Reaktionen hierauf, die ständig mit der internationalen Politik abgestimmt werden mussten, bedürfen hier nur kurzer Erinnerung[252]. Nachdem sich die Mauer am 9. November 1989 überraschend geöffnet hatte und die Menschenmassen in den Westen strömten, brach im Dezember die SED tumultuarisch zusammen. Am 18. März 1990 wurde die Volkskammer der DDR erstmals frei gewählt. Um eine Volksabstimmung über den Beitritt zu vermeiden (Art. 146 GG a. F.), fingierte man die Existenz der eigentlich 1952 beseitigten ostdeutschen Länder und ließ sie über Art. 23 GG a. F. der Bundesrepublik beitreten. Damit war die lange ersehnte Wiedervereinigung vollzogen. Art. 146 GG, der eigentlich das Siegel eines glücklich erreichten Abschlusses hätte sein sollen, wurde nicht genutzt und erhielt nun eine neue, kompromisshafte und unklare Fassung für die Zukunft.

Auch für die hier zuständigen Fächer Staatsrecht und Völkerrecht war es eine Zeit intensiver Beanspruchung. Politik und Rechtswissenschaft kooperierten und konkurrierten auf mehreren Ebenen. Auf internationaler Ebene war die Ausdehnung internationaler Vertragswerke und Mitgliedschaften auf das neue Gesamtdeutschland zu regeln, von der UNO und der NATO bis zu allen anderen völkerrechtlichen Verträgen, mit denen etwa auch der Schuldendienst der DDR festgelegt wurde. Hierzu gehörte insbesondere auch die Neugestaltung der Beziehungen zu den vier Sie-

---

[252] Alle Einzelheiten bei Klaus Stern, Staatsrecht, Bd. V, München 2000, 1845 ff.; ebenso umfassend die Beiträge in: Josef Isensee – Paul Kirchhof (Hg.), Handbuch des Staatsrechts, Bd. VIII, Heidelberg 1995 sowie Michael Kilian, in: Handbuch Bd. I, 3. Aufl. 2003, 597 ff. – Zusammenfassung bei D. Willoweit, Deutsche Verfassungsgeschichte, 6. Aufl. München 2009, 403 ff.

germächten des Zweiten Weltkriegs, die im «Zwei-Plus-Vier-Vertrag» vom 12. September 1990 tatsächlich erreicht wurde. Innerdeutsch war schon am 18. Mai 1990 der «Vertrag über die Schaffung einer Währungs-, Wirtschafts- und Sozialunion» vorhergegangen. Zahllose Detailfragen waren zu regeln, etwa die Abwicklung des Industrievermögens der DDR durch die «Treuhand», die Übernahme der Akten der «Staatssicherheit», nicht zuletzt auch die Restituierung von Vermögen, das durch die DDR enteignet worden war. Dass die unter der Herrschaft der Sowjetischen Militäradministration zwischen 1945 und 1949 vorgenommenen Enteignungen nicht rückgängig gemacht wurden und das Bundesverfassungsgericht sowie der Europäische Gerichtshof für Menschenrechte dies nicht beanstandeten[253], blieb dauerhaft Gegenstand der Empörung der Betroffenen.

3. Modus der Wiedervereinigung

Während diese dramatischen Vorgänge der Wiedervereinigung abliefen, versammelten sich die deutschen Staatsrechtslehrer am 27. April 1990 in Berlin zu einer Sondersitzung. Referate von Jochen A. Frowein, Josef Isensee, Christian Tomuschat und Albrecht Randelzhofer behandelten die innerstaatlichen und völkerrechtlichen Aspekte. Man war sich einig, es sei Eile geboten. Einen Tag später stimmten die europäischen Staats- und Regierungschefs der Wiedervereinigung zu. In den folgenden Wochen ließen sich alle außenpolitischen Fragen, insbesondere die Zustimmung der noch bestehenden Sowjetunion[254], klären. Der Einigungsvertrag wurde nach drei Verhandlungsrunden abgeschlossen und beiderseits ratifiziert, die Länder Brandenburg, Mecklenburg-Vorpom-

---

[253] Siehe Art. 143 Abs. 3 GG i. Vb. m. Art. 41 Einigungsvertrag. BVerfGE 84, 90; 94, 12; 112, 1 (23,39); 126, 331 (358 f.). Abschließend Europ. Gerichtshof für Menschenrechte (EGMR) v. 30. Juni 2005, NJW (2005), 2907 ff. Weitere Nachweise bei Joachim Wieland, Art. 143 GG, in: Grundgesetz Kommentar, hg. v. Horst Dreier, Bd. III, Tübingen 2008, Rdnr. 25 ff.
[254] Moskauer Vertrag über die abschließende Regelung in Bezug auf Deutschland vom 12. September 1990.

mern, Sachsen, Sachsen-Anhalt und Thüringen traten der Bundesrepublik gem. Art. 23 GG a. F. bei.

Dass bei allen diesen Vorgängen die Staatsrechts- und Völkerrechtslehre eine Vorreiterrolle gespielt hätte, lässt sich nicht sagen. Sie war, wie in Jahrzehnten zuvor, externe Begleiterin der Politik. Sie vertrat zwar aus Gründen der akademischen Selbstachtung und um ihres Marktwertes willen das Ideal objektiver Wissenschaftlichkeit, folgte aber bewusst oder unbewusst dem politischen Zeitgeist, kommentierte und analysierte ex post. Eine der politisch aufgeladenen Fragen betraf die erwähnte Entscheidung, den Weg zur Wiedervereinigung über Art. 23 GG a. F. zu wählen, eine andere die Modalitäten der Wiedererstehung der 1952 beseitigten Länder auf dem Gebiet der DDR, vor allem aber die das gesamte Volk in Anspruch nehmende Problematik der Rückerstattung oder des Rückerwerbs von Haus- oder landwirtschaftlichem Grundeigentum, von Industrie- und Handelsbetrieben. So fand schon 1991, also in unmittelbarer Folge der Wiedervereinigung, eine Tagung der Staatsrechtslehrer in Gießen statt, auf der die mit der DDR verbundenen straf-, grund- und menschenrechtlichen Folgeprobleme ebenso erörtert wurden wie Eigentums- und Rückgabefragen[255]. Dabei erschienen plötzlich die alten Argumente, die man nach 1945 gebraucht hatte, in verwandelter Gestalt wieder: der Rückgriff auf Naturrecht, die Kritik am Recht der DDR mit Maßstäben, die dem westdeutschen Recht entstammten, dem man aber den Charakter universellen Rechts gab, die Debatte um die Weiterbeschäftigung von Soldaten und Angehörigen des öffentlichen Dienstes in einem anderen «Wertesystem», der Antagonismus zwischen Wahrheitsfindung über die Vergangenheit und Schutz des Persönlichkeitsrechts von Opfern und Tätern. Welche Akten sollten geheim bleiben, welche öffentlich gemacht werden? Und konkret: Sollten Staats-, Verwaltungs- und Völkerrechtler der DDR, die fast ausnahmslos Mitglieder der SED sowie in hohem Maße auch inoffizielle Mitarbeiter der «Staatssicherheit» gewesen waren, weiter ihre

---

[255] Christian Starck – Wilfried Berg – Bodo Pieroth, Der Rechtsstaat und die Aufarbeitung der vor-rechtsstaatlichen Vergangenheit, in: VVDStRL 51 (1992), 9 ff.

Fächer an den Universitäten lehren dürfen? Hätte man sich nach dem westdeutschen Muster von 1945 bis etwa 1950 gerichtet, wären nahezu alle Professoren auf den neuen Staat übergeleitet worden. So folgte man jedoch dem Muster der DDR, die in der gleichen Zeit sich ihrer «bürgerlichen» Professoren entledigt hatte. Der Lehrkörper an den Juristischen Fakultäten der DDR sowie der Personalbestand der Akademie für Staat und Recht wurde fast gänzlich «abgewickelt»[256].

Die Tagungen der Staatsrechtslehrer von 1990 und 1991 zeigen Staats- und Völkerrecht sowohl in dienender wie in kritischer Funktion. Sie begleiteten die Politik und trugen sie mit. Das beglückende Gefühl, dass die Mauer und die Grenzanlagen gefallen waren, gebot mehrheitlich Unterstützung. Kritische Vorbehalte richteten sich gegen die Ausblendung aller anderen denkbaren Optionen, so unrealistisch sie sein mochten (Föderationslösung, Halbautonomie der DDR mit Währungseinheit, Bewahrung von DDR-Elementen in den Verfassungen der neuen Länder etc.). Der Westen, so hilfreich er insgesamt war, wies auch Züge von Selbstgerechtigkeit auf und war jedenfalls in der politischen Mehrheit willens, die ideologischen Restbestände der DDR zu tilgen. Der Osten verstummte dagegen oder reagierte verärgert. Manche seiner Protagonisten betätigten sich anschließend in der neuen Links-Partei oder wurden Anwälte, wieder andere wurden pensioniert und schrieben ihre Memoiren. Für das öffentliche Recht war jedenfalls unstreitig: Das positive Staats- und Verwaltungsrecht der DDR, das eng an die nun verschwundenen Formen der SED-Politik und an die Planwirtschaft gebunden war, konnte nicht weiter praktiziert und gelehrt werden. Im Völkerrecht und in der Rechtsgeschichte lagen die Dinge etwas anders.

---

[256] Inga Markovits, Die Abwicklung. Ein Tagebuch zum Ende der DDR-Justiz, München 1993; Renate Mayntz (Hg.), Aufbruch und Reform von oben, Frankfurt 1994; Jürgen Kocka – Renate Mayntz (Hg.), Wissenschaft und Wiedervereinigung. Disziplinen und Umbruch, Berlin 1998.

Dies alles hatte Folgen für die Lehre und Forschung des öffentlichen Rechts in der ehemaligen DDR. Die Deutsche Akademie für Staats- und Rechtswissenschaft wurde mitsamt ihren Instituten für öffentliches Recht und Völkerrecht geschlossen. Auf ihrem Gelände entstand die zweite Universität des Landes Brandenburg in Potsdam mit neuer Besetzung. Als erste brandenburgische Universität wurde die Viadrina in Frankfurt/Oder (1506–1811) gegründet, die nun ab 1991 in enger Kooperation mit Polen aufgebaut wurde. Die 1950 geschlossene Juristische Fakultät der alten Universität Rostock erstand ebenfalls 1991 neu, musste aber 2008 bis 2012/13 die klassische Juristenausbildung wieder beenden. Die parallel hierzu 1990 eröffnete Juristenausbildung in Greifswald konnte sich halten. Ebenso wurde die Tradition der Juristenausbildung und damit des öffentlichen Rechts in Halle-Wittenberg, in Jena und in Leipzig fortgesetzt. Die 1991 neu gegründete Juristische Fakultät in Dresden blieb nur ein Jahrzehnt in der klassischen Form bestehen, setzt aber die Ausbildung mit Masterstudiengängen fort. 1999 kam eine Staatswissenschaftliche Fakultät in Erfurt zustande, die nun gemeinsam mit einem Max-Weber-Kolleg auch öffentliches Recht anbietet. Die wohl wichtigste Umgründung erfolgte an der Friedrich-Wilhelms- bzw. Humboldt-Universität zu Berlin. Sie zählt inzwischen zu den besten Universitäten der Bundesrepublik.

XIX. Globalisierung und Zukunft des Staates

Globalisierung ist in den letzten Jahrzehnten eines der am meisten gebrauchten und entsprechend abgenutzten Worte geworden. Es kann auf die räumliche Verdichtung, auf die politischen und wirtschaftlichen Interdependenzen, auf die Weltbevölkerung und das gesamte Ökosystem sowie letztlich auf die Menschheit als Gattung bezogen werden. Entsprechend variabel sind die Aussagen, und zwar in einem solchen Maß, dass schon das Sammelwort «Globalisierung» als Leerformel gilt[257]. Dennoch gibt es einen Kernbereich der Wortverwendung. Globalisierung bezeichnet die Tatsache, dass die Erde fast vollständig erkundet und beschrieben ist, dass Informationen, Finanz- und Warenströme heute rund um den Planeten gehen, dass das Bewusstsein der Menschheit, eine Erde gemeinsam zu bewohnen und an ihren Ressourcen, etwa Artenvielfalt, Wälder und Meere, Nahrung und Rohstoffe, gemeinsam teilzuhaben, ihr Klima gemeinsam zu verantworten, gewachsen ist. Von der Dorfgemeinschaft über die Landschaft, die Nation und den Kontinent bis zur Weltgemeinschaft reichen die menschlichen Möglichkeiten der Identifizierung. Jeder Mensch lebt in multiplen Rollen, und für jede dieser Rollen steht eine entsprechende Rechtsordnung bereit.

1. Die erste Globalisierung

Ganz neu sind allerdings weder das Phänomen noch die daraus gezogenen Folgerungen für das Recht. Von einer ersten Phase der Globalisierung kann man im ausgehenden 15. Jahrhundert

---

[257] Wolfgang Streeck, Globalisierung: Mythos und Wirklichkeit, in: Hans-Jürgen Aretz – Christian Lahusen (Hg.), Die Ordnung der Gesellschaft, Festschrift zum 60. Geburtstag von Richard Münch, Frankfurt 2005, 355–372; Jürgen Schwarze (Hg.), Globalisierung und Entstaatlichung des Rechts, Teilband I, Tübingen 2008.

sprechen. Die Umrundung der Welt und die Entdeckung Amerikas durch Portugiesen und Spanier im späten 15. und im 16. Jahrhundert ergaben eine spektakuläre Erweiterung der Welterfahrung, und sie war wohl auch notwendiger Vorlauf der astronomischen «kopernikanischen Wende» von 1543[258]. Die Erde wurde nun definitiv als kugelförmiger Planet verstanden, der sich um die Sonne bewegt, der mit Schiffen umrundet, erkundet und in Besitz genommen werden konnte. Letzteres geschah bekanntlich in den Jahrhunderten der europäischen Expansion vom 16. bis zum 19. Jahrhundert[259].

Dies war wesentlicher Antrieb für die Entwicklung eines universellen Naturrechts. Denn seit die Erde geographische Einheit geworden war, schien auch der Schritt zur universellen Rechtseinheit möglich. Die Blüte der theologischen und rechtsphilosophischen Schule von Salamanca im 16. Jahrhundert, etwa die Relecciones *De Indis* und *De iure belli* von Francisco de Vitoria, die Schriften des Niederländers Hugo Grotius «Mare liberum» (1609) und sein Meisterwerk «De iure belli ac pacis» (1625), das Werk des Engländers John Selden «Mare clausum seu de dominio maris» (1635) sind handgreiflich von den Aufbruchbewegungen der großen Kolonialnationen geprägt. Nun, da sich die westeuropäischen Monarchien mit ihren Beutezügen auf hohem Meer und an strategisch wichtigen Handelsniederlassungen als Konkurrenten begegneten, brauchten sie einen internationalen Rechtsboden. Auch wenn sich das entstehende Völkerrecht recht früh als Sondermaterie des Naturrechts abschichten ließ, so waren doch beide allgemeingültig angelegt. Sie sollten für Christen und Heiden gelten, und wenn nicht für alle Heiden, so doch für diejenigen, die in Hochkulturen lebten und mit denen man aus europäischer Perspektive auf «Augenhöhe» verhandeln konnte. In diesem Sinne wandelte sich das herkömmliche

[258] Nikolaus Kopernicus, De revolutionibus orbium coelestium, Nürnberg 1543. Siehe hierzu Hans Blumenberg, Die Genesis der kopernikanischen Welt, Frankfurt 1975 (Taschenbuchausgabe in drei Bänden 1981).
[259] Wolfgang Reinhard, Geschichte der europäischen Expansion, 4 Bde., Stuttgart 1983, 1985, 1988, 1990; Jörg Fisch, Die europäische Expansion und das Völkerrecht. Die Auseinandersetzungen um den Status der überseeischen Gebiete vom 15. Jahrhundert bis zur Gegenwart, Stuttgart 1984.

ius gentium zu einem Recht *inter gentes.* Man bekämpfte sich wirtschaftlich und militärisch, kaperte auch gegnerische Schiffe, grenzte sich aber gemeinsam gegen eigennützige Piraten ab, die als «Feinde des menschlichen Geschlechts» außerhalb der internationalen Rechtsordnung gestellt wurden[260].

2. Die zweite Globalisierung

Wenn eine der wesentlichen Ursachen für den Aufstieg des Natur- und Völkerrechts der Frühen Neuzeit die erste Globalisierung war, wie steht es dann mit der heutigen zweiten Globalisierung? Wenn wir sie weit verstehen, ist sie eine beschleunigte Fortführung der industriellen Revolution seit dem ausgehenden 18. Jahrhundert. Das «Maschinenwesen», wie es der alte Goethe nannte, erfasste seither alle Kommunikations- und Transportmittel und erweiterte sich im Übergang vom 20. zum 21. Jahrhundert mit den elektronischen Kommunikations- und Speichermöglichkeiten zur faktischen globalen Gesellschaft. Im modernen Völkerrecht wird intensiv diskutiert, ob es auf diese Weise zu einer Konstitutionalisierung der neuen Weltordnung kommt[261], ob Menschenrechte universell oder kulturell modifiziert gelten sollen, ob es ein übergreifendes Völkerstrafrecht für politische und kriegerische Verbrechen schon gibt oder ob es weiter ausgearbeitet werden soll. Noch ist offen, wie aus diesen Überlegungen in Sozialwissenschaften und Rechtstheorie ein neues verbindliches Weltrecht entstehen kann. Ein gemeinsames Fundament ungeschriebener kultureller Überzeugungen wäre dazu notwendig.

[260] Michael Kempe, Fluch der Weltmeere. Piraterie, Völkerrecht und internationale Beziehungen 1500–1900, Frankfurt – New York 2010.
[261] Jürgen Habermas, Die postnationale Konstellation, Frankfurt 1998; Ulrich Beck, Was ist Globalisierung? Frankfurt 2007; ders., Weltrisikogesellschaft, Frankfurt 2008; Otfried Höffe, Demokratie im Zeitalter der Globalisierung, München 1999; Andrew Hurrel, Die globale internationale Gesellschaft als normative Ordnung, in: Rainer Forst – Klaus Günther (Hg.), Die Herausbildung normativer Ordnungen. Interdisziplinäre Perspektiven, Frankfurt – New York 2011, 103–132.

Die faktischen Veränderungen der Gegenwart sind allerdings atemberaubend. Überall gibt es «Entgrenzungen», ja eine Tendenz zur Ortlosigkeit[262]. Alles kann beobachtet, fotografiert und gespeichert werden. Nachrichten, Börsenkurse, Finanzmittel, Dienstleistungen aller Art werden in Sekundenschnelle global ausgetauscht. Die zu überwindenden Räume erscheinen immer kleiner oder spielen gar keine Rolle mehr. Die Folgen für die Normordnungen der historisch gewachsenen Teilgesellschaften sind noch unabsehbar. Die territoriale Basis des Staates verliert notwendig an Bedeutung, wenn sich die Raumbindungen lockern oder ganz verschwinden. Auch die Kriegführenden operieren zunehmend «ortlos», verdeckt oder durch unbemannte Waffen- und Beobachtungssysteme. Der Welthandel, die Kommunikation in elektronischen Netzwerken, der Geldverkehr, die medial vermittelten Massenspektakel des Sports und vieles andere vollziehen sich über die Staatsgrenzen hinweg. Die dabei befolgten Regelwerke sind nichtstaatlicher Art, aber sie bestehen aus «Recht»[263]. Sie werden von weltweit agierenden Gesellschaften gesetzt, die sich jeder herkömmlichen Kontrolle entziehen. «Rechtsprechung» wird vielfach von selbst gewählten Schlichtern wahrgenommen, da sehr komplexe große Fälle von der staatlichen Gerichtsbarkeit nicht schnell genug, vielleicht auch nicht mit der entsprechenden Sachkunde entschieden werden können[264]. Durch Nutzung nichtstaatlicher Rechtswege lassen sich Gemeinkosten senken. Regelwerke und Entscheidungen von Streitfällen entziehen sich auf diese Weise dem staatlichen Gewaltmonopol, das zwischen dem 17. und 19. Jahrhundert gegen viele Widerstände durchgesetzt worden ist.

In herkömmlichen Kategorien bedeutet dies einerseits Freiheitsgewinn und, rechtlich gesprochen, eine Ausweitung der Privatautonomie. Andererseits unterwirft sich das Individuum weltweiten Vertragsnetzen, in denen es Rechtsschutz nur unter größten

---

[262] Helmut Willke, Atopia. Studien zur atopischen Gesellschaft, Frankfurt 2001.
[263] Schwarze (Anm. 257).
[264] Gunther Teubner, Globale Bukowina: Zur Emergenz eines transnationalen Rechtspluralismus, in: Rechtshistorisches Journal 15 (1996), 255 ff.; Paul Schiff Berman, Globalization of Jurisdiction, in: University of Pennsylvania Law Review 151 (2002), 311 ff.

Schwierigkeiten erlangen kann, zumal der Gerichtsstand in der Regel im fernen und fremdsprachigen Ausland liegen wird. Das Individuum tritt als Konsument auf, nicht als Bürger mit dem Anspruch auf politische Partizipation. In Diktaturen, in denen es eine solche Partizipation nicht gibt, droht zusätzlich noch die willkürliche Abschaltung der Netzwerke der Kommunikation, soweit das jeweilige Regime darauf technischen Zugriff hat.

Besonders dramatisch ist der Gegensatz zwischen den offenkundig notwendigen globalen Lösungen und den nationalen Bedürfnissen oder auch Egoismen beim Schutz der natürlichen Ressourcen. Der Lebensraum der wachsenden Weltbevölkerung wird enger, der Verbrauch von Gemeinschaftsgütern steigt, viele von Menschen verursachte Schädigungen der Lebensräume für Tiere und Pflanzen und des Klimas sind längst irreversibel. Die achtenswerten Anstrengungen, die Gefahren durch völkerrechtliche Abkommen zu bändigen, werden immer wieder durch ökonomische und politische Interessen gebremst. Ein durchgreifender Wandel ist noch nicht in Sicht. Er würde eine Art kollektiven Konsenses der Menschheit voraussetzen, die bisher verfolgte Spur der Ausbeutung von Ressourcen und der Überwälzung der ökologischen Folgen auf die anonyme Weltgemeinschaft zu verlassen. Dass dieser Konsens langsam wächst, lässt sich beobachten. Es bleibt jedoch offen, ob die Zeit ausreicht, den drohenden Gefahren noch wirksam entgegenzutreten.

3. Die Zukunft des Nationalstaates

Die Aufgabenfelder des traditionellen Nationalstaates werden sich in diesem Szenario verschieben. Schon seine älteste Aufgabe, Schutz vor äußeren Feinden zu gewähren und interne Fehden und Bürgerkriege zu verhindern, stellt sich angesichts der heutigen Möglichkeiten elektronischer Kriegführung und dezentraler Guerillataktiken ganz neu. Selbst lokale Konflikte werden global registriert, wenn auch keineswegs behoben. Ein künftiges hierauf reagierendes Völkerrecht ist erst im Begriff zu entstehen. Es wird von neuem die Aufgabe der Zivilisierung und Hegung der neuen

Kriegsformen in Angriff nehmen müssen. Es wird vermutlich auch die Individualisierung des Völkerstrafrechts, die sich seit den Nürnberger Prozessen abzeichnete, noch weiter ausbauen. Sakrosankte, «unantastbare» Monarchen gibt es nicht mehr. Kriegführende Politiker, welche die Interessen ihres Staates mit Waffen durchsetzen, unterliegen dem Völkerstrafrecht und gelten als potenzielle Täter.

Aber es sind nicht nur die Kriege als Extremfälle, die das internationale Szenario verändert haben. Die Politik kommuniziert nicht mehr primär durch Botschaften oder Gesandtschaften, sondern über direkte Kontakte. Das leitende Personal der Welt «kennt sich». Keineswegs alle Beteiligten sind dabei staatlich legitimiert. Neben die Berufsdiplomaten der Staaten sind Beamte transnationaler Zusammenschlüsse getreten, etwa der Organe der Europäischen Union, der zahlreichen durch Völkerrecht geschaffenen Institutionen, aber auch der Non-Governmental Organizations (NGOs), der weltumspannenden Konzerne und der elektronischen Netzwerke, kurzum alle, die an globaler Regulierung oder Deregulierung interessiert sind. Vom absoluten Letztentscheidungsrecht des Staates über ein abgegrenztes Territorium kann kaum mehr gesprochen werden.

Parallel hierzu verschiebt sich die Rolle der Staaten im Innern. Diese geben Teile ihrer Funktionen über Privatisierung an die Gesellschaft zurück, wenn sie an Grenzen des Wachstums oder der finanziellen Belastbarkeit der Bevölkerung stoßen. Beispiele hierfür sind Post, Bahn, Telekommunikation, Controlling, Privatschul- und Hochschulwesen oder Teile der Alterssicherung. Dies geschieht meist mit den Argumenten des besseren Wettbewerbs und der höheren Effizienz, während die hohe Verschuldung der öffentlichen Haushalte oft den eigentlichen Grund darstellt[265]. Sobald sich Gewinne abzeichnen, gibt es auch wieder Gegentendenzen, etwa der Re-Kommunalisierung. Verlagert die öffentliche Hand aber die Aufgabe auf die Gesellschaft, müssen öffentlichrechtliche Formen des Rechtsschutzes ins Privatrecht übertragen oder es müssen die Privaten staatlich überwacht werden. Heute spricht

---

[265] Norbert Frei – Dietmar Süß (Hg.), Privatisierung. Idee und Praxis seit den 1970er Jahren, Göttingen 2012.

man insoweit von «regulierter Selbstregulierung»[266]. Der Staat schreibt in vielen Bereichen nicht mehr direkt vor, sondern kontrolliert, was sich selbst organisiert. An die Stelle der traditionellen Gesetzgebungslehre tritt vielleicht künftig eine neue «Regelungswissenschaft»[267].

Was hier an neuen Rechtsformen entsteht, soll freilich immer noch die alten Aufgaben erfüllen, die Gewährleistung von Sicherheit und Ordnung, die Regulierung des Verkehrs, die Lieferung von Energie und Wasser sowie die Entsorgung von Abwasser, den Schutz vor Lärm, Staub, Strahlen, Giften – kurz den Schutz des täglichen Lebens vor Gefahren. Unverzichtbar sind daneben die Gewährung der elementaren Leistungen der Energieversorgung, die zentralen Betreuungs- und Bildungseinrichtungen, die medizinische Versorgung, die Informationsversorgung des Alltags im weitesten Sinn. Bürgerinnen und Bürger sind auch bereit, dafür Steuern zu zahlen. Letztlich ist es der kommunale oder regionale Staat, den sie für Leistungen und Defizite verantwortlich machen. Gleichviel ob man diese elementaren Gewährleistungen und Schutzwehren «Staat» (Gemeinde, Region, Bundesland, Gesamtstaat) nennt oder nicht, ein Komplex von befehlendem, begrenzendem, erlaubendem oder verbietendem öffentlichem Recht und Strafrecht wird vermutlich als harter Kern erhalten bleiben müssen, auch wenn nichtstaatliches und transnationales Recht sich ausbreiten und gleichzeitig die Gesellschaft gewisse Funktionen (wieder) über Privatrecht selbst reguliert.

---

[266] Übersicht bei Martin Eifert, Regulierungsstrategien, in: Wolfgang Hoffmann-Riem – Eberhard Schmidt-Aßmann – Andreas Vosskuhle (Hg.), Grundlagen des Verwaltungsrechts, Bd. I, 2. Aufl. München 2012, § 19; Gunnar Folke Schuppert, Der Rechtsstaat unter den Bedingungen informaler Staatlichkeit. Beobachtungen und Überlegungen zum Verhältnis formeller und informeller Institutionen, Baden-Baden 2011; Peter Collin u. a. (Hg.), Selbstregulierung im 19. Jahrhundert. Zwischen Autonomie und staatlichen Steuerungsansprüchen, Frankfurt 2011.
[267] Gunnar Folke Schuppert, Governance und Rechtsetzung. Grundfragen einer modernen Regelungswissenschaft, Baden-Baden 2011.

4. Die Zukunft des Verfassungsstaats

Wenn es zutrifft, dass sich die klassischen staatlichen Funktionen verschieben oder an andere Akteure abgegeben werden, dann stellt sich die Frage nach der Zukunft des Verfassungsstaats in der Weltgesellschaft[268]. Das Verfassungsrecht, ja das gesamte öffentliche Recht, steht «vor den Herausforderungen der Globalisierung»[269]. Seit mehr als zwei Jahrzehnten werden die damit verbundenen Veränderungen registriert[270], und es hat sich eingebürgert, vermittelnd und hoffnungsvoll von «offener Staatlichkeit» zu sprechen. Anders als das von Carl Schmitt verkündete «Ende der Staatlichkeit»[271] soll die Betonung der Offenheit besagen, dass trotz vielfältiger Kooperationen, Verflechtungen und Abhängigkeiten der Staat immer noch die eigentliche Bezugsgröße und das schützende Dach für den Einzelnen bleibt und bleiben soll. Dies vorausgesetzt, wird es entscheidend auf die Balance zwischen örtlichen, regionalen, nationalen und transnationalen Aufgaben sowie den entsprechenden Kompetenzen und Institutionen ankommen. Diese Balance, die angesichts der Vielfalt von Komponenten wohl immer prekär bleiben wird, ist eine Aufgabe, die alle juristischen Disziplinen angeht. Der Bogen reicht von der Privatrechtstheorie über ein neu verstandenes Verwaltungsrecht bis zur Verfassungslehre und zum Völkerrecht.

[268] Udo Di Fabio, Der Verfassungsstaat in der Weltgesellschaft, Tübingen 2001; Gunnar Folke Schuppert, Staatswissenschaft 2003, 835 ff.; Mathias Albert – Rudolf Stichweh (Hg.), Weltstaat – Weltstaatlichkeit: Beobachtungen globaler politischer Strukturbildung, Wiesbaden 2007.
[269] Christian Walter, Die Folgen der Globalisierung für die europäische Verfassungsdiskussion, in: DVBl 115 (2000), 1–13; Matthias Ruffert, Die Globalisierung als Herausforderung an das Öffentliche Recht, Stuttgart 2004; Georg Nolte – Ralf Poscher, Das Verfassungsrecht vor den Herausforderungen der Globalisierung, in: VVDStRL 67 (2008), 129 ff., 160 ff.
[270] Gunnar Folke Schuppert, Was ist und wie misst man Wandel von Staatlichkeit? in: Der Staat 47 (2008), 325–358 mit einem darauf antwortenden Beitrag von Philipp Genschel und Stephan Leibfried, Schupperts Staat. Wie beobachtet man den Wandel einer Formidee?, a.a.O., 359–380.
[271] Hierzu Thomas Vesting, Die permanente Revolution. Carl Schmitt und das Ende der Epoche der Staatlichkeit, in : Andreas Göbel – Dirk van Laak – Ingeborg Villinger (Hg.), Metamorphosen des Politischen, Berlin 1995, 191–202.

Stets wird es dabei um die Freiräume und Bindungen gesellschaftlicher Selbstentfaltung, aber auch um faktischen Schutz und Rechtsschutz gehen. Nicht nur die Legitimation des modernen Staates hängt davon ab, ob er die Menschenrechte achtet und schützt, sondern auch die Glaubwürdigkeit derjenigen Institutionen, die künftig im Kontext der Globalisierung an seine Stelle treten sollen. Denn wenn sie die Schutzaufgaben nicht erfüllen, um derentwillen der moderne Staat in der Frühen Neuzeit geschaffen wurde, sind sie nicht wert, von den Betroffenen solidarisch finanziert zu werden. Vor allem aber gewinnen sie nicht die für ihr Funktionieren unverzichtbare Legitimität durch «Anerkennung». Mit dem Schutz der Menschen- und Bürgerrechte ist deshalb untrennbar verbunden das Großprojekt der Transponierung demokratischer Verfahren der Willensbildung vom Staat auf «überstaatliche Räume»[272]. Auf diese Weise sollen diejenigen Mechanismen, die sich bewährt haben, einen größeren Radius erhalten und immer mehr Akteure einbeziehen.

Andere denken umgekehrt, indem sie die schon heute existierenden Netzwerke als «Global Governance» deuten und die internationale Gesellschaft zur künftigen normativen Ordnung erklären. Diese Ordnung erscheint freilich noch unvollkommen und muss stückweise so verbessert werden, dass sie «demokratischer» wird und die Menschenrechte schützt. Da es eine eurozentrische Weltordnung nicht mehr gibt und eine neue «Pax Americana», wenn sie überhaupt wünschbar wäre, sich offenbar nicht etablieren lässt, richten sich die Hoffnungen auf kooperative, diskursive oder deliberative Lösungen unter Einbeziehung aller anderen Kulturen oder jedenfalls ihrer mächtigeren Repräsentanten[273]. Diese Lösun-

---

[272] Uwe Volkmann, Die zwei Begriffe der Demokratie – Von der Übertragbarkeit staatsbezogener Demokratievorstellungen in überstaatliche Räume, in: Klaus Hofmann – Kolja Naumann (Hg.), Europäische Demokratie in guter Verfassung? Baden-Baden 2010, 14–32.
[273] Andrew Hurrell, Die globale internationale Gesellschaft als normative Ordnung, in: Rainer Forst – Klaus Günther (Hg.), Die Herausbildung normativer Ordnungen. Interdisziplinäre Perspektiven, Frankfurt – New York 2011, 103–132 und Armin von Bogdandy – Philipp Dann – Matthias Goldmann, Völkerrecht als öffentliches Recht: Konturen eines rechtlichen Rahmens für Global Governance, in: Forst – Günther, a.a.O., 227–263 m. w. Nachw.

gen sollen «gerechte», «faire» Ergebnisse begünstigen und ihre Legitimität aus größtmöglicher Beteiligung der betroffenen Völker (*demoi*) beziehen. Die behandelten Fragen sind weiträumig und berühren nahezu alle gesellschaftswissenschaftlichen Disziplinen, vor allem Soziologie und Philosophie[274], Politik- und Rechtswissenschaft[275]. Die Debatte wird global geführt, dem Gegenstand gemäß. Indem sie den Staat neu denkt, kann dieser seine Gestalt verwandeln oder gar als herkömmliche, geschichtlich gewordene Figur verschwinden. Sehr wahrscheinlich ist Letzteres freilich nicht, jedenfalls soweit wir Linien der Zukunft erkennen können.

Nach historischer Erfahrung bedarf ein solcher Umbau der Strukturen der Anstrengung vieler Generationen. Institutionen, Denkweisen und Erwartungen verändern sich relativ langsam. Es wird vielfache Mischungen und Übergänge geben, sicher auch fehlschlagende Experimente. Aus wissenschaftsskeptischer Perspektive wird man deshalb auch manchen der derzeit diskutierten Vorschläge oder Hoffnungsbilder von einem «virtuellen Staat im Internet», einer «elektronischen Demokratie», einer «globalen Zivilgesellschaft» oder einer «kosmopolitischen Demokratie» keine allzu lange Lebensdauer vorhersagen können. Dennoch sind diese intellektuellen Gärungsprozesse als Begleitphänomene einer raschen Veränderung unserer Lebenswelt von höchstem Interesse. Sie bilden den Rohstoff für die künftig dominanten Deutungsmuster. Dabei zehren sie von den Ideenvorräten der Geschichte menschlichen Denkens. Entweder werden die klassischen Texte in immer wieder erneutem Zugriff repetitiv durchgemustert und neu appliziert, um sie für die Deutung einer noch unbegriffenen Gegenwart zu nutzen. Oder die Autoren versuchen, auf neuen empirischen Grundlagen neu zu denken, ohne freilich der Tradition, von der sie auf Grund kultureller Osmose ganz durchtränkt sind, entkommen zu können. Dass von der «Globalisierung», was immer sie prak-

---

[274] Siehe oben Anm. 261.
[275] Andreas Fischer-Lescano, Globalverfassung: Verfassung der Weltgesellschaft, in: ARSP 88 (2002), 349–379; ders., Die Emergenz der Globalverfassung, in: ZaöRV 63 (2003), 717–760; Martin Schulte, Eine soziologische Theorie des Rechts, Berlin 2011, 184 ff.

tisch bedeuten mag, heute die stärksten Impulse für die intellektuelle Phantasie der politischen, soziologischen und juristischen Theorie ausgehen, ist offenkundig. Die Weltgesellschaft, ob sie will oder nicht, sitzt in einem Boot.

XX. Schlussbemerkung

Die in dieser Einführung eingenommene Perspektive richtete sich auf die Wissenschaftsgeschichte des öffentlichen Rechts. Wenn sich nun der historisch gewachsene frühmoderne Staat und der auf ihm aufbauende souveräne Nationalstaat des 19. und 20. Jahrhunderts so sehr verändern, dass sich staats- und völkerrechtlich ganz neue Konturen bilden, während der Staat gleichzeitig – unter welchem Namen auch immer – die Bedürfnisse des Alltags der Menschen zu befriedigen und die ebenso alltäglichen Gefahren abzuwehren hat, wird auch das ihn konstituierende «öffentliche» Recht seinen Charakter verändern. Es wird, wie geschildert, wieder stärker mit Privatrecht und Strafrecht verflochten sein, und zwar gleichermaßen in europäischen wie in außereuropäischen Rechtsordnungen.

Wenn in dieser Weise die klar abgrenzbare Rolle des öffentlichen Rechts zu Ende ginge, würde dies zur Reintegration der heute weitgehend separat agierenden Rechtsgeschichten des Privatrechts, Strafrechts und öffentlichen Rechts führen. Das wäre auch sachgerecht; denn die zu erforschenden Lebenssachverhalte haben sich nie an die akademischen Fächergrenzen gehalten. Ein Übergang zu einer Forschungsperspektive, die sich von älteren Unterrichtsformen löst und dazu übergeht, die Funktion von Recht und von Rechtsänderungen im Kontext der gesamten gelebten Rechtsordnung zu untersuchen, wäre deshalb sehr zu begrüßen. Dann wären Staat und Verfassung, Verwaltung und Verwaltungsrecht wieder selbstverständliche Gegenstände der allgemeinen Rechtsgeschichte. Diese müsste sich schon jetzt, soweit irgend möglich, der Interaktion von Herrschaft und Freiheit, Staat und Gesellschaft widmen. Die Ordnungsleistung des «Staates» ist nur eine der Determinanten, die das menschliche Leben – von seiner normativen Seite betrachtet – bestimmen. Der größere Rest wird von individuellen Entscheidungen, Gruppen aller Art oder nichtstaatlichen Institutionen erledigt, meist in Formen des Privatrechts.

Die Geschichte des Rechts könnte sich in dieser Lage darauf konzentrieren herauszufinden, wie sich normatives Denken und menschliches Handeln interaktiv zueinander verhalten. Geschichtliche Abläufe, die wir durch Reduktion und Interpretation von Informationen zu erkennen meinen, entstehen aus unzähligen Akten und Sprechakten. Letztere wiederum sind Teil der Mental- oder Ideengeschichte, die ohne engste Verzahnung mit den historischen (sozialen und ökonomischen) Voraussetzungen dieser Ideen ebenso unvollkommen ist wie eine Beschreibung von Realgeschichte ohne die parallele Denkarbeit der Akteure oder deren Stichwortgeber. Die Idee mag der Gestaltung vorauseilen, aber ebenso häufig ist die Erklärung scheinbar chaotischer Fakten auch erst in rückblickender Betrachtung gewonnen worden.

Was nun im Übergang vom 20. auf das 21. Jahrhundert an Reflexionen zum Aufgabenwandel des Staates, zu Trans- und Supranationalität gedacht wird, ist Teil des Wandlungsprozesses selbst. In einiger Distanz wird sich deutlicher wahrnehmen lassen, wie die Theorie der tatsächlichen Entwicklung vorgearbeitet hat, wie die Mehrheit den Wandel wahrgenommen und interpretiert hat, wie einige den Wandel geleugnet und sich mit ihren Gedanken in einen Winkel zurückgezogen haben. Das wird sich nicht ändern; die Geschichtswissenschaft ist sich trotz aller Zweifel an der eigenen Interpretation oder an der Verlässlichkeit der Quellen jedenfalls sicher, dass es kein «Ende der Geschichte» gibt. Da sich die gesellschaftlichen Lebensformen, die Ökonomie und die allgemeinen Machtverhältnisse permanent ändern, werden auch alle unsere durch Texte, Sprachregelungen und Konventionen errichteten Kunstbauten des Rechts permanenten Anpassungs- und Umformungsprozessen unterliegen. Künftige Generationen werden sich anders regieren als wir es tun. Auch sie werden klugerweise regulierendes Recht dazu verwenden und Rechtsnormen verschiedener Abstraktionsstufen brauchen. Konfliktfrei werden künftige Gesellschaften keinesfalls sein. Normativität und Normdurchbrechung bedingen einander. Was daraus in Zukunft entstehen wird, wissen wir nicht. Aber wir können hoffen, dass auch künftige Rechtsnormen die zivilisatorische Kraft entfalten, die wir ihnen aus historischer Erfahrung zuschreiben.

Weiterführende Literatur

P. Badura, Staatsrecht. Systematische Erläuterung des Grundgesetzes, 5. Aufl. München 2012

M. Friedrich, Geschichte der deutschen Staatsrechtswissenschaft, Berlin 1997

D. Gosewinkel – J. Masing (Hg.), Die Verfassungen in Europa 1789–1949, München 2006

W. Hoffmann-Riem – E. Schmidt-Aßmann – A. Vosskuhle (Hg.), Grundlagen des Verwaltungsrechts, 3 Bde., 2. Aufl. 2012/13

E. R. Huber, Deutsche Verfassungsgeschichte seit 1789, Bd. I–VII, Stuttgart 1957 ff.

K. G. A. Jeserich – H. Pohl – G.-Chr. v. Unruh (Hg.), Deutsche Verwaltungsgeschichte, Bd. I–V, Stuttgart 1983–1987

G. Kleinheyer – J. Schröder (Hg.), Deutsche und europäische Juristen aus neun Jahrhunderten, 5. Aufl. Tübingen 2008

A. Kley, Geschichte des öffentlichen Rechts der Schweiz, Zürich/St. Gallen 2011

Chr. Link, Herrschaftsordnung und Bürgerliche Freiheit. Grenzen der Staatsgewalt in der älteren deutschen Staatslehre, Wien – Köln – Graz 1979

H. Maier, Die ältere deutsche Staats- und Verwaltungslehre, 4. Aufl. München 2009

H. Ottmann, Geschichte des politischen Denkens, Bd. I–IV, Stuttgart 2001–2012

W. Reinhard, Geschichte der Staatsgewalt. Eine vergleichende Verfassungsgeschichte Europas von den Anfängen bis zur Gegenwart, München 1999

G. Schmidt, Geschichte des Alten Reiches. Staat und Nation in der Frühen Neuzeit 1495–1806, München 1999

K. Stern, Das Staatsrecht der Bundesrepublik Deutschland, Bd. V: Die geschichtlichen Grundlagen des deutschen Staatsrechts, München 1999

R. v. Stintzing – E. Landsberg, Geschichte der deutschen Rechtswissenschaft. Abt. I. II. III.1 von *Stintzing* (Leipzig 1880–98) Abt. III.2 von *Landsberg* (München – Leipzig 1910). Nachdruck Aalen 1957

B. Stollberg-Rilinger, Das Heilige Römische Reich Deutscher Nation. Vom Ende des Mittelalters bis 1806, 4. Aufl. München 2009

M. Stolleis, Geschichte des öffentlichen Rechts in Deutschland, 4 Bde., München 1988 (2. Aufl. 2012), 1992, 1999, 2012

M. Stolleis (Hg.), Staatsdenker in der Frühen Neuzeit, 3. Aufl. München 1995

M. Stolleis (Hg.), Juristen. Ein biographisches Lexikon, 2. Aufl. München 2001.

M. Stolleis, Geschichte des Sozialrechts in Deutschland, Stuttgart 2003

F. Wieacker, Privatrechtsgeschichte der Neuzeit, 2. Aufl. Göttingen 1967

D. Willoweit, Deutsche Verfassungsgeschichte. Vom Frankenreich bis zur Wiedervereinigung Deutschlands, 7. Aufl. München 2013

D. Willoweit, Reich und Staat. Eine kleine deutsche Verfassungsgeschichte, München 2013

D. Willoweit – U. Seif (Hg.), Europäische Verfassungsgeschichte, München 2003

D. Wyduckel, Ius Publicum. Grundlagen und Entwicklung des Öffentlichen Rechts und der deutschen Staatsrechtswissenschaft, Berlin 1984

Personenregister

A

Abendroth, Wolfgang 149
Adenauer, Konrad 158 f.
Adickes, Franz 109
Adorno, Theodor W. 164
Aelianus Tacticus 41
Albrecht, Wilhelm Eduard 66
Alciatus, Andreas 24
Althusius, Johannes 29, 36
Anschütz, Gerhard 87 f., 92, 98, 105
Antonius, Gottfried 36
Apelt, Willibalt 113
Aristoteles 28, 30
Arndts, Karl Ludwig 70
Arnim, Hans Herbert v. 167
Arnisaeus, Henning 28
Arumaeus, Dominikus 36
Ayala, Balthazar de 41

B

Bachof, Otto 147, 179 f.
Bacon, Francis 39, 45
Bähr, Otto 69
Bahro, Rudolf 188
Baldus de Ubaldis 34
Ball, Kurt 109
Bartolus de Saxoferrato 34
Bäumlin, Richard 154
Becker, Enno 109
Becker, Ulrich 171
Bekker, Ernst Immanuel 70
Belli, Pierino 41
Berber, Friedrich 122
Berg, Günter Heinrich v. 52

Bergstraesser, Arnold 164
Bernet, Wolfgang 189
Best, Werner 120
Bettermann, Karl August 147
Biermann, Wolf 188, 199
Bilfinger, Carl 88
Bismarck, Otto v. 77, 110
Bönninger, Karl 189
Bornhak, Conrad 106
Brahe, Tycho 45
Brandt, Willy 159
Braudel, Fernand 10
Brauschitsch, Manfred v. 107
Brecht, Arnold 88
Brinz, Alois v. 70
Brohm, Winfried 180
Brüning, Heinrich 85, 112
Budé, Guillaume 24
Bühler, Ottmar 81

C

Calvin, Johannes 12
Carnap, Rudolf 93, 166
Chamberlain, Houston Steward 91
Chemnitz, Bogislaus Philipp v. 37
Cicero, Marcus Tullius 30
Conring, Hermann 24, 28, 39
Contzen, Adam 29
Cucumus, Konrad 62, 66
Cujas, Jacques 24

D

Dahrendorf, Ralf 164
Daneaus, Lambertus 29

Dernburg, Heinrich 70
Descartes, René 39, 45
Dietz, Rolf 135
Dilthey, Wilhelm 96
Diner, Dan 130
Doehring, Karl 167
Donellus, Hugo 24
Dufour, Gabriel 80
Dürig, Günter 139, 147, 151

E

Ehmke, Horst 177
Ehrlich, Eugen 91, 94
Eichenhofer, Eberhard 171
Ermacora, Felix 164, 167
Erzberger, Matthias 109

F

Faber, Sebastian 34
Fetscher, Iring 164
Flechtheim, Ossip 164
Fleiner, Fritz 81, 106 f.
Fleiner-Gerster, Thomas 167
Fleischmann, Max 113
Forsthoff, Ernst 99, 109, 123,
    128 f., 147 f., 152, 164, 175
Fraenkel, Ernst 86, 113, 164
Frank, Hans 116, 124
Franz II., Kaiser 14
Freytagh-Loringhoven, Axel v. 87,
    92, 115
Frick, Wilhelm 116
Friedrich, Carl Joachim 164,
    167
Friedrich, Manfred 20
Friesenhahn, Ernst 147
Frontinus, Sextus Julius 41
Frowein, Jochen A. 201

G

Gablentz, Otto Heinrich v. d. 164
Galilei, Galileo 45
Gentili, Alberico 41
Gerber, Carl Friedrich v. 69, 71 f.
Gierke, Otto v. 72
Giese, Friedrich 92, 98, 163
Gitter, Wolfgang 171
Gleichen, Heinrich v. 99
Goethe, Johann Wolfgang v. 207
Gratian 11
Grotius, Hugo 42 f., 54, 206

H

Häberle, Peter 167
Hahn, Hans 166
Hallstein, Walter 132, 192
Hamann, Andreas 139
Hamel, Walter 115
Hänel, Albert 73
Hart, Herbert L. A. 166
Hartmann, Nicolai 149
Hatschek, Julius 107
Haverkate, Görg 167
Hegel, Georg Friedrich Wilhelm
    99, 128
Heinemann, Gustav 159
Helfritz, Hans 92, 163
Heller, Hermann 86, 88, 97, 100,
    103 f., 113, 141, 163
Hennis, Wilhelm 164
Hensel, Albert 109, 113
Hermens, Ferdinand A. 164,
    167
Herzog, Roman 165, 167
Hesse, Konrad 140 f., 147, 154
Heumann von Teutschenbrunn,
    Johann 51 f.
Hilberg, Raoul 130
Hilferding, Rudolf 110
Hindenburg, Paul v. 112, 117

Hippel, Ernst v. 163
Hippolithus à Lapide siehe
  Chemnitz
Hitler, Adolf 88, 90, 112, 117, 120,
  122, 124, 127, 129
Hobbes, Thomas 45
Höhn, Reinhard 119, 122, 133
Honecker, Erich 187
Horkheimer, Max 164
Huber, Ernst Rudolf 99 ff., 115 f.,
  118, 123, 133
Hue de Grais, Robert Grf. 106

I

Ickstatt, Johann Adam 51
Ipsen, Hans Peter 147, 193
Isay, Ernst 113
Isensee, Josef 201

J

Jacobi, Erwin 88, 113
Jahrreiß, Hermann 115, 147
Jaspers, Karl 128
Jellinek, Georg 74
Jellinek, Walter 81, 92, 107, 113,
  135
Jhering, Rudolf v. 69 f., 81,
Jordan, Sylvester 66
Jung, Edgar 99
Jünger, Ernst 99
Jünger, Friedrich Georg 99

K

Kaiser, Joseph H. 177
Kant, Immanuel 40, 46 f., 67, 99
Kantorowicz, Ernst H. 13
Karl d. Gr., Kaiser 26
Karl V., Kaiser 31
Kaufmann, Erich 87, 94, 96, 102,
  113

Keckermann, Bartholomaeus
  29
Kelsen, Hans 86, 93, 95, 97, 99 ff.,
  102 ff., 113 f., 163, 166 f.
Kepler, Johannes 45
Kirchheimer, Otto 113
Klein, Friedrich 139, 147
Kley, Andreas 20
Klüber, Johann Ludwig 58
Knauff, Matthias 167
Knipschild, Philipp 26
Koellreutter, Otto 81, 115 f., 118 f.,
  120, 123 ff., 133, 163
Kopernikus, Nikolaus, 45, 206
Kormann, Karl 81
Köttgen, Arnold 115, 125
Kriele, Martin 161 f., 165, 167
Krüger, Herbert 163 f., 167

L

Laband, Paul 71 ff., 80
Lamprecht, Karl 91
Landshut, Siegfried 164
Lassar, Gerhard 113
Laun, Rudolf (v.) 163, 196
Leibholz, Gerhard 97 f., 113,
  139
Leibniz, Gottfried Wilhelm 39,
  46
Lemmel, Herbert 122
Lenin, Wladimir I. 165
Lenz, Helmut 139
Lerche, Peter 154
Limnaeus, Johannes 37
Lipsius, Justus 29, 41
Litt, Theodor 101
Loening, Edgar 80
Loewenstein, Karl 113, 164, 167
Lothar von Supplinburg, Kaiser 24
Ludwig XIV., König 38
Lüth, Erich 99
Luther, Martin 12

M

Machiavelli, Niccolò 29 f., 41
Maier, Hans 16, 164
Mandel, Ernst 165
Mangoldt, Hermann v. 139
Marschall von Bieberstein, Fritz 92
Marx, Karl 165
Mastronardi, Philippe 167
Maunz, Theodor 115, 123 ff., 140 f., 147
Maximilian v. Bayern, Hzg. 34
Maydell, Bernd Baron v. 171
Mayer, Friedrich Franz v. 69, 79
Mayer, Otto 80 f., 106, 108, 125 f., 178, 182, 184
Meier, Ernst v. 80
Meinecke, Friedrich 101
Melanchthon, Philipp 28
Mendelssohn-Bartholdy, Albrecht 113
Mendoça, Bernardino de 41
Menger, Christian-Friedrich 114
Merkl, Adolf 93, 111
Metternich, Clemens Fürst v. 55, 57, 59, 63, 65, 68
Meyer, Georg 73, 80
Mielke, Erich 134
Moellendorff, Wichard v. 110
Moeller van den Bruck, Arthur 99
Moerbeke, Wilhelm v. 28
Mohl, Robert v. 56, 60, 62 ff., 66, 116
Morstein Marx, Fritz 113
Moser, Johann Jakob 53
Mosler, Hermann 147
Moy, Ernst v. 62, 78
Müller, Ludwig 34

N

Naphtali, Fritz 110
Napoleon 14, 55 f.
Nawiasky, Hans 96, 98, 113, 124, 163
Neumann, Franz L. 113, 140
Neurath, Otto 93, 166
Niekisch, Ernst 99
Nipperdey, Hans Carl 87, 140
Norden, Walter 126
Nörr, Knut W. 108

O

Orlando, Vittorio E. 81

P

Palandt, Otto 118
Papen, Franz v. 85, 88, 112
Pascal, Blaise 39
Perels, Kurt 113
Peters, Hans 114, 127, 147
Pfeifer, Helfried 115
Popper, Karl Raimund 93
Pözl, Josef 62, 78
Preuß, Hugo 84
Puchta, Georg Friedrich 70
Pufendorf, Samuel v. 39, 46, 54
Pütter, Johann Stephan 53, 56

R

Randelzhofer, Albrecht 201
Rantzau, Heinrich v. 41
Rathenau, Walther 110
Regelsberger, Ferdinand 70
Rehberg, August Wilhelm 65
Reinkingk, Dietrich 37
Reusner, Elias 41
Reuterskjöld, Carl-Axel 81
Ribadeneira, Pedro de 29

Rinck, Hans-Justus 139
Ritterbusch, Paul 115
Rochau, August Ludwig v. 66
Rosin, Heinrich 73
Ross, Alf 166
Rothenbücher, Karl 92, 96, 98
Rotteck, Karl v. 62
Rüfner, Wolfgang 171
Ruland, Franz 171
Rüstow, Alexander 164

S

Sartorius, Otto 118
Sarwey, Otto 80
Schelcher, Walter 107
Scheler, Max 149
Scheuner, Ulrich 115, 140, 147
Schleicher, Kurt v. 85, 112
Schleiermacher, Friedrich Daniel
    Ernst 96
Schlick, Moritz 93, 166
Schmelzing, Josef 62
Schmid, Carlo 164
Schmitt, Carl 88, 97, 99, 103, 116,
    119, 122, 124, 133, 152, 155, 163,
    167, 212
Schnapp, Friedrich E. 171
Schneider, Hans 147
Schneider, Peter 154
Schöbener, Burkhard 167
Schoen, Paul 81
Schönborner, Georg 28
Schönfelder, Heinrich 118
Schücking, Walther 88, 113
Schulze v. Gaevernitz, Hermann
    69 f., 73
Schunck. Friedrich Chr. K. 62
Schwendi, Lazarus v. 41
Seckendorff, Veit Ludwig v. 49
Selden, John 206
Seydel, Max v. 73, 78
Simmel, Georg 91

Simson, Werner v. 161
Smend, Rudolf 97, 99, 101 f., 141,
    147, 163
Sombart, Werner 91, 123
Sontheimer, Kurt 164
Soto, Domingo de, 42
Spann, Othmar 105
Spencer, Herbert 102
Spengler, Oswald 91
Spinoza, Baruch 39
Starck, Christian 139
Stein, Ekkehart 141
Stein, Lorenz v. 110, 126, 128
Stengel, Karl Frh.v. 80
Sternberger, Dolf 164
Stier-Somlo, Fritz 86, 92, 98
Strupp, Karl 113
Suárez, Francisco de 29, 42
Suhr, Otto 164

T

Tacitus, Publius C. 29 f.
Thoma, Richard 81, 87, 92, 98,
    135, 154, 163
Thomasius, Christian 46, 54
Tolosanus, Gregorius 29
Tomuschat, Christian 201
Tönnies, Ferdinand 91
Triepel, Heinrich 73, 87, 97
Troeltsch, Ernst 101

U

Ulbricht, Walter 134, 187, 190
Ulpian, Domitius 21

V

Vangerow, Adolph v. 70
Vasquez, Fernando 42
Vegetius, Publius Flavius 41
Verdross, Alfred 93

Vitoria, Francisco de 42, 206
Voegelin, Eric 164
Vossler, Karl 102
Vultejus, Hermann 36

W

Wacke, Gerhard 115, 127
Waitz, Georg 14
Waldecker, Ludwig, 109, 113
Walz, Gustav Adolf 122
Weber, Max 91, 101
Weber, Werner 147
Wehberg, Hans 88
Welcker, Karl Theodor 62, 66
Werner, Fritz 179
Wieacker, Franz 108

Wilhelm II. Kaiser 157
Willoweit, Dietmar 20, 27
Windscheid, Bernhard 70
Wittgenstein, Ludwig 93, 166
Wolff, Christian 46, 54
Wolff, Hans Julius 147

Z

Zachariä, Heinrich Albert 58, 66, 70
Zacher, Hans F. 171
Zehrer, Hans 99
Zippelius, Reinhold 167
Zöpfl, Heinrich 58, 70
Zwingli, Huldrych 12

Sachregister

A

Absolutismus 25
Abwägungsjurisprudenz 146
Akademie für Staats- und Rechts-
  wissenschaft 134, 190
Akten 49 f.
Allgemeine Staatslehre 74,
  100–105, 163–168
Allgemeiner Teil, Verwaltungs-
  recht 69, 183 f.
Allgemeines Staatsrecht 57 f.
Analytische Philosophie 166
Anstalt d. öff. Rechts 81
Ära Metternich 55, 65
Aristotelismus 28 ff.
Augsburger Religionsfriede 31
Autonomie des Rechts 67

B

Babelsberger Konferenz 134, 189
Basisdemokratie 165
Budgetrecht 61
Bundesstaat 73
Bundesverfassungsgericht 141 ff.

C

Carolina (Strafgesetzbuch) 31
Clausula rebus sic stantibus 41

D

Daseinsvorsorge 127 f., 175
Dekalog 43
Demokratie 156–163
Deutsche Demokratische
  Republik 187–191
Deutscher Bund 56 ff., 66 f.
Donauwörthische Streitigkeit
  34
Dorfrechte 12
Drittwirkung 153

E

Eingabewesen 189
Einstufige Juristenausbildung 185
Emigration 113 f.
Europäische Verfassung 193 ff.
Europäischer Gerichtshof
  (EuGH) 153
Europäischer Gerichtshof für
  Menschenrechte (EGMR) 153
Europarecht 192 ff., 195
Ewiger Landfriede 31

F

Frauenwahlrecht 84

G

Geisteswissenschaftliche Richtung
  99
Gemeingebrauch 81
Gesetzgebung, neuzeitlich 25
Gleichheitssatz 96
Globalisierung 205 ff.
Goldene Bulle 30 f.
Göttinger Sieben 65
Governance 211, 213 f.
Großraumordnung 122

Grundgesetz(e) 13 f., 138 ff.
Grundgesetzkommentare 139 f.
Grundlagenfächer 15, 186
Grundrechte 75, 153–155, 161, 183

H

Hallstein-Doktrin 197

I/J

Immerwährender Reichstag 38
Industrielle Revolution 207
Infrastrukturverantwortung 175
Integrationslehre 101 f.
Interventionsstaat 110, 172 ff.
Juristische Methode 69 ff.
Justizlose Hoheitsakte 129

K

Kaiserrecht 24, 33
Kanonisches Recht 10 ff.
Konkurrentenklage 176
Konservative Revolution 99, 110
Konstruktionsjurisprudenz 82
Kontinuitätsthese 131 f., 196
Kopernikanische Wende 44
Körperschaft d. öff. Rechts 81
Kriegstraktate 41
Kriegsverwaltungsrecht 82

L

Leges barbarorum 12, 15
Leges fundamentales 13
Lotharische Legende 24

M

Machiavellismus 29 f.
Marshall-Plan 192
Mathematische Methode 45

Menschenwürde 151
Methode 9–15, 18 ff.
Methodenstreit 90–98
Ministerverantwortlichkeit 60
Multinormativität 181

N

Nationalsozialismus 112–129
Naturgesetze 45
Naturrecht 40 ff., 43–47, 202, 206
Normaljahr 38

P

Pacta sunt servanda 41
Parteiverbote 158, 160
Paulskirche 65–68
Planungsrecht 176 ff.
Policey, gute 47–52
Policey-Recht 51–54
Policeywissenschaft 49 ff.
Politik, aristotelisch 28 ff.
Politische Wissenschaft 164
Präsidialdiktatur 88 f.
«Preußenschlag» 88
Privatisierung 210

R

Rassegesetze 121
Rechtsgeschichte 216 f.
Rechtspositivismus 70–73, 98
Rechtsstaat 61, 63, 69, 75, 77 f.,
    119 f., 144–148
Regalien 26
Regulierte Selbstregulierung 211
Reichsdeputationshauptschluss
    55
Reichshistorie 14
Reichsjustizgesetze 75
Reichspoliceyordnung 48
Reichspublizistik 35–39

Reichsstaatsrecht 71 f.
Reichsverfassung 30 ff., 36, 52 f.,
  66, 117 f.
Reine Rechtslehre 92 ff.
Rheinbund 56
Ritterakademien 33
Römisches Recht 10 ff., 21 ff.,
  24–27

S

Sartorius 118
Schönfelder 118
Schule von Salamanca 42, 44
Selbstregulierung 182
Sondernutzung 81
Souveränität 36 ff.,
Sozialrecht 170 f.
Sozialstaat 169–172
Staat, als juristische Person 60
Staatsräte 59
Staatswissenschaften 64
Stabilitätsgesetz 145 f.
Stadtrechte 12
Steuerrecht 108 f.
Stiftung d. öff. Rechts 81
Strafrecht 27
Studienreform 186
Stunde Null 130, 132

T

Tacitismus 29 f.
Territorium 26
Translatio Imperii 26 f.

U

Universitäten, Neuzeit 133 ff.,
  184 ff., 204
Universitäten, frühe Neuzeit 32 f.,
  35 f., 38 f.
Universitätssterben 56

V

Vereinigung der Deutschen
  Staatsrechtslehrer 135 f.
Verfassungsgerichtsbarkeit
  97
Verfassungsgeschichte 14 f.
Verfassungslehre 103, 163–168
Vertrag von Versailles 87
Verwaltungsakt 78
Verwaltungsgerichtsbarkeit
  189
Verwaltungskontrolle 61
Verwaltungslehre 126 f.
Verwaltungsrecht 62–64, 78 ff.,
  106 ff., 111
Verwaltungsrechtsverhältnis 176,
  178, 180
Verwaltungsverfahrensrecht 180
Völkerrecht 40 ff., 195 ff.

W

Wahlrecht 60
Weimarer Reichsverfassung
  84 f.
Wertordnung der Grundrechte
  95, 149 f.
Wertphilosophie 149
Westfälischer Friede 31, 37 f.
Wiedervereinigung 199–203
Wiener Kongress 58
Wiener Kreis 93, 166
Wiener Schule 166
Wirtschaftsrecht 108 ff.
Wissenschaftsgeschichte 16
Wissenschaftstheorie 166

Z

Zeitschriften 77, 114–117, 136 f.,
  190 f.
Zweikammersystem 59

Aus dem Verlagsprogramm

Michael Stolleis bei C.H.Beck

Michael Stolleis
Geschichte des öffentlichen Rechts in Deutschland

Band 1: Reichspublizistik und Policeywissenschaft 1600 bis 1800
2., ergänzte Auflage. 2012. 435 Seiten. Leinen

Band 2: Staatsrechtslehre und Verwaltungswissenschaft
1800 bis 1914
1992. 486 Seiten. Leinen

Band 3: Staats- und Verwaltungsrechtswissenschaft
in Republik und Diktatur 1914 bis 1945
1999. 439 Seiten. Leinen

Band 4: Staats- und Verwaltungsrechtswissenschaft
in West und Ost 1945–1999
2012. 720 Seiten. Leinen

Michael Stolleis
Geschichte des öffentlichen Rechts in Deutschland
Gesamtwerk in 4 Bänden. Leinen

«Glückwunsch zu einem Meisterwerk»
Deutsches Verwaltungsblatt

«[Michael Stolleis] hat einen wertvollen Überblick geschaffen,
vor allem für Juristen, darüber hinaus aber auch für jeden
mit Interesse für diesen Zweig der Wissenschaftsgeschichte.»
Rheinischer Merkur

«Es liegt eine einzigartige Pionierleistung aus der Hand eines
einzelnen Forschers vor, von der andere Disziplinen – einschließlich
der Geschichtswissenschaft – noch weit entfernt sind.»
Günther Frieder, H-Soz-u-Kult

Verlag C.H.Beck

Michael Stolleis bei C.H.Beck

Michael Stolleis
Sozialistische Gesetzlichkeit
Staats- und Verwaltungsrechtswissenschaft
in der DDR
2009. 173 Seiten. Paperback
Beck Paperback Band 1924

Michael Stolleis
Juristen
Ein biographisches Lexikon.
Von der Antike bis zum 20. Jahrhundert
2001. 719 Seiten. Paperback
Beck Paperback Band 1417

«Ein Lexikon lässt sich nur schwer als Bettlektüre empfehlen –
in diesem Fall ist das anders: Denn dieses biografische Werk
über Juristen aus 2000 Jahren ist zugleich ein Werk über Rechtsgeschichte, Thesen, Theorien und Schulen, die aus jüngster,
aber auch ferner Vergangenheit zum Teil bis heute wirken. (...)
Man lernt nicht nur die berühmten und berüchtigten Juristen
aller Zeiten und Länder kennen, sondern auch die Rechtskulturen
der Welt – und vielleicht auch, sie zu verstehen. Insofern ist es
nicht nur für Juristen interessant, sondern auch für allgemein
historisch Interessierte.»

die tageszeitung

Verlag C.H.Beck

Zeitgeschichte

Johannes Paulmann
Globale Vorherrschaft und Fortschrittsglaube
Europa 1850–1914
2014. Rund 288 Seiten mit 4 Abbildungen. Paperback
Beck Paperback Band 1986

Ilko-Sascha Kowalczuk
Stasi konkret
Überwachung und Repression in der DDR
2013. 428 Seiten mit 34 Abbildungen. Klappenbroschur
Beck Paperback Band 6026

Gregor Schöllgen
Deutsche Außenpolitik

Band I: Von 1815 bis 1945
2013. 283 Seiten. Paperback
Beck Paperback Band 6118

Band II: Von 1945 bis zur Gegenwart
2013. 352 Seiten. Paperback
Beck Paperback Band 6119

Thomas Nipperdey
Deutsche Geschichte 1800–1918
1800–1866. Bürgerwelt und starker Staat
838 Seiten mit 36 Tabellen. Paperback. Beck Paperback Band 6112
1866–1918. Erster Band: Arbeitswelt und Bürgergeist
885 Seiten. Paperback. Beck Paperback Band 6113
Zweiter Band: Machtstaat vor der Demokratie
948 Seiten. Paperback. Beck Paperback Band 6114

Sebastian Conrad
Globalgeschichte
Eine Einführung
2013. 300 Seiten. Paperback
Beck Paperback Band 6079

Verlag C.H.Beck

Zeitgeschichte

R. M. Douglas
‹Ordnungsgemäße Überführung›
Die Vertreibung der Deutschen nach dem Zweiten Weltkrieg
2013. 556 Seiten mit 16 Bildern und 3 Karten. Paperback
Beck Paperback Band 6102

Bernd Stöver
Geschichte des Koreakriegs
Schlachtfeld der Supermächte und ungelöste Konflikte
2., durchgesehene Auflage. 2013. 268 Seiten mit 20 Abbildungen
und 7 Karten. Paperback
Beck Paperback Band 6094

Norbert Frei
Der Führerstaat
Nationalsozialistische Herrschaft 1933 bis 1945
2013. 313 Seiten. Paperback
Beck Paperback Band 6081

Ute Frevert
Vertrauensfragen
Eine Obsession der Moderne
2013. 258 Seiten mit 28 Abbildungen. Klappenbroschur
Beck Paperback Band 6104

Andrea Löw / Markus Roth
Das Warschauer Getto
Alltag und Widerstand im Angesicht der Vernichtung
2013. 240 Seiten mit 9 Abbildungen. Paperback
Beck Paperback Band 6087

Aleida Assmann
Das neue Unbehagen an der Erinnerungskultur
Eine Intervention
2013. 230 Seiten. Klappenbroschur
Beck Paperback Band 6098

Verlag C.H.Beck